# 浦和学院高等学校

## 〈収録内容〉



便利な DL コンテンツは右の QR コードから

解答用紙

過去年度

⇒

※データのダウンロードは 2025 年 3 月末日まで。
※データへのアクセスには、右記のパスワードの入力が必要となります。 ⇒ 992883

## 〈合格最低点〉

※学校からの合格最低点の発表はありません。

# 本書の特長

## 実戦力がつく入試過去問題集

- ▶ 問題 …………… 実際の入試問題を見やすく再編集。
- ▶ 解答用紙 …… 実戦対応仕様で収録。
- ▶ 解答解説 …… 詳しくわかりやすい解説には、難易度の目安がわかる「基本・重要・やや難」の分類マーク（下記参照）。各科末尾には合格へと導く「ワンポイントアドバイス」を配置。採点に便利な配点つき。

### 入試に役立つ分類マーク

**基本** 確実な得点源！
受験生の90％以上が正解できるような基礎的、かつ平易な問題。
何度もくり返して学習し、ケアレスミスも防げるようにしておこう。

**重要** 受験生なら何としても正解したい！
入試では典型的な問題で、長年にわたり、多くの学校でよく出題される問題。
各単元の内容理解を深めるのにも役立てよう。

**やや難** これが解ければ合格に近づく！
受験生にとっては、かなり手ごたえのある問題。
合格者の正解率が低い場合もあるので、あきらめずにじっくりと取り組んでみよう。

## 合格への対策、実力錬成のための内容が充実

- ▶ 各科目の出題傾向の分析、合否を分けた問題の確認で、入試対策を強化！
- ▶ その他、学校紹介、過去問の効果的な使い方など、学習意欲を高める要素が満載！

**解答用紙ダウンロード** 解答用紙はプリントアウトしてご利用いただけます。弊社ＨＰの商品詳細ページよりダウンロードしてください。トビラのＱＲコードからアクセス可。

**UD FONT** 見やすく読みまちがえにくいユニバーサルデザインフォントを採用しています。

# 浦和学院高等学校

普通科
生徒数　2943名
〒336-0975
埼玉県さいたま市緑区代山172
☎048-878-2101
武蔵野線・埼玉高速鉄道東川口駅
スクールバス20分
JR・東武野田線・ニューシャトル
大宮駅　バス30分

## ３つの類型制カリキュラムに
## 11コース編成
## 生徒の特性に応じた進路指導

| URL | https://uragaku.ac.jp |
|---|---|

### プロフィール　10年後の未来で活躍する人材の育成

建学の精神「吾道一貫」に導かれた「克己・仁愛・共生」を基に、1978（昭和53）年に開校。新しい時代のニーズに適合し、社会で生かされる学力と国際感覚を育成する。

### 環境　部活動の奨励で充実の体育施設

校内にはゴルフ練習場、２つの体育館、雨天体操場などがあり、体育施設が充実。インターネットを利用した教育にも力を入れている。また、５階建ての図書館棟「浦学リテラシータワー」がある。

### カリキュラム　3つの類型別指導でそれぞれの目標を達成

生徒の能力と特性に応じた指導を教育の基本とし、３つの類型制カリキュラムで11コース編成としている。

国際類型 ― 授業時間数週32～36時間＋放課後サポート
- 国際バカロレアコース― 大学進学に活用できるＩＢプログラムにより、国内外への大学進学を目指す。
- グローバルコース― 留学を必修として、確かな英語運用能力と異文化理解力を育成し、難関大学への進学を目指す。

特進類型 ― 授業時間数週36時間＋放課後予備校講座2時間（週10時間）
- Ｔ特コース ― 東大などの最難関国公立大学への現役合格を目指している。
- Ｓ特コース ― 最難関国公立・早慶などの最難関私立への現役合格を目指している。
- 特進コース ― 国公立大学や難関私立大学へそれぞれの進路目標への現役合格を目指している。

進学類型 ― 授業時間数30～32時間＋放課後学習支援システム＋部活動
- 文理選抜コース、文理進学コース、総合進学コースは有名私立大学への進学を意識した学習体制をとっている。
- アスリート選抜コースは強化スポーツ部（野球部・サッカー部）に入部をして勉学と部活動の両立を図る。
- 保健医療コースは看護・医療系の私立大学へ。
- アート（美術）コースは美術系の私立大学へ特技を生かしての現役合格を目指している。

図書館には自習室も整っている

### 学校生活　合計43のクラブが活発に活動中

運動部では、全国優勝の経験を持つハンドボール、テニス、野球をはじめ、サッカー、ゴルフ、アメリカンフットボール、パワーリフティングなど24部が活発に活動している。19ある文化部には、全国大会常連のソングリーダー、吹奏楽、漫画研究のほか、和太鼓などユニークなものもある。文化祭（白翔祭）や体育祭をはじめ、芸術鑑賞会、浦和学院美術展など、学校行事も多彩である。

### 進路　伸びる現役進学実績

在籍者のほとんどが進学希望者であり、大学進学者が増加傾向にある。

過去３年間で、東北、筑波、お茶の水女子、東京外語、埼玉、早稲田、明治、東京理科、立教、中央、法政、学習院、青山学院、上智などの国公立・難関私立大への合格者が増加しており、大学、短大への現役進学率は87.9％と県内トップクラスの実績を誇っている。

センバツ大会初優勝した硬式野球部

### 国際化　異文化理解教育と国際教育

異文化理解のために１年次で２泊３日の語学研修、２年次で海外修学旅行(オーストラリア)、夏や冬の長期休業期間を利用して校外研修を実施している(過去にはアメリカ合衆国・カリフォルニア州とフィリピン・セブ島にて２週間の研修を実施)。また、国際類型では、長期留学を主としたグローバルコースの他に、国際バカロレアコースを設置し、国際バカロレア機構が提供する国際標準の教育プログラムを実施する。

### 2024年度入試要項

試験日　1/22（単願推薦）
1/22または23または24（併願推薦）
1/30（一般）

試験科目　国・数・英　英＋デッサン（アートコース）
※単願推薦は面接あり（国際バカロレア・グローバルコースは英語面接）

| 2024年度 | 募集定員 | 受験者数 | 合格者数 | 競争率 |
|---|---|---|---|---|
| 単願推薦 | 480 | 568 | 563 | 1.0 |
| 併願推薦 | 320 | 2782 | 2747 | 1.0 |
| 一般 | | 91 | 60 | 1.5 |

※募集定員の内訳は、国際類型30名、特進類型110名、進学類型660名
※他に、若干名の部活動推薦あり

# 過去問の効果的な使い方

① **はじめに**　入学試験対策に的を絞った学習をする場合に効果的に活用したいのが「過去問」です。なぜならば，志望校別の出題傾向や出題構成，出題数などを知ることによって学習計画が立てやすくなるからです。入学試験に合格するという目的を達成するためには，各教科ともに「何を」「いつまでに」やるかを決めて計画的に学習することが必要です。目標を定めて効率よく学習を進めるために過去問を大いに活用してください。また，塾に通われていたり，家庭教師のもとで学習されていたりする場合は，それぞれのカリキュラムによって，どの段階で，どのように過去問を活用するのかが異なるので，その先生方の指示にしたがって「過去問」を活用してください。

② **目的**　過去問学習の目的は，言うまでもなく，志望校に合格することです。どのような分野の問題が出題されているか，どのレベルか，出題の数は多めか，といった概要をまず把握し，それを基に学習計画を立ててください。また，近年の出題傾向を把握することによって，入学試験に対する自分なりの感触をつかむこともできます。

過去問に取り組むことで，実際の試験をイメージすることもできます。制限時間内にどの程度までできるか，今の段階でどのくらいの得点を得られるかということも確かめられます。それによって必要な学習量も見えてきますし，過去問に取り組む体験は試験当日の緊張を和らげることにも役立つでしょう。

③ **開始時期**　過去問への取り組みは，全分野の学習に目安のつく時期，つまり，9月以降に始めるのが一般的です。しかし，全体的な傾向をつかみたい場合や，学習進度が早くて，夏前におおよその学習を終えている場合には，7月，8月頃から始めてもかまいません。もちろん，受験間際に模擬テストのつもりでやってみるのもよいでしょう。ただ，どの時期に行うにせよ，取り組むときには，集中的に徹底して取り組むようにしましょう。

④ **活用法**　各年度の入試問題を全問マスターしようと思う必要はありません。できる限り多くの問題にあたって自信をつけることは必要ですが，重要なのは，志望校に合格するためには，どの問題が解けなければいけないのかを知ることです。問題を制限時間内にやってみる。解答で答え合わせをしてみる。間違えたりできなかったりしたところについては，解説をじっくり読んでみる。そうすることによって，本校の入試問題に取り組むことが今の自分にとって適当かどうかが，はっきりします。出題傾向を研究し，合否のポイントとなる重要な部分を見極めて，入学試験に必要な力を効率よく身につけてください。

## 数学

各都道府県の公立高校の入学試験問題は，中学数学のすべての分野から幅広く出題されます。内容的にも，基本的・典型的なものから思考力・応用力を必要とするものまでバランスよく構成されています。私立・国立高校では，中学数学のすべての分野から出題されることには変わりはありませんが，出題形式，難易度などに差があり，また，年度によっての出題分野の偏りもあります。公立高校を含め，ほとんどの学校で，前半は広い範囲からの基本的な小問群，後半はあるテーマに沿っての数問の小問を集めた大問という形での出題となっています。

まずは，単年度の問題を制限時間内にやってみてください。その後で，解答の答え合わせ，解説での研究に時間をかけて取り組んでください。前半の小問群，後半の大問の一部を合わせて50％以上の正解が得られそうなら多年度のものにも順次挑戦してみるとよいでしょう。

## 英語

英語の志望校対策としては，まず志望校の出題形式をしっかり把握しておくことが重要です。英語の問題は，大きく分けて，リスニング，発音・アクセント，文法，読解，英作文の5種類に分けられます。リスニング問題の有無(出題されるならば，どのような形式で出題されるか)，発音・アクセント問題の形式，文法問題の形式(語句補充，語句整序，正誤問題など)，英作文の有無(出題されるならば，和文英訳か，条件作文か，自由作文か）など，細かく具体的につかみましょう。読解問題では，物語文，エッセイ，論理的な文章，会話文などのジャンルのほかに，文章の長さも知っておきましょう。また，読解問題でも，文法を問う問題が多いか，内容を問う問題が多く出題されるか，といった傾向をおさえておくことも重要です。志望校で出題される問題の形式に慣れておけば，本番ですんなり問題に対応することができますし，読解問題で出題される文章の内容や量をつかんでおけば，読解問題対策の勉強として，どのような読解問題を多くこなせばよいかの指針になります。

最後に，英語の入試問題では，なんと言っても読解問題でどれだけ得点できるかが最大のポイントとなります。初めて見る長い文章をすらすらと読み解くのはたいへんなことですが，そのような力を身につけるには，リスニングも含めて，総合的に英語に慣れていくことが必要です。「急がば回れ」ということわざの通り，志望校対策を進める一方で，英語という言語の基本的な学習を地道に続けることも忘れないでください。

## 国語

国語は，出題文の種類，解答形式をまず確認しましょう。論理的な文章と文学的な文章のどちらが中心となっているか，あるいは，どちらも同じ比重で出題されているか，韻文(和歌・短歌・俳句・詩・漢詩)は出題されているか，独立問題として古文の出題はあるか，といった，文章の種類を確認し，学習の方向性を決めましょう。また，解答形式は，記号選択のみか，記述解答はどの程度あるか，記述は書き抜き程度か，要約や説明はあるか，といった点を確認し，記述力重視の傾向にある場合は，文章力に磨きをかけることを意識するとよいでしょう。さらに，知識問題はどの程度出題されているか，語句(ことわざ・慣用句など)，文法，文学史など，特に出題頻度の高い分野はないか，といったことを確認しましょう。出題頻度の高い分野については，集中的に学習することが必要です。読解問題の出題傾向については，脱語補充問題が多い，書き抜きで解答する言い換えの問題が多い，自分の言葉で説明する問題が多い，選択肢がよく練られている，といった傾向を把握したうえで，これらを意識して取り組むと解答力を高めることができます。「漢字」「語句・文法」「文学史」「現代文の読解問題」「古文」「韻文」と，出題ジャンルを分類して取り組むとよいでしょう。毎年出題されているジャンルがあるとわかった場合は，必ず正解できる力をつけられるよう意識して取り組み，得点力を高めましょう。

# 数学

## 出題傾向の分析と 合格への対策

### ●出題傾向と内容

本年度の出題数は，大問5題，小問数にして合計20題で，例年通りであった。

[1]は数・式の計算，連立方程式，平方数，二次方程式，比例関数，角度，平行線と線分の比の定理，確率からなる小問が9題，[2]は正誤問題，[3]は図形と関数・グラフの融合問題，[4]，[5]は図形の計量問題で，中学数学のほぼ全分野からまんべんなく出題されている。

問題のレベルとしては，特に難問はなく標準的である。

なお，解答形式はマークシート方式となっており，解答欄が細かく分かれている。記入の仕方を練習しておくとよいだろう。

**学習のポイント**

教科書を中心に標準的な問題を幅広く勉強しよう。計算をするときなど，工夫してなるべく速く求められるようにしよう。

### ●2025年度の予想と対策

毎年，同じような出題傾向なので，過去問を解くことは大変効果的である。出題分野には，特に偏りはなく，教科書が理解できていれば解ける問題が多数である。ただ工夫をしないと時間がかかるような少しひねった問題も含まれているので注意しよう。

どの小問も同じ配点と推測されるので，計算問題は間違えないようにしたい。空欄の文字数に合わないときは，自分の出した答が間違っていると考えてもよいだろう。図形問題では，円の性質や相似などあらゆる図形の性質をうまく使いこなせるようにしておこう。

### ▼年度別出題内容分類表 ……

| 出題内容 | | | 2020年 | 2021年 | 2022年 | 2023年 | 2024年 |
|---|---|---|---|---|---|---|---|
| 数と式 | | 数の性質 | ○ | | | | ○ |
| | | 数・式の計算 | ○ | ○ | ○ | ○ | ○ |
| | | 因数分解 | | | | | |
| | | 平方根 | ○ | ○ | ○ | ○ | ○ |
| 方程式・不等式 | | 一次方程式 | ○ | ○ | ○ | ○ | ○ |
| | | 二次方程式 | ○ | | | | ○ |
| | | 不等式 | | | | | |
| | | 方程式・不等式の応用 | | ○ | ○ | | |
| 関数 | | 一次関数 | ○ | ○ | ○ | ○ | ○ |
| | | 二乗に比例する関数 | ○ | ○ | ○ | ○ | ○ |
| | | 比例関数 | ○ | | | ○ | ○ |
| | | 関数とグラフ | ○ | ○ | ○ | ○ | |
| | | グラフの作成 | | | | | |
| 図形 | 平面図形 | 角度 | ○ | ○ | | ○ | ○ |
| | | 合同・相似 | ○ | | | | ○ |
| | | 三平方の定理 | | | | | ○ |
| | | 円の性質 | | | ○ | ○ | ○ |
| | 空間図形 | 合同・相似 | | | | ○ | |
| | | 三平方の定理 | ○ | ○ | | | ○ |
| | | 切断 | | | | | |
| | 計量 | 長さ | ○ | ○ | ○ | ○ | ○ |
| | | 面積 | ○ | ○ | ○ | ○ | ○ |
| | | 体積 | ○ | ○ | ○ | ○ | ○ |
| | | 証明 | | | | | |
| | | 作図 | | | | | |
| | | 動点 | | | | | |
| 統計 | | 場合の数 | | | ○ | ○ | |
| | | 確率 | ○ | ○ | | ○ | ○ |
| | | 統計・標本調査 | ○ | ○ | | ○ | |
| 融合問題 | | 図形と関数・グラフ | ○ | ○ | ○ | ○ | ○ |
| | | 図形と確率 | | | | | |
| | | 関数・グラフと確率 | | | | | |
| | | その他 | | | | | |
| その他 | | | | | | | |

浦和学院高等学校

# 英語

## 出題傾向の分析と 合格への対策

## ●出題傾向と内容

本年度は，語句補充問題，書き換え問題，並べ換え問題，語彙問題，メール文問題，会話文問題，長文読解問題の計7題が出題された。いずれも標準的なレベルの内容であった。

語彙問題は一般的なものが多く，容易であろう。

文法問題も平易なものが多いが，幅広い内容がまんべんなく出題されている。

会話文問題と長文読解問題は，読みやすいレベルのものであるが，細かな内容を確認するものが多く，選択肢もまぎらわしいものが用意されている。

### 学習のポイント

基礎的な内容を中心にして，確実な英語力を身につけられるようにしておこう。標準的な長文を数多く読もう。

## ●2025年度の予想と対策

来年度も，出題数と出題形式に多少の変化はあっても，同じようなレベル・形式の問題が出題されるだろう。標準的なレベルであって，広範囲な内容を確認するものとなるだろう。

発音・アクセント問題については，教科書で習う重要語に関してよく理解しておこう。

文法問題については，重要な文法内容を理解して自由に使えるようにしておこう。よくわからないものがないように注意することが重要である。

長文読解問題については，一般的なレベルのものを数多く読むことによって，長文に慣れておくことが大切である。

## ▼年度別出題内容分類表……

| 出題内容 | | 2020年 | 2021年 | 2022年 | 2023年 | 2024年 |
|---|---|---|---|---|---|---|
| 話し方・聞き方 | 単語の発音 | ○ | ○ | ○ | ○ | |
| | アクセント | ○ | | ○ | ○ | |
| | くぎり・強勢・抑揚 | | | | | |
| | 聞き取り・書き取り | | | | | |
| 語い | 単語・熟語・慣用句 | | | | | ○ |
| | 同意語・反意語 | | | | | |
| | 同音異義語 | | | | | |
| 読解 | 英文和訳(記述・選択) | ○ | | | | |
| | 内容吟味 | ○ | ○ | ○ | ○ | ○ |
| | 要旨把握 | | | | | |
| | 語句解釈 | | | | | |
| | 語句補充・選択 | ○ | ○ | ○ | ○ | ○ |
| | 段落・文整序 | | | | | |
| | 指示語 | | ○ | ○ | ○ | |
| | 会話文 | ○ | ○ | ○ | ○ | ○ |
| 文法・作文 | 和文英訳 | | | | | |
| | 語句補充・選択 | ○ | ○ | ○ | ○ | ○ |
| | 語句整序 | ○ | ○ | ○ | ○ | ○ |
| | 正誤問題 | | ○ | | | |
| | 言い換え・書き換え | ○ | ○ | ○ | ○ | ○ |
| | 英問英答 | | | | | |
| | 自由・条件英作文 | | | | | |
| 文法事項 | 間接疑問文 | ○ | | | | |
| | 進行形 | | ○ | | ○ | ○ |
| | 助動詞 | ○ | ○ | ○ | ○ | ○ |
| | 付加疑問文 | ○ | | ○ | ○ | ○ |
| | 感嘆文 | | | | | |
| | 不定詞 | ○ | ○ | ○ | ○ | ○ |
| | 分詞・動名詞 | ○ | ○ | ○ | ○ | ○ |
| | 比較 | ○ | ○ | ○ | ○ | ○ |
| | 受動態 | ○ | ○ | ○ | ○ | |
| | 現在完了 | ○ | ○ | ○ | ○ | ○ |
| | 前置詞 | | ○ | ○ | | ○ |
| | 接続詞 | ○ | ○ | ○ | ○ | ○ |
| | 関係代名詞 | ○ | | ○ | ○ | |

# 国語

## 出題傾向の分析と 合格への対策

### ●出題傾向と内容

本年度も，論理的文章2題，古文1題，知識分野の独立問題2題の計5題の大問構成であった。

論理的文章は，内容読解や語句の意味，内容の合致が中心。本年度の新傾向として，文章構成を問う設問が出題された。

古文は，文章・設問ともに難度が高いものであった。例年通り内容読解が中心ではあるが，漢字の読みや助動詞の意味を知っていないと答えにくい設問もあった。

国語の知識については例年幅広く出題され，本年度は難度としては標準程度。語句の意味としては外来語も多く出題された。例年出題されていた同義語・対義語については本年度は出題なし。

### ✔学習のポイント

本文から読み取れること／読み取れないことの区別をつける練習をしておこう。国語の知識は難度の高いものも出題されるので，問題集で対策しよう。古文はレベルの高い参考書・問題集にも取り組んでおこう。

### ●2025年度の予想と対策

現代文については，論説文を中心に丁寧な読み取りを普段から心がけたい。特に内容合致の問題については中心的に取り組むとよい。要約の練習も効果的だろう。文学的文章からの出題可能性は低いが，心情理解についても怠らず練習しておくこと。これは古文読解の助けにもなる。文章構成についても今後問われる可能性があるので，意識して読む習慣をつけておくこと。

古文の難度は，例年やや高め。中学範囲にとどまらず，単語や文法，古文常識など，高校レベルのものを学習しておくと安心。

知識問題の出題数は多いので，早いうちからしっかりと準備しておきたい。例年出題されている範囲については最低限おさえておこう。外来語も出題されるので，用語集を一冊持っておくとよい。

### ▼年度別出題内容分類表 ……

| 出題内容 | | | 2020年 | 2021年 | 2022年 | 2023年 | 2024年 |
|---|---|---|---|---|---|---|---|
| 内容の分類 | 読解 | 主題・表題 | | | | | |
| | | 大意・要旨 | ○ | | | | |
| | | 情景・心情 | ○ | | | | ○ |
| | | 内容吟味 | ○ | ○ | ○ | ○ | ○ |
| | | 文脈把握 | ○ | ○ | ○ | ○ | ○ |
| | | 段落・文章構成 | | | | | ○ |
| | | 指示語の問題 | | | ○ | | |
| | | 接続語の問題 | ○ | ○ | ○ | ○ | ○ |
| | | 脱文・脱語補充 | ○ | ○ | ○ | ○ | |
| | 漢字・語句 | 漢字の読み書き | ○ | ○ | ○ | ○ | ○ |
| | | 筆順・画数・部首 | ○ | ○ | ○ | ○ | |
| | | 語句の意味 | ○ | ○ | ○ | ○ | ○ |
| | | 同義語・対義語 | ○ | ○ | ○ | ○ | |
| | | 熟語 | ○ | ○ | ○ | ○ | ○ |
| | | ことわざ・慣用句 | ○ | | | | ○ |
| | 表現 | 短文作成 | | | | | |
| | | 作文(自由・課題) | | | | | |
| | | その他 | | | | | |
| | 文法 | 文と文節 | ○ | | ○ | ○ | |
| | | 品詞・用法 | ○ | ○ | ○ | ○ | ○ |
| | | 仮名遣い | ○ | ○ | ○ | ○ | ○ |
| | | 敬語・その他 | ○ | ○ | ○ | ○ | ○ |
| | 古文の口語訳 | | ○ | ○ | ○ | ○ | ○ |
| | 表現技法 | | | | | ○ | |
| | 文学史 | | ○ | | ○ | | |
| 問題文の種類 | 散文 | 論説文・説明文 | ○ | ○ | ○ | ○ | ○ |
| | | 記録文・報告文 | | | | | |
| | | 小説・物語・伝記 | | | | | |
| | | 随筆・紀行・日記 | | | | | |
| | 韻文 | 詩 | | | | | |
| | | 和歌(短歌) | | | | | |
| | | 俳句・川柳 | | | | | |
| | 古文 | | ○ | ○ | ○ | ○ | ○ |
| | 漢文・漢詩 | | | | | | |

浦和学院高等学校

# 2024年度 合否の鍵はこの問題だ!!

## 数学 3

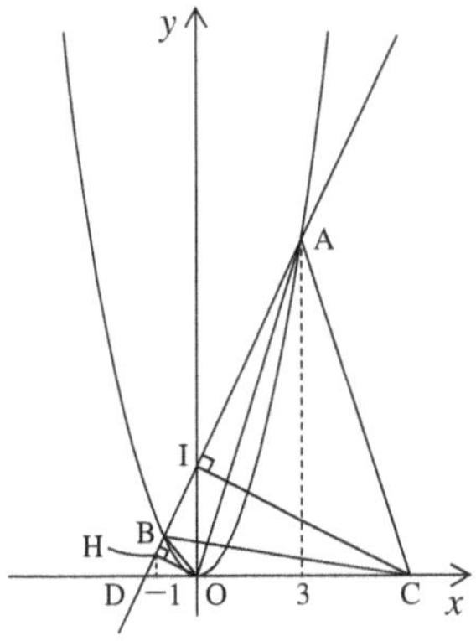


11　$y=x^2$…①　①に$x=3$を代入して，$y=3^2=9$　よって，A(3，9)
$y=2x+b$に点Aの座標を代入して，$9=2\times3+b$，$b=3$

12　①に$x=-1$を代入して，$y=(-1)^2=1$　よって，B(−1，1)
$\mathrm{AB}=\sqrt{(9-1)^2+\{3-(-1)\}^2}=\sqrt{64+16}=\sqrt{80}=4\sqrt{5}$

13　点Cの座標を$(c,\ 0)$とする。$y=2x+3$…②　②と$x$軸との交点をDとする。②に$y=0$を代入すると，$0=2x+3$，$x=-\frac{3}{2}$　よって，$\mathrm{D}\left(-\frac{3}{2},\ 0\right)$　右の図のように，点OとCからABへ垂線OH，CIをひくと，三角形のABを底辺としたとき面積は高さの比と等しくなるから，$\triangle\mathrm{ABC}:\triangle\mathrm{ABO}=\mathrm{CI}:\mathrm{OH}=\mathrm{CD}:\mathrm{OD}=\left\{c-\left(-\frac{3}{2}\right)\right\}:\frac{3}{2}=\left(c+\frac{3}{2}\right):\frac{3}{2}$　$5:1=\left(c+\frac{3}{2}\right):\frac{3}{2}$，$c+\frac{3}{2}=\frac{15}{2}$，$c=\frac{15}{2}-\frac{3}{2}=6$　よって，点Cの座標は，C(6，0)

◎13のように共通な辺がある三角形は，その辺を底辺とみて面積比と高さの比が等しくなることを利用しよう。

## 英語 7

7の長文問題は，このテストで唯一の長い英文を使ったものである。よってこの問題を解くのに一番時間がかかるので，注意したい。6までは比較的短い問題が続くので，それらをより速く解くように心がけるべきである。ゆっくり解いていると，7の長文問題を解く時間が足らなくなるかもしれないからだ。

用いられている語彙は比較的容易なものなので，語彙について特別な勉強はいらない。中学校で習う語彙だけで十分対応できる。また，文法においても特に難しいものは用いられていないので，心配する必要はない。語彙も文法も習ったことをしっかりと復習して，苦手なものがないようにしておけば大丈夫である。

設問を見ると，すべて長文の内容を確認するものになっている。前後の内容が関係するものばかりなので，長文の一部分だけを読んで解こうとするのは危険である。やはり初めの部分からきちんと読んで，しっかり答えるようにしたい。

このような問題を解くには，中学で習う語彙や文法をきちんと復習しながら，同程度の分量の長文を多く読む練習をしておくことが大切である。

# 国語 二 問一

国語では，本文中に記述されている，あるいは読み取れることと，自分の感想を混同してはならない。

問一，特に選択肢4・5には「共感」をおぼえる受験生もいるはずだ。しかし，どんなに「共感」可能な選択肢だからといって，それが本文内容と合致しているとは限らない。実際，たしかに第五段落に「同調圧力」という語は登場するが，それはあくまでも「村落共同体的メンタリティ」の説明であって，選択肢4・5の内容が明記されていたり，論理的に読み取れたりといったことはない。つまり，選択肢4・5は，「共感」の結果として本文内容を「思い込んだ」誤読の選択肢である。

本文内容とあなたの感想は別物である。試験は読書ではないので，恣意的な読み取りは禁物だという意識は常に持っておこう。

# 2024年度

★★★★★★★★★★★★★★★★★★★★★★★

# 入　試　問　題

# 2024年度

# 浦和学院高等学校入試問題

**【数　学】** (50分)　　＜満点：100点＞

**[1]　次の問いの答えとして [　] 内の記号に入る適当な数を選びマークせよ。**

[1]　$(5-4\times3\div2)^2$ を計算すると [ア] である。

[2]　右の表は，どの縦，横，斜めの３つの枠の和が等しくなるようにしたい。
このとき，$(a)$ に当てはまる式は，$x+$ [イ] である。

| | | |
|---|---|---|
| $(a)$ | $-2x+1$ | $x$ |
| $-1$ | $1$ | |
| | $2x+1$ | |

[3]　連立方程式 $\begin{cases} 3x+2y=1 \\ x+y=-1 \end{cases}$ を解くと $x=$ [ウ]，$y=-$ [エ] である。

[4]　$n$ は２けたの自然数で $\sqrt{14n}$ を整数にしたい。このとき，$n$ の最も大きい値は [オカ] である。

[5]　２次方程式 $(2x+1)(x+8)=(x+8)^2$ を解くと，$x=$ [キ]，$-$ [ク] である。

[6]　$y$ が $x$ に反比例し，$x=3$ のとき $y=6$ である。
$x=2$ のとき $y$ の値は，$y=$ [ケ] である。

[7]　右図のように，$\ell /\!/ m$ のとき，
$\angle x$ の大きさは $x=$ [コサ]° である。

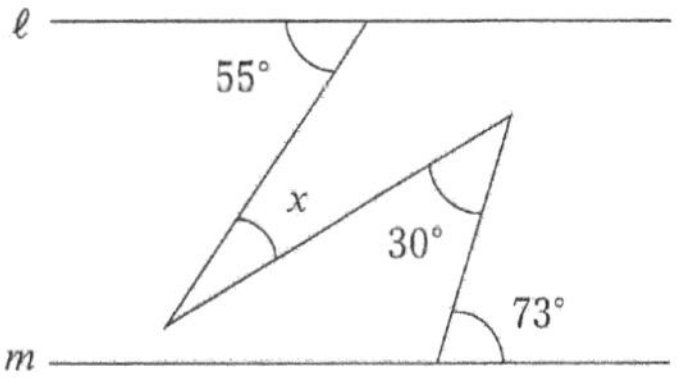


[8]　右図のように，△ＡＢＣがあり，ＡＥ：ＥＣ＝４：１，ＢＤ：ＤＣ＝３：５のとき，ＢＦ：ＦＥを簡単な比で表すと [シ]：[ス] である。

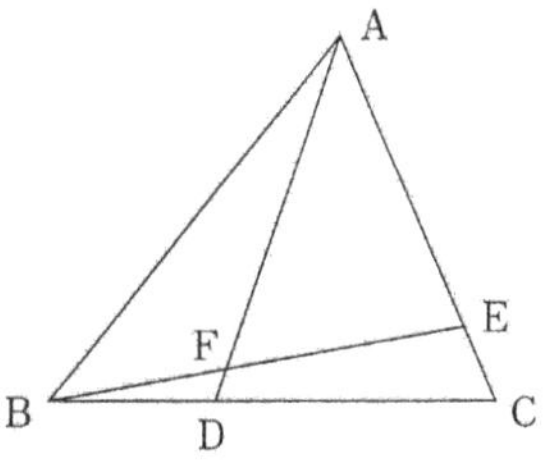


[9]　大小の２個のさいころを同時に投げるとき，出た目の数の和が９以下になる確率は，$\dfrac{セ}{ソ}$ である。

**[2]　次の問いの答えとして [　] 内の記号に入る適当な数を選びマークせよ。**

[10]　次の４つの文章の中で正しいものは，[ア] と [イ] である。ただし，[ア] と [イ] は順不同とする。

⓪　１から20までの整数の中で素数を数えると８個ある。

①　平行四辺形になるための四角形の条件は，１組の辺が平行で，かつ同じ長さである。

②　２次関数 $y=3x^2$ のグラフは，$x$ 軸に関して対称である。

③　７の平方根は，$\sqrt{7}$ のみである。

**3** **次の問いの答えとして □ 内の記号に入る適当な数を選びマークせよ。**

放物線$y = x^2$と直線$y = 2x + b$がある。点Aの$x$座標が３，点Bの$x$座標が$-1$のとき，次の問いに答えよ。

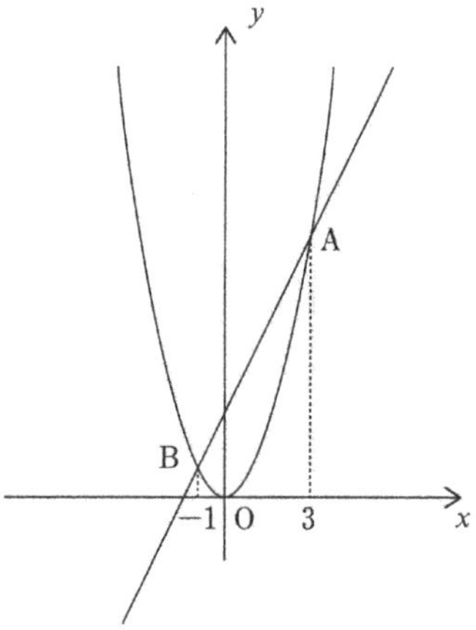


11　直線$y = 2x + b$の$b$の値は，$b =$ [ア] である。

12　線分ＡＢの長さは，ＡＢ＝[イ]$\sqrt{[ウ]}$ である。

13　△ＡＢＯの面積の５倍となるように△ＡＢＣをつくりたい。
点Cは，$x$軸上の正の範囲にあるとすると，
点Ｃ（[エ]，0）となる。

**4** **次の問いの答えとして □ 内の記号に入る適当な数を選びマークせよ。**

右図はある立体の図形を，それぞれの方向から見た形を表している。長さの条件は，横①と横②の図に記入してある。次の問いに答えよ。

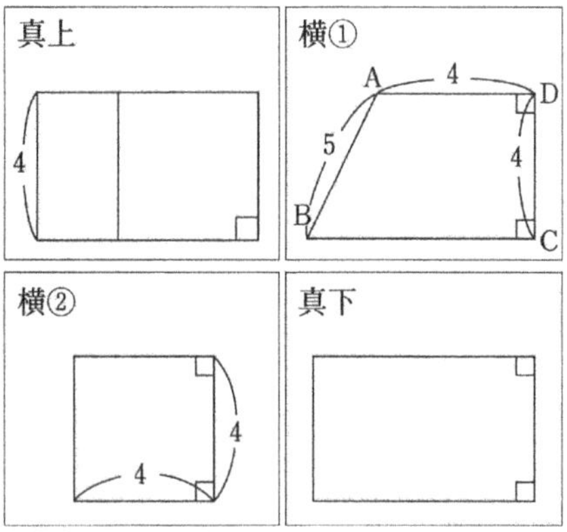


14　横①の図でＢＣの長さは，[ア] である。

15　この立体の表面積は，[イウエ] である。

16　この立体の体積は，[オカ] である。

**5** **次の問いの答えとして □ 内の記号に入る適当な数を選びマークせよ。**

右図のように，１辺の長さが４の正六角形があり，それぞれの頂点には１から６の番号がついている。３つのさいころを同時に投げたとき，出た目の数と同じ番号に点をとり，点と点を線で結び三角形をつくる。ただし，さいころの目が１，１，１や１，１，２のときは，三角形にはならないとする。このとき，次の問いに答えよ。

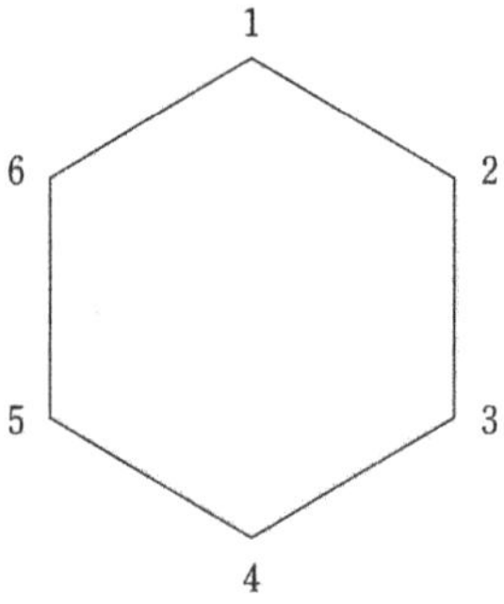


17　直角三角形となるのは全部で，[アイ] 通りある。

18　さいころの目が１，２，３となるとき，その三角形の最も小さい内角の大きさは，[ウエ]°である。

19　三角形の面積が最も大きくなるときの面積は，[オカ]$\sqrt{[キ]}$ である。

**【英　語】**（50分）　＜満点：100点＞

**1　次の各文中の（　）内に入る最も適切なものをア～エより一つ選び，その記号をマークしなさい。**

1．Every student (　　) that singer.
　ア know　イ known　ウ knows　エ knowing

2．You finished your homework, (　　)?
　ア aren't you　イ can't you　ウ don't you　エ didn't you

3．He is (　　) to go to Nara next week.
　ア goes　イ going　ウ go　エ went

4．Leave the house in ten minutes, (　　) you'll miss the train to the school.
　ア but　イ and　ウ or　エ when

5．We need to call (　　) the picnic, if it rains tomorrow.
　ア in　イ on　ウ off　エ about

6．(　　) beautiful these pictures are!
　ア How　イ When　ウ Who　エ What

7．Bob (　　) cleaned his room yet.
　ア didn't　イ aren't　ウ haven't　エ hasn't

8．It was kind (　　) you to help me.
　ア of　イ for　ウ to　エ on

9. Do you know John? Yes, he is a friend of (　　).
　ア I　イ my　ウ me　エ mine

10. IIe enjoys (　　) movics at home with his family.
　ア watched　イ watching　ウ to watch　エ watch

**2　次の各組の英文がほぼ同じ意味になるように（　）内に入る最も適切なものをア～エより一つ選び，その記号をマークしなさい。**

1．Miki is a good speaker of English.
　Miki is good (　　) speaking English.
　ア on　イ for　ウ at　エ to

2．Takeshi can't run fast.
　It is (　　) for Takeshi to run fast.
　ア able　イ possible　ウ enable　エ impossible

3．Ken likes science.　Mai likes science, too.
　(　　) Ken and Mai like science.
　ア Either　イ Both　ウ Because　エ Neither

4．She is so tired that she can't do her homework today.
　She is too tired (　　) her homework today.
　ア doing　イ did　ウ will do　エ to do

5．Shinano River is the longest river in Japan.
There is no river (　　) than Shinano River in Japan.
ア longer　イ shorter　ウ shortest　エ smaller

**3** 次の各日本文に合うように（　）内の語（句）を並べかえたとき，（　）内で２番目と４番目にくる正しい組み合わせをア～エより一つ選び，その記号をマークしなさい。なお，文頭にくるべき語（句）も小文字で示してあります。

1．トムが昨晩電話したとき，私はお風呂に入っていました。
I was ( ① when　② Tom　③ a bath　④ called　⑤ taking　⑥ me ) last night.
ア ②－①　イ ②－⑤　ウ ③－①　エ ③－②

2．モーツァルト（Mozart）は他のどの音楽家よりも素晴らしいと思います。
I think ( ① wonderful　② is　③ than　④ Mozart　⑤ more　⑥ any ) other musician.
ア ①－④　イ ②－①　ウ ②－⑤　エ ⑤－③

3．伊藤先生は私たちに英語は面白いと教えてくれます。
Mr. Ito ( ① is　② teaches　③ English　④ that　⑤ interesting　⑥ us ).
ア ③－②　イ ⑤－②　ウ ⑤－⑥　エ ⑥－③

4．公園への行き方を教えていただけませんか。
( ① you　② to　③ could　④ tell　⑤ the way　⑥ me ) the park?
ア ①－⑥　イ ③－①　ウ ③－⑥　エ ⑤－④

5．母が今，家にいてくれればいいのに。
( ① at　② wish　③ were　④ I　⑤ my mother　⑥ home ) now.
ア ②－③　イ ②－④　ウ ③－④　エ ③－⑥

**4** 次の意味をもつ英単語をア～エより一つ選び，その記号をマークしなさい。

1．the fourth day of the week; the third working day
ア Tuesday　イ Wednesday　ウ Thursday　エ Saturday

2．a quiet place that people can borrow and read many kinds of books
ア aquarium　イ museum　ウ library　エ restaurant

3．an animal that has black and white body; lives on the savannah
ア lion　イ zebra　ウ tiger　エ elephant

4．a machine for carrying the sick and injured to the hospital
ア police car　イ fire engine　ウ ambulance　エ bullet train

5．a game in which goals are scored by throwing a ball into a net on a high post
ア soccer　イ basketball　ウ volleyball　エ tennis

5 次のメールを読み，（1）～（4）に入る最も適切なものをア～エより一つ選び，その記号をマークしなさい。

From : Aya
To : Suzan
Subject : Birthday Party
Date : Monday, August 26, 7 : 30 p.m.

Hi Susan,

We will ( 1 ) a birthday party for George on Saturday. It will start at 1:00 p.m. at George's house. I hope that you can come to the party to say "happy birthday" to George. He will be 15 years old, and we are going to put 15 ( 2 ) on the birthday cake for him. We want him to blow them out. He likes *Taylor Swift so much that we are planning to give him a T-shirt with a picture of Taylor on it. ( 3 ) do you think?

I will make some sandwiches for the party. Other guests will bring some different foods, such as fried chicken, french fries, and cakes. If you come to the party, could you bring something to drink?

We have to prepare ( 4 ) the party before it starts. We will be happy if you can come and help us one hour before the party starts. Can you come at twelve o'clock? Please answer me by e-mail by tomorrow.

Take care,
Aya

（注） * Taylor Swift テイラー・スウィフト（アメリカの女性歌手）

1．ア look イ write ウ have エ take
2．ア balloons イ candles ウ cards エ flags
3．ア Why イ Which ウ Where エ What
4．ア for イ on ウ with エ about

6 次の会話文を読み，（1）～（5）に入る最も適切なものをア～オより一つ選び，その記号をマークしなさい（同じものを２度使用してはいけません）。

Mariko : You can read books and listen to music here, John.
John : Really? Do they have any English books?
Mariko : Yes. ( 1 ) You can use the computer and find books.
John : Good. I wanted to do that. Can we use this library every day?

Mariko : (　2　)　The library is open on Sunday, Monday, Tuesday, Thursday, Friday and Saturday.　So the library isn't open on Wednesday.

John　: What time does the library open?

Mariko : It opens at nine in the morning and closes at seven in the evening.

John　: Can I take books home and read them?

Mariko : (　3　)　You can take three books and keep them for two weeks.

John　: I want to take some English books home today.　(　4　)

Mariko : First, you need to get a library card at that desk.　Then you need to bring it with the books to the desk.

John　: (　5　)

Mariko : Let's use the computer and find some books.

John　: OK.

ア　What should I do?　　イ　No.　　ウ　There are many English books here.

エ　I see.　　オ　Of course.

7　次の英文を読み，各問いに答えなさい。

As you know, English people like to drink tea very much.　In most English homes, they enjoy a nice, fresh, hot cup of tea every day.　Some ladies and girls sometimes say at tea-time, "Just half a cup, please."　Even when they want a full cup, because they think it is good *manners to say so.　At some shops in England you can find ①'just half a cup' —— a cup really cut in half, with the words 'just half a cup' painted on it.　This is a great joke.　How funny!

Well, there was once a young Englishman who always *complained that when he asked for "just half a cup," he was always given a full one.　He said to himself, "English women should *pour out tea as they are told.　I will never marry until I can find a woman who pours out only half a cup of tea when I ask for it."　The idea never left his head.　He went to many tea-parties and invited many girls out to tea at teashops to find such a woman.　But always when he asked for "just half a cup," all the girls poured out a full one.　(　A　)

One day the young man was invited to a garden-party by one of his friends.　He did not want to go to the party, but at last he decided to go and visited his friend's house about the end of the party.　His friend *introduced his pretty sister to him.　After they talked for a few minutes, she said to him, "Would you like a cup of tea?"　He answered, "Yes, just half a cup, please."　②He was very surprised.　She poured out just half a cup.　"This is the first time.　She poured out just half a cup.　What a nice girl!　This is the girl I'm looking for," he said to himself.
(　B　)

They married very soon and were very much in love.　One day like all women, the young wife said to her husband, "There are many wonderful women in the world. Why did you *choose me as your wife?" She was hoping to hear a lot of good words from him. "Do you remember the garden-party? I met you for the first time then. I asked you for just half a cup of tea and you gave me just half a cup of tea," he said. She became red in the face, and said, "Yes, I remember. I was very sorry, because there wasn't enough tea in the pot. (　C　)"

(注) ＊manners 行儀・マナー　＊complain 不平を言う　＊pour out (お茶などを) つぐ
＊introduce 紹介する　＊choose 選ぶ

1．下線部①の 'just half a cup' は具体的にはどういうものか，適切なものをア～エより一つ選び，その記号をマークしなさい。

ア　お茶好きのイギリス人がみんな持っている，ちょうど半杯と書いてあるカップ
イ　どのお店にも売られている，ちょうど半杯と書いてあるカップ
ウ　ほんとうに半分に切ってあり，ちょうど半杯と書いてあるカップ
エ　お茶会で使用される，ちょうど半杯と書いてあるカップ

2．文中のＡ～Ｃに入る適切なものをア～エより一つ選び，その記号をマークしなさい。

Ａ　ア　So he stopped drinking tea alone.
　　イ　So he began to drink tea alone.
　　ウ　So he began to enjoy a full of cup of tea alone.
　　エ　So he began to make tea alone.
Ｂ　ア　At once he asked her to marry him.
　　イ　At once she asked him to marry her.
　　ウ　At once he asked her, "Who are you looking for?"
　　エ　At once she asked him, "Shall we dance?"
Ｃ　ア　I couldn't give you half a cup.　　イ　I couldn't give you any tea.
　　ウ　I couldn't give you a full cup.　　エ　I couldn't give you a cup.

3．下線部②で彼がこのようになった理由をア～エより一つ選び，その記号をマークしなさい。

ア　お茶をすすめられて，ちょうど半分くださいと言ったら，怒り出したので，とても驚いた。
イ　お茶をすすめられて，ちょうど半分くださいと言ったら，カップいっぱいについでくれたので，とても驚いた。
ウ　お茶をすすめられて，ちょうど半分くださいと言ったら，ほんの少ししかついでもらえなかったので，とても驚いた。
エ　お茶をすすめられて，ちょうど半分くださいと言ったら，注文通りにくれたので，とても驚いた。

4．本文の内容に合うものをア～エより一つ選び，その記号をマークしなさい。

ア　English people like tea so much that they always ask for a full cup of tea.
イ　There are some women who sometimes ask for just half a cup at tea-time.
ウ　A young Englishman invited many girls to teashops to teach them how to pour out tea.
エ　When he asked his friend's sister for half a cup of tea at a party, she said, "I am very sorry, because there isn't enough tea in the pot."

2　誕生日プレゼントを綺麗に包ソウする。

ア　ソウ合的な学力を評価する。

イ　安全ソウ置を電子回路で制御する。

ウ　第二次大戦における各国のソウ関関係。

エ　全国大会出場のソウ行会を挙行する。

3　彼の意見には多くの参加者が共メイした。

ア　二国間の同メイが締結された。

イ　徳川家光はメイ君としての誉れが高い。

ウ　代表者を委員会の選出に従って任メイした。

エ　過労により、体が悲メイをあげている。

4　キン勉な仕事ぶりが評価された。

ア　東京支社に転キンになった。

イ　キン迫した国際情勢を分析する。

ウ　国家間の不キン衡を解消する。

エ　運動不足でキン力が低下する。

5　書き初めの展ラン会を実施する。

ア　ラン視を矯正する眼鏡を買う。

イ　回ラン板を隣家に届ける。

ウ　江戸期のラン学の成立を研究する。

エ　空ランに解答を記入する。

**問二**　次の語句の意味として最も適当なものはどれか。次の中からそれぞれ選び、マークせよ。

1　プロセス

ア　過程　　イ　企画　　ウ　順番　　エ　醸成

2　枝葉末節

ア　細部にまで配慮を行き届けること

イ　文章構成における要点にあたる内容

ウ　物事の中で取るに足りない部分

エ　自然の持つ、壮大で大きな流れ

3　手ぐすねを引く

ア　罠をしかける　　イ　仲間に入れる　　ウ　待ち構える

エ　待ち焦がれる

**問三**　傍線部の敬語の種類はどれにあたるか。次の中から選び、マークせよ。

私は田中先生をよく存じ上げています。

ア　尊敬語　　イ　謙譲語　　ウ　丁寧語

**問四**　傍線部の品詞は何か。次の中から選び、マークせよ。

ほんの小さな出来事に心が動かされた。

ア　形容詞　　イ　形容動詞　　ウ　副詞　　エ　連体詞

ア　この石は、元からの評判通り優れて見えた。
イ　この石が、優れているといったのは誰だろう。
ウ　この石が、光り輝いて見えるのはなぜだろう。
エ　この石は、聞いていた以上に優れて見えた。
オ　この石は、評判よりも優れては見えない。

**問六**　次の会話はこの話を学習した生徒たちの会話である。それぞれ次の問いに答えよ。

A　この話には「おもしろく」「おもしろき」という言葉が出てくるけど、それぞれ何をおもしろいと言っているのかな。
B　一つめはすぐに分かったよ。[　　]が作った庭に滝が落ちて、水が流れている様子のことを言っているんだよ。
A　なるほど。よくわかったね。
B　ちなみにもう一つは、Ⅰ紀伊の国にあった石のことをおもしろいと言っているよ。
A　そうだったんだ。もう一つ気になることがあるんだけど、この話では、最後に歌を詠んでいるのも特徴だね。
B　それぞれの話の中に歌が詠まれているのは伊勢物語の大きな特徴だよね。
A　何人かで歌を詠んだ中で、一番よくできていた右の馬の頭の人の「あかねども～」のⅡ歌を献上するときもおもしろいことをしているなと思ったよ。
B　そうだね。自分で詠んだ歌が献上されるなんて緊張しちゃうな。

1　空欄に入る語として最も適当なものはどれか。次の中からそれぞれ選び、マークせよ。
ア　藤原の常行　　イ　親王　　ウ　御曹司　　エ　御随身

2　傍線部Ⅰの理由として最も適当なものはどれか。次の中から選び、マークせよ。
ア　石が趣のあるものであったこと。
イ　石を持っていると金持ちになる噂があったこと。
ウ　石を献上した人が初めてだったこと。
エ　石の中に沢山の宝石が埋まっていたこと。
オ　石が見た目以上に軽かったこと。

3　傍線部Ⅱの内容の説明として最も適当なものはどれか。次の中から選び、マークせよ。
ア　石の青い苔で文字を作り、植物といっしょに献上したこと。
イ　石に、青色の苔や砂を貼り付けてから献上したこと。
ウ　石の青い苔で風景画を作り、石といっしょに献上したこと。
エ　石の青い苔といっしょに、和紙に歌を書いて献上したこと。
オ　石の青い苔を刻んで、蒔絵模様風に石面にほり、献上したこと。

## 四　次の問いに答えよ。

**問一**　傍線部の漢字と同じ漢字を使うものはどれか。次の中からそれぞれ選び、マークせよ。

1　シュク尺二万五千分の一の地図を参照する。
ア　夏休みのシュク題を終わらせる。
イ　厳シュクな雰囲気で式典が挙行された。
ウ　生産の規模を大幅にシュク小した。
エ　友人代表としてシュク辞を述べた。

三　次の文章を読んで、後の問いに答えよ。

むかし、多賀幾子《たかきこ》と申す a 女御おはしましけり。うたせたまひて、七七日のみわざ、安祥寺《あんしょうじ》にてしけり。右大将藤原の常行《つねゆき》といふ人いまそがりけり。そのみわざにまうでたまひて、かへさに、b 山科の禅師《ぜんじ》の親王《みこ》おはします、その山科の宮に、滝落し、水走らせなどして、おもしろく造られたるにまうでたまうて、「年ごろよそには仕うまつれど、近くはいまだ仕うまつらず。こよいはここにさぶらはむ」と申したまふ。①親王喜びたまうて、よるのおましの設けさせたまふ。さるに、かの大将、いでてたばかりたまふやう、「宮仕《みやづか》へのはじめに、ただなほやはあるべき。三条の大御幸《おおみゆき》せし時、紀の国の千里の浜にありける、いとおもしろき石奉れりき。大御幸ののち奉《たてまつ》れりしかば、ある人の御曹司《みぞうし》の前のみぞにすゑたりしを、島このみたまふ君なり、②この石を奉らむ」とのたまひ御《み》随身《ずいじん》、舎人《とねり》して取りにつかはす。いくばくもなくてもて来ぬ。③この石、聞きよりしは見るはまされり。これをただに奉らばすずろなるべしとて、人々に歌よませたまふ。右の馬の頭なりける人のをなむ、青き苔《こけ》をきざみて、蒔絵《まきえ》のかたにこの歌をつけて奉りける。

あかねども岩にぞかふる色見えぬ心を見せむよしのなければ

となむよめりける。

『伊勢物語』

問一　二重傍線部a・bの読み方（現代仮名遣い）として、最も適当なものはどれか。次の中からそれぞれ選び、マークせよ。

a　ア　おんなご　　イ　にょうご
　　ウ　にょうおん　　エ　おんなおん

b　ア　やまか　　イ　さんか
　　ウ　やましな　　エ　さんしな

問二　波線部の動作の主体（主語）として、最も適当なものはどれか。次の中から選び、マークせよ。

ア　親王　　イ　多賀幾子　　ウ　藤原の常行　　エ　舎人

問三　傍線部①の理由の説明として最も適当なものはどれか。次の中からえらび、マークせよ。

ア　藤原の常行が今夜は親王の近くでお仕えするといったから。
イ　藤原の常行が親王の作った庭園をとてもほめていたから。
ウ　藤原の常行が庭に水が流れるのを不思議がっていたから。
エ　親王が久しぶりに藤原の常行と再会することができたから。
オ　親王が願ったとおりの立派な石がたくさん手に入ったから。

問四　傍線部②の石を献上しようとした理由として最も適当なものはどれか。次の中からえらび、マークせよ。

ア　宮仕えのあいさつに、石を持っていくことが昔からの決まりだったから。
イ　親王が庭園を好む人で、趣ある石がある人の部屋前に置かれていたから。
ウ　千里の浜で偶然面白い石を見つけ、どうしても見てほしいと思ったから。
エ　御随身や舎人が、石を献上したら出世できるという噂を伝えてきたから。
オ　御曹司が、趣ある石を献上すると必ずいいことがあると言ってきたから。

問五　傍線部③の現代語訳として最も適当なものはどれか。次の中から選び、マークせよ。

遺伝子に刻まれた本能に近いということは、世界中のどの民族にも共通しているということでもある。ただし僕たち日本人は、この傾向がちょっと強い（と僕は思う）。つまり、団体行動が得意なのだ。

日本人の集団性が強い理由として、稲作を挙げる人がいる。なぜなら米は日本人の主食だ。そして稲作にとって水利[※1]は重要だ。もしも自分の田んぼだけで水の流れを塞き止めたら、他の田んぼが大きな被害を被ることになる。誰かが水を汚したら、村全体が損害を受ける。稲刈りなども村全体でなるべく同じタイミングでやらないと、残された田んぼが害虫などの被害を受ける。

こうして村落共同体的メンタリティが形成される。強い絆と同調圧力。これを破ると村八分という処罰を受ける。つまり仲間外れ。その家や家族を村全体でシカトする。これはつらい。だから全体で同じ動きをしようとする傾向が強くなる。調和と規律正しさが美徳とされる。

でも稲作は日本だけではなく韓国や中国などにも共通しているけれど、場や空気を重んじる傾向は、日本が突出して強い（と僕は思う）。だからこそ「タイタニック号」のジョークでも日本人が取り上げられる。あなたがもし韓国や中国の街を歩いたことがあるならば、日本人よりは自己主張が強い人が多いと感じるはずだ。場の空気を日本人ほどは読まない。調和や規律正しさを日本人ほどに求めない。

森達也『集団に流されず個人として生きるには』

※1　水利　水を利用すること。特に水の利用に関する権利も指す。

**問一**　次の記述は、この文章の内容に合致しているか。合致しているものには「ア」を、合致していないものには「イ」をそれぞれマークせよ。

1　日本人が闇を恐れるのは、遺伝子に刻まれた危険を察知するという日本人独特の本能によるものである。

2　日本人は、潜在的な記憶をもとに集団で行動し、怖さに対する認識を軽減させている。

3　人間の集団に対する認識の強さは、古くから他国との交流を経た結果である。

4　住む場所や所属する集団での絆や同調圧力は、日本独自の文化という形で美徳として受け継がれている。

5　日本人は、同調圧力で人々を支配してきたため空気を読むことに対して抵抗を感じていない。

6　日本人は、集団を円滑に過ごすように心がけた結果調和や規律正しさを重んじた文化が築かれた。

**問二**　この文章の構成・表現の説明として最も適当でないものはどれか。次の中から選び、マークせよ。

ア　「（と僕は思う）」と丸括弧を用いることで、控え目に筆者の意見を主張している。

イ　筆者は、身近な具体例を用いることで、自身の主張の説得力を増している。

ウ　本文は四つの意味段落で構成されており、一貫して日本人の特性を述べている。

エ　一文が短く、言い切りの形で構成されているため、筆者の主張が簡潔である。

オ　冒頭を疑問文で始めることで、読み手に興味を沸かせている。

ア　努力を最小限にすることが学力評価における重要な要素となり、学力の定義が変わってしまうから。

イ　効率の良い学習方法が一般化することで、全ての生徒・学生の学力が向上し、相互間での違いが見えにくくなるから。

ウ　受験に関係のない教科を学ばなくなることは、受験に必要な教科の学習にも悪い影響を与えるから。

エ　本来ならば子供の主体性の中で進められる必要がある学習に、予備校や保護者からの意見が占める要素が多くなるから。

オ　少ない労力で成果を得ることを目的にすると、本来の目的である学力を高めるということをないがしろにしてしまうから。

**問六**　傍線部④の説明として最も適当なものはどれか。次の中から選び、マークせよ。

ア　自身の利益を増加させることのみを考える構成員が増え、互いの足をひっぱり合うことで、社会自体の富や安全性を損なうもの。

イ　無教養な指導者が気楽な見通しによって社会を導くことにより、無教養であることに疑問を抱かない構成員を増やしてしまうもの。

ウ　どれほど未熟な社会構成員が増えたとしても、社会制度が成熟しているため負の要素が起こる余地を生まない社会を生み出すもの。

エ　社会に安全や豊かさが確保されているため、自身以外の構成員が無能力であることが自分の利益となる場合が多い社会でのみ機能するもの。

オ　知性に対する反発心を増大させ、互いが教養を得る機会を奪い合い、結果として自身が利益を得る機会をも喪失させてしまうもの。

**問七**　次の記述は、この文章の内容に合致しているか。合致しているものには「ア」を、合致していないものには「イ」をそれぞれマークせよ。

1　作者は、バブル期以前の労働観を理想的な考え方として提示している。

2　費用対効果が重視されることにより、学歴に対する意識も変化した。

3　作者は教育を商品として捉えるような現代の学生たちに批判的である。

4　子供は自身の利益を守るため、意図的に他生徒の学びを阻害している。

5　子供の学力低下は社会の成熟の証明であるとして肯定的に捉えている。

## 二　次の文章を読んで、後の問いに答えよ。

人はなぜ闇を恐れるのか。例えば夜の森。あなたは一人で歩けるだろうか。あるいは夜の海。あなたは一人で泳げるだろうか。僕には無理だ。特に夜の海は怖い。あるいは子供のころ、押し入れの中やベッドの下に何かが潜んでいるような気がして、夜中にふと目を覚まして怖くなったことはないだろうか。

夜は怖い。なぜならばかつて僕たちの先祖は、闇に紛れて襲ってくる天敵の存在におびえていたからだ。その記憶は遺伝子に刻まれている。だからこそ集団化は人類の本能に近い。夜の森だとしても、もし団体で行動しているならば、怖さは半減するはずだ。このときに大切なのは規律正しさだ。みんなで同じように動けば、怖さはもっと軽減する。

※2　費用対効果　かかった費用にして得られた効果・利益の度合い。
※3　披瀝　心の中をつつみ隠さずに、打ち明けること。
※4　カズオ・イシグロ　イギリスの小説家。２０１７年にノーベル文学賞を受賞。
※5　反知性主義　知識人や知的な活動に反発的であり、現実社会の問題解決に知性は重要ではないという思想。
※6　愚鈍　頭の巡りが悪く、行いもまぬけなこと。

**問一**　二重傍線部a、bの意味として最も適当なものはどれか。次の中からそれぞれ選び、マークせよ。

a　モチベーション
ア　動機付け　イ　勢い　ウ　真剣さ　エ　興味

b　リスク
ア　不利なこと　イ　良くないこと　ウ　危険性が高いこと
エ　悩ましいこと

**問二**　空欄A、Bに入る語句として最も適当なものはどれか。次の中からそれぞれ選び、マークせよ。

ア　例えば　イ　つまり　ウ　でも　エ　もちろん

**問三**　傍線部①の内容の説明として最も適当なものはどれか。次の中から選び、マークせよ。

ア　労働においては少ない努力で多くの収入を得ることが重要であり、大きな収入をもたらさない労働は社会において不必要であるということ。
イ　短い労働時間で使用価値の高い商品を生み出しつつ、高額な収入を得ることを目指すことが労働において重要であるとされてきたこと。
ウ　学習における学歴を重要視するのと同様に、労働においても社会的意義がある仕事に就くことを重要視していく姿勢が重要であるということ。
エ　以前は労働によって作り出されるものの価値を重要視していたが、現在ではどの程度の収入をもたらしたかが重視されているということ。
オ　多くの収入をもたらさない労働は価値の低いものとされてきたが、これからは、その生成物の有用性を重要視していく必要があるということ。

**問四**　傍線部②の結果起こることの具体例として適当でないものはどれか。次の中から選び、マークせよ。

ア　卒業するのに必要な単位は既に取得しているが、将来に役立つ講義を選び、追加で受講している。
イ　文系の大学への進学を希望しているので、これからは受験科目ではない数学の勉強をする必要はない。
ウ　単位取得に必要な出席数を確保したため、もう授業に出席しなくても大丈夫だと考えている。
エ　課題を提出しても評定が上がらないことは分っているので、課題は提出しなかった。
オ　学期末試験の出題範囲外である単元は捨てて、試験範囲の学習のみに集中する。

**問五**　傍線部③の理由の説明として最も適当なものはどれか。次の中から選び、マークせよ。

保護者も、ふつうにそう考えている。平然と「受験に関係ない教科なんか勉強しなくていい」と豪語する保護者や生徒が、皆さんのまわりにもいるでしょう。無駄なことはしない、と。

ですから、受験勉強でも、最も効率のよい学習法を血眼で探しています。もし「三カ月で偏差値10アップ」を看板に掲げる予備校の隣に「一カ月で偏差値10アップ」の予備校があれば、親はそちらを選ぶでしょう。その隣に「一週間で偏差値10アップ」予備校があれば、ことの筋目からしてそちらを選ばざるを得ない。だからもし「学習努力ゼロで偏差値10アップ」予備校があったら（ありませんけど）、それがベストのものだということに、親も子供も同意せざるを得ない。

Ｂ、学力を高めることは、もはや学校教育の目的ではなくなってしまったのです。そうではなく、人々は「いかにすくない努力で、いかに多くの報酬を受け取るか」を競っている。同学齢集団の中で、「努力の少なさ」が競われている以上、③絶対学力が底なしに低下するのは、論理的に自明のことです。

費用対効果を競い合っているうちに、その集団では成員全員がお互いに足を引っ張り合うようになりました。子供たちは遅くとも中等教育の段階に至ると、自分のまわりの生徒たちの知的成長を阻害することにつねに努力するようになります。もちろん本人は自分がそんな邪悪なことに熱中しているという「犯意」はありません。ごく自然に、無意識にやっている。

一度電車の中で、中学生や高校生たちがおしゃべりしているのを、こっそり立ち聞きしてみてください。彼らが、例えば次期アメリカ大統領の世界戦略についてとか、日中関係の今後の展望についてとか、そういうことを熱心に語り合っているのを聞くことはまずありません。彼らが話しているのはゲームの話、タレントの話、ファッションの話、スポーツの話……など、とにかくそれについて自分がどれほど深く広い知見を披瀝[※3]しても、それによって話を聞いている友人たちの次の試験の点数が一点も上がらないトピックだけに限定されています。

うかつにアメリカ大統領選挙の見通しについて語ったり、グローバル企業のインドネシア進出について語ったり、カズオ・イシグロ[※4]の新作について語ったりしたら、何かのはずみでそれが試験に出て、聞いていた友人たちの得点が増えるかもしれない。それは今、子供たちがやっている競争では、自分の側の「損失」にカウントされます。だから、子供たちはそんなｂリスクは決して冒しません。友だちの試験の点数が一点でも上がりそうな恐れがある話は絶対にしない。絶対に。

この気が遠くなるほどの日常的努力の積み重ねの上に、現代日本人の恐るべき「無教養」と「反知性主義的傾向[※5]」が構築されているのです。指摘しておかなくてはいけないのは、④このような「競争相手の足を引っ張る」という競争戦略が可能なのは、例外的に豊かで安全な社会において「だけ」だということです。社会成員がどれほど愚鈍[※6]で未熟であっても、それによって「自分の取り分」が増えるだけで、他に悪いことは何も起こらない。そういう気楽な見通しが立つ社会においてのみ、人々はまわりの人間が「未熟で、無知で、使い物にならない」人たちであることを切望するようになります。

内田樹『街場の共同体論』

※1　バブル期　　株式や不動産の資産価値が、実際の経済から大きくかけ離れて増大する経済の期間。日本では１９８６～１９９１年の間。

## 【国　語】（五〇分）〈満点：一〇〇点〉

**一　次の文を読んで、後の問いに答えよ。**

日本人に刷り込まれた新しい労働観というのは次のようなものでした。最も少ない努力で、最も効率よく、最も大量の貨幣を獲得できるのが、「良い労働」である。

労働の価値は、かつてはどのように有用なもの、価値あるものを作り出したかによって考量されました。※1バブル期以降はもうそうではありませんでした。その労働がどれほどの収入をもたらしたかによって、労働の価値は考量されることになった。そういうルールに変わったのです。

ですから、最もわずかな労働時間で巨額の収入をもたらすような労働形態が、最も賢い働き方だということになる(例えば、金融商品の売買)。一方、額に汗して働き、使用価値の高い商品を生み出しても、高額の収入をもたらさない労働は社会的劣位に位置づけられました。そのようにして現代人の労働するａモチベーションは、根本から傷つけられていった。

子供たちが学ばなくなったのも、この①労働観の変質と同じ理由で説明できます。今でももちろん子供たちは、学歴の重要性はきちんと認識しています。けれども、彼らにとって最優先の問題は、それをどれほど少ない学習努力で獲得するかなのです。できるだけ少ない学習学位記を手に入れた学生が、※2費用対効果という基準から言えば「最も賢い」学生だということになる。

ほんとうにそうなのです。大学で教えているときに、授業の最初で学生たちが訊いてくるのは、「この教科は最低何点で単位がもらえますか」と、「この教科は何回まで休めますか」です。

それは、「この商品、いくらまで値引きしてくれますか？」と訊ねてくる、手ごわい消費者の態度とまったく変わるところがありません。六〇円で買える商品に一〇〇円出す消費者はいません。そんなことしたら市場原理が崩れてしまう。消費者は同一商品に対しては最低価格で購入する権利があるだけでなく、そうする義務があるのです。

今の子供たちは、この「最低価格で商品を購入しなければならない」という義務の感覚を、幼児期から刷り込まれています。それが当然だと思っている。②その義務の感覚をそのまま教育の場に持ち込んできたら、何が起きるか。

彼らは教育商品（単位や資格や免状を、彼らは「教育商品」ととらえています）をミニマムの価格（すなわち最低の学習努力）で手に入れることを義務だと信じるようになる。ですから、一二四単位取れれば卒業できるのに二〇〇単位取る勉強好きの学生を見ても、「まったく無意味なことをしている」と思う。六〇点取れば単位がもらえるのに一〇〇点取る同級生も、五回まで休めるのに全一五週出席する同級生も、「バカ」に見える。目標が「学士号を手に入れること」であれば、最少の学習努力で目標を達成することだけに意味がある。

僕が以前から「学校教育に市場原理を持ち込んではならない」と繰り返し述べているのはそういう理由からです。現場にいれば、わかります。学校教育で子供たちに費用対効果を競わせたら、教育はもう「おしまい」です。原理的に考えて、その競争では「学力ゼロ」で卒業した子供が勝利者として讃えられるゲームなんですから。

Ａ　、その狂ったゲームが今、実際に行われています。子供たちも

# MEMO

大切なことはメモしておこうネ！

# 2024年度

# 解　答　と　解　説

《2024年度の配点は解答欄に掲載してあります。》

## ＜数学解答＞ 《学校からの正答の発表はありません。》

1　[1] ア 1　[2] イ 2　[3] ウ 3　エ 4　[4] オ 5　カ 6
[5] キ 7　ク 8　[6] ケ 9　[7] コ 1　サ 2　[8] シ 3　ス 4
[9] セ 5　ソ 6

2　[10] ア 0　イ 1

3　[11] ア 3　[12] イ 4　ウ 5　[13] エ 6

4　[14] ア 7　[15] イ 1　ウ 2　エ 4　[16] オ 8　カ 8

5　[17] ア 1　イ 2　[18] ウ 3　エ 0　[19] オ 1　カ 2　キ 3

○推定配点○
各5点×20([10]は各5点×2)　　計100点

## ＜数学解説＞

1　(数・式の計算，連立方程式，平方数，2次方程式，比例関数，角度，平行線と線分の比の定理，確率)

基本　[1]　$(5-4\times3\div2)^2=(5-6)^2=(-1)^2=1$

[2]　2列目の和は，$(-2x+1)+1+(2x+1)=3$，2行目3列目は，$3-(-1+1)=3$　3列目3行目は $3-(x+3)=-x$　よって，$(a)=3-(1-x)=x+2$

基本　[3]　$3x+2y=1$…①　$x+y=-1$…②　①－②×2から，$x=3$　②に$x=3$を代入して，$3+y=-1$，$y=-1-3=-4$

[4]　$n=14k^2$($k$は整数)のとき$\sqrt{14n}$は整数になる。$k=1$のとき，$n=14\times1^2=14$，$k=2$のとき，$n=14\times2^2=56$　$k=3$のとき，$n=14\times3^2=126$　$n$は2けたの自然数だから，$n=14,\ 56$　よって，$n$の最も大きい値は56

[5]　$(2x+1)(x+8)=(x+8)^2$　$2x^2+16x+x+8=x^2+16x+64$，$x^2+x-56=0$，$(x-7)(x+8)=0$，$x=7,\ -8$

基本　[6]　$y=\frac{a}{x}$に$x=3$，$y=6$を代入すると，$6=\frac{a}{3}$，$a=18$　$y=\frac{18}{x}$に$x=2$を代入して，$y=\frac{18}{2}=9$

[7]　右の図のように各点を定め，直線AB，CBと直線$m$の交点をE，Fとする。平行線の錯角から，$\angle\mathrm{BED}=55°$　△CFDにおいて内角と外角の関係から，$\angle\mathrm{BFE}=73°-30°=43°$　△BEFにおいて内角と外角の関係から，$\angle\mathrm{EBF}=55°-43°=12°$　対頂角から，$\angle x=\angle\mathrm{EBF}=12°$

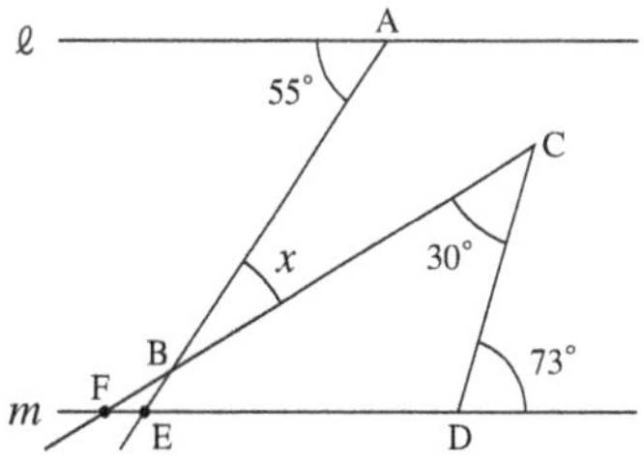


[8]　仮定から，BD：DC＝3：5，BD＝$\frac{3}{5}$DC　点Eを通りBCに平行な直線とADとの交点をGとすると，GE：DC＝AE：AC＝4：5，GE＝$\frac{4}{5}$DC　平行線と線分の比の定理から，BF：FE＝BD：GE＝$\frac{3}{5}$DC：$\frac{4}{5}$DC＝

$\frac{3}{5}:\frac{4}{5}=3:4$

基本 9　大小2個のさいころの目の出かたは全部で，$6\times6=36$(通り)　そのうち，出た目の数の和が9より大きくなる場合は，(大，小)＝(4，6)，(5，5)，(5，6)，(6，4)，(6，5)，(6，6)の6通り　よって，出た目の数の和が9以下になる確率は，$1-\frac{6}{36}=1-\frac{1}{6}=\frac{5}{6}$

## 基本 2 (正誤問題)

10　⓪　1から20までの整数の中で素数は，2，3，5，7，11，13，17，19の8個だから正しい。①　1組の辺が平行で，かつ同じ長さの四角形は平行四辺形になるので正しい。②　2次関数$y=3x^2$のグラフは，$y$軸に関して対称なので正しくない。③　7の平方根は$\pm\sqrt{7}$なので正しくない。

## 3 (図形と関数・グラフの融合問題)

基本 11　$y=x^2$…①　①に$x=3$を代入して，$y=3^2=9$　よって，A(3，9)　$y=2x+b$に点Aの座標を代入して，$9=2\times3+b$，$b=3$

12　①に$x=-1$を代入して，$y=(-1)^2=1$　よって，B(−1，1)　$AB=\sqrt{(9-1)^2+\{3-(-1)^2\}}=\sqrt{64+16}=\sqrt{80}=4\sqrt{5}$

重要 13　点Cの座標を$(c,\ 0)$とする。$y=2x+3$…②　②と$x$軸との交点をDとする。②に$y=0$を代入すると，$0=2x+3$，$x=-\frac{3}{2}$　よって，$D\left(-\frac{3}{2},\ 0\right)$　点OとCからABへ垂線OH，CIをひくと，三角形のABを底辺としたとき面積は高さの比と等しくなるから，△ABC：△ABO＝CI：OH＝CD：OD＝$\left\{c-\left(-\frac{3}{2}\right)\right\}:\frac{3}{2}=\left(c+\frac{3}{2}\right):\frac{3}{2}$　$5:1=\left(c+\frac{3}{2}\right):\frac{3}{2}$，$c+\frac{3}{2}=\frac{15}{2}$，$c=\frac{15}{2}-\frac{3}{2}=\frac{12}{2}=6$　よって，点Cの座標は，C(6，0)

## 4 (平面・空間図形の計量問題―三平方の定理，表面積，体積)

基本 14　点AからBCへ垂線AHをひくと，AH＝DC＝4　△ABHにおいて三平方の定理を用いると，$BH=\sqrt{5^2-4^2}=\sqrt{9}=3$　よって，BC＝BH＋HC＝BH＋AD＝3＋4＝7

15　上面の面積が，$4\times4=16$，下面の面積が，$4\times7=28$，側面が横①の2つ分で，$\frac{1}{2}\times(4+7)\times4\times2=44$，横②が1つ分で16，縦5，横4の長方形が1つ分で$5\times4=20$　よって，求める表面積は，$16+28+44+16+20=124$

16　横①を底面とすると高さが4の四角柱になるから，$\frac{1}{2}\times(4+7)\times4\times4=88$

## 5 (平面図形の計量問題―円の性質，角度，面積)

17　三角形の1辺が，正六角形に外接する円の直径になるとき，三角形は直角三角形になる。よって，さいころの目が，(1，4，2)，(1，4，3)，(1，4，5)，(1，4，6)，(2，5，3)，(2，5，4)，(2，5，6)，(2，5，1)，(3，6，4)，(3，6，5)，(3，6，1)，(3，6，2)の12通り

18　頂角が120°の二等辺三角形になるから，求める角の大きさは，$\frac{180^\circ-120^\circ}{2}=30^\circ$

重要 19　三角形の面積が最も大きくなる場合は，たとえばさいころの目が1，3，5のときの正三角形である。正三角形の一辺の長さは，$4\times\frac{\sqrt{3}}{2}\times2=4\sqrt{3}$，高さは，$4\sqrt{3}\times\frac{\sqrt{3}}{2}=6$　よって，求める面積は，$\frac{1}{2}\times4\sqrt{3}\times6=12\sqrt{3}$

★ワンポイントアドバイス★

8は点Eを通りBCに平行な直線をひくことがポイントである。BF：FEはどの辺の比と等しくなるかを考えよう。

## ＜英語解答＞ 《学校からの正答の発表はありません。》

1　1 ウ　2 エ　3 イ　4 ウ　5 ウ　6 ア　7 エ　8 ア　9 エ　10 イ

2　1 ウ　2 エ　3 イ　4 エ　5 ア

3　1 エ　2 イ　3 エ　4 ア　5 ア

4　1 イ　2 ウ　3 イ　4 ウ　5 イ

5　1 ウ　2 イ　3 エ　4 ア

6　1 ウ　2 イ　3 オ　4 ア　5 エ

7　1 ウ　2 A イ　B ア　C ウ　3 エ　4 イ

○推定配点○

1～3　各2点×20　　4～7　各3点×20　　計100点

## ＜英語解説＞

**1　（語句補充問題：動詞，付加疑問文，進行形，命令文，慣用表現，感嘆文，現在完了，前置詞，代名詞，動名詞）**

基本　1「各生徒がその歌手を知っている。」 every がつく語は単数扱いになるので，動詞は三単現の形になる。

2「あなたは宿題を終えましたよね。」 付加疑問の部分に用いる助動詞は，主文が肯定であれば否定に，主文が否定であれば肯定にして用いる。

3「彼は来週奈良に行く予定だ。」 未来のことを表すときは〈be going to ～〉を用いる。

4「10分以内に家を出なさい，さもないと学校への電車に乗り遅れます。」〈命令文，or ～〉で「…しろ，そうしないと～」という意味になる。

5「もし明日雨なら，私たちはピクニックを中止する必要がある。」〈call off ～〉で「～を中止する」という意味を表す。

6「これらの絵はなんて美しいのでしょう！」 感嘆文は〈how ＋形容詞／副詞〉から始まり，主語と述語がその後に続く。

7「ボブはまだ部屋を掃除していない。」 現在完了の否定文なので，〈have not ＋過去分詞〉という形にする。

8「私を助けてくれてあなたは親切でした。」〈it is ～ for S to …〉で「Sが…することは～である」という意味になる。「～」に入る語が人の性質を表すものである時には〈it is ～ of S to …〉となる。

9「ジョンを知っていますか。はい，彼は私の友達のひとりです。」〈～ of mine〉は〈my ～〉と同じ意味を表す。

10「彼は家族といっしょに家で映画を見て楽しむ。」 enjoy, finish, stop の後に動詞を置く場合には動名詞にする。

**2** （書き換え問題：慣用表現，不定詞，副詞，比較）

1 「ミキはよい英語の話し手だ。」→「ミキは英語を話すのが上手い。」〈be good at ～〉で「～が得意だ」という意味になる。

2 「タケシは速く走れない。」→「タケシにとって速く走ることは不可能だ。」〈it is ～ for S to …〉で「Sが…することは～である」という意味になる。

3 「ケンは科学が好きだ。マイも科学が好きだ。」→「ケンとマイの両方とも科学が好きだ。」〈both A and B〉で「AとBの両方」という意味を表す。

4 「彼女はとても疲れているので，今日は宿題をできない。」→「彼女は今日宿題をするには疲れすぎている。」〈too ～ to …〉で「…するには～すぎる」という意味を表す。

5 「信濃川は日本で一番長い川だ。」→「日本には信濃川より長い川はない。」 直後に than があるので，比較級を用いると判断する。

**3** （語句整序問題：接続詞，比較，助動詞，仮定法）

1 （I was） taking a bath when Tom called me （last night.） 「～時」という意味を表す when を使う時は，その後に「主語＋動詞」を置く。

2 （I think） Mozart is more wonderful than any （other musician.） 〈～ er than any other …〉で「他のどんな…よりも～」という意味を表す。

3 （Mr. Ito） teaches us that English is interesting（.） 〈teach A that …〉で「Aに…ということを教える」という意味になる。

4 Could you tell me the way to （the park?） 丁寧な依頼を表す場合には〈could you ～?〉という表現を用いる。

5 I wish my mother were at home （now.） 〈wish ＋S＋過去形の動詞…〉は仮定法で，現実とは異なることを願う意味を表す。

**4** （語彙問題：名詞）

基本 1 「1週間の4番目の日；3番目の働く日」 ア「火曜日」，イ「水曜日」，ウ「木曜日」，エ「土曜日」

2 「人々が多くの種類の本を借りて読むことができる静かな場所」 ア「水族館」，イ「博物館」，ウ「図書館」，エ「レストラン」

3 「黒白の体を持つ動物；サバンナに住む」 ア「ライオン」，イ「シマウマ」，ウ「トラ」，エ「象」

4 「病気の人やけがをした人を病院に運ぶための機械」 ア「パトカー」，イ「消防車」，ウ「救急車」，エ「弾丸列車」

5 「ボールを高い場所にある籠に投げ入れることによってゴールとされるゲーム」 ア「サッカー」，イ「バスケットボール」，ウ「バレーボール」，エ「テニス」

**5** （メール文問題：語句補充）

送信者：アヤ
宛先：スーザン
件名：誕生日パーティー
日付：8月26日，月曜日，午後7時30分
やあ，スーザン，

私たちは土曜日にジョージの誕生日パーティーを(1)開きます。午後1時からジョージの家で始まります。ジョージに「誕生日おめでとう」を言いにパーティーに来てくれることを願っています。彼は15歳になるので，私たちは彼の誕生日ケーキに15本の(2)ろうそくを立てるつもりです。私たちは彼にそれを吹いてもらいたいです。彼はテイラー・スウィフトがとても好きなので，テイラーの写真が入ったTシャツをプレゼントする予定です。(3)どう思いますか？

パーティー用にサンドイッチを作ります。他のゲストは，フライドチキン，フライドポテト，ケーキなど，さまざまな食べ物を持参します。もしパーティーに来るなら，何か飲み物を持ってきていただけますか？

私たちはパーティーが始まる前に(4)準備をしなければなりません。パーティー開始1時間前までに来てくれるとうれしいです。12時に来てもらえますか？　明日までに電子メールで返信してください。

お元気で，

アヤ

1 「パーティーを開く」と言うときは have を用いる。

2 誕生日ケーキに立てるものを選ぶ。ア「風船」，ウ「カード」，エ「旗」

3 相手に感想を求める時には，〈What do you think ～?〉という表現を使う。

4 「～の準備をする」という意味を表す時は，〈prepare for ～〉という表現を使う。

## 6 （会話文問題：語句補充）

マリコ：ジョン，あなたはここで本を読んだり音楽を聞いたりできます。

ジョン：本当ですか？　英語の本はありますか。

マリコ：はい。(1)ここには多くの英語の本があります。コンピューターを使って本を探すことができます。

ジョン：いいですね。そうしたかったです。この図書館は毎日使えますか。

マリコ：(2)いいえ。図書館は日曜日，月曜日，火曜日，木曜日，金曜日そして土曜日にあいています。だから図書館は水曜日にはあいていません。

ジョン：図書館は何時にあきますか。

マリコ：午前9時にあいて，夜の7時にしまります。

ジョン：本を家に持って帰って読むことができますか。

マリコ：(3)もちろんです。3冊の本を持ちかえって2週間もっていることができます。

ジョン：今日家に英語の本を何冊かもっていきたいです。(4)どうしたらいいですか。

マリコ：まず，あのデスクで図書館カードをもらう必要があります。それから本をいっしょにそれをデスクに持っていく必要があります。

ジョン：(5)わかりました。

マリコ：コンピューターを使って本を探しましょう。

ジョン：オッケイ。

## 7 （長文読解問題・説明文：内容吟味，語句補充）

（全訳）　ご存知のとおり，イギリス人はお茶を飲むのがとても好きです。英国のほとんどの家庭では，毎日おいしい新鮮な温かいお茶を楽しんでいます。お茶の時間に時々こう言う女性や女の子がいます。「ハーフカップでお願いします。」一杯分を飲みたいときでも，そう言うのがマナーだと思っているからです。イギリスの一部の店では，「①ジャスト・ハーフ・カップ」－実際に半分に切られたカップに「ジャスト・ハーフ・カップ」という文字が描かれたもの－を見つけることができます。これは素晴らしい冗談です。なんて面白いんでしょう！

ええと，かつて若い英国人がいました。「カップ半分だけ」と頼むといつも一杯だけ与えられるといつも不平を言っていました。彼はこう思いました，「イギリス人の女性は言われた通りにお茶を注ぐべきだ。お茶を頼んだときに，カップ半分しか出さない女性を見つけるまでは，絶対に結婚しないぞ。」その考えが彼の頭から離れることはありませんでした。彼はそのような女性を見つけるために，多くのお茶会に参加し，多くの女の子を喫茶店でのお茶に招待しました。しかし，彼が

「カップ半分だけ」と頼むと，女の子たちはいつも一杯分を注いでくれました。(A)それで彼は一人でお茶を飲むようになりました。

ある日，青年は友人の一人からガーデン・パーティーに招待されました。彼はパーティーに行きたくありませんでしたが，ついに行くことに決め，パーティーの終わり頃に友人の家を訪れました。彼の友人はかわいい妹を彼に紹介しました。数分間話した後，彼女は彼に「お茶はいかがですか？」と言いました。彼は「はい，カップ半分だけください」と答えました。②彼はとても驚きました。彼女はカップ半分だけ注いだのです。「これは初めてだ。彼女はカップ半分だけ注いだ。なんて素敵な女の子なんだろう！　これが私が探している女の子だ。」と彼は独り言を言いました。(B)彼はすぐに彼女に結婚してくれるように頼みました。

彼らはすぐに結婚し，とても愛し合っていました。ある日，すべての女性と同じように，若い妻は夫にこう言いました。「世界には素晴らしい女性がたくさんいます。あなたはなぜ私を妻に選んだのですか？」彼女は彼からたくさんの良い言葉を聞きたいと思っていました。「ガーデン・パーティーを覚えていますか。その時初めて会いましたね。私はあなたにちょうど半分のお茶を頼んで，あなたはちょうど半分のお茶を私にくれました。」と彼は言いました。彼女は顔を真っ赤にして，「はい，覚えています。ポットに十分なお茶がなかったので，とても残念でした。(C)一杯分をあげられませんでした。」と言いました。

1 「実際に半分に切られたカップに『ジャスト・ハーフ・カップ』という文字が描かれたもの」とあるので，ウが答え。ウ以外はすべてこの内容に合わないので，誤り。

2 A どの女の子も自分が求めるように半分だけの紅茶をいれてくれなかったので，青年は嫌気がさした。よって，イが答え。　ア 「それで彼はひとりでお茶を飲むのを止めた。」 青年は他の人々に失望したので，誤り。　ウ 「それで彼はひとりで一杯分のお茶を飲むことを楽しみ始めた」 一杯分のお茶を飲み始めたとは書かれていないので，誤り。　エ 「それで彼はひとりでお茶をいれだした。」 文中に書かれていない内容なので，誤り。

B 友人の妹は青年が望んでいたように半分のお茶しか入れなかったので，青年はうれしく思った。よって，アが答え。　イ 「彼女はすぐに彼に結婚してくれるよう頼んだ。」 妹から頼んだわけではないので，誤り。　ウ 「彼はすぐに彼女に『あなたは誰を探しているのですか。』と尋ねた。」 文中に書かれていない内容なので，誤り。　エ 「彼女はすぐに彼に『踊りましょうか。』と頼んだ。」 文中に書かれていない内容なので，誤り。

C 「ポットに十分なお茶がなかった」とあるので，ウが答え。　ア 「私はあなたにカップ半分をあげられなかった。」 半分をあげたので，誤り。　イ 「私はあなたにお茶をあげられなかった。」 お茶をあげたので，誤り。　エ 「私はあなたにカップをあげられなかった。」 文中に書かれていない内容なので，誤り。

3 友人の妹は青年が望んでいたように半分のお茶を入れてくれたので，青年は驚いた。よって，エが答え。エ以外はすべて文中に書かれていない内容なので，誤り。

**重要** 4 ア 「イギリスの人々はお茶が大好きなので，いつも一杯分のお茶を頼む。」 文中に書かれていない内容なので，誤り。　イ 「お茶の時間に半分だけのお茶を時々頼む女性がいる。」「お茶の時間に時々こう言う女性や女の子がいます。『ハーフカップでお願いします。』」とあるので，答え。　ウ 「若いイギリス人は，お茶の注ぎ方を教えるために多くの少女を喫茶店に招いた。」 文中に書かれていない内容なので，誤り。　エ 「彼はパーティーで友人の妹に半分のお茶を頼んだとき，彼女は『ポットに十分なお茶がないので，すみません』と言った。」 妹はこのように言わなかったので，誤り。

★ワンポイントアドバイス★

[2]の2では〈it is ～ for S to …〉が使われている。似た表現として「～」に入る語が人物の性質を表すときはforではなくofを使うことを覚えておこう。(例) It was kind of you to help me.「私を助けてくれてあなたは親切でした。」

## ＜国語解答＞《学校からの正答の発表はありません。》

[一] 問一 a ア b ウ 問二 A ウ B イ 問三 エ 問四 ア 問五 オ
問六 エ 問七 1 イ 2 イ 3 ア 4 イ 5 イ

[二] 問一 1 イ 2 ア 3 イ 4 イ 5 イ 6 ア 問二 ウ

[三] 問一 a イ b ウ 問二 ウ 問三 ア 問四 イ 問五 エ
問六 1 イ 2 ア 3 オ

[四] 問一 1 ウ 2 イ 3 エ 4 ア 5 イ 問二 1 ア 2 ウ 3 ウ
問三 イ 問四 エ

○推定配点○

[一] 問一・問二・問七 各2点×9 問三～問六 各4点×4 [二] 問一 各2点×6
問二 4点 [三] 問一・問二 各2点×3 問二～問六 各4点×6 [四] 各2点×10
計100点

## ＜国語解説＞

[一] (論説文―語句の意味，接続語の問題，文脈把握，内容吟味)

問一 a 「モチベーション」とは，「動機付け」のこと。〈やる気を出す源〉のようなイメージ。

b 「リスク」は「危険(性)」。ウのように危険性が「高い」場合は特に「ハイリスク」という言葉も使われる。

問二 A 第九段落では，作者が「学校教育に市場原理を持ち込んではならない」と考える理由として，市場原理が持ち込まれたら「ゲーム」でしかなくなってしまい，教育は「おしまい」になるという理論が述べられている。つまり，作者は「ゲーム」化に反対しているのである。対してA直後では「その狂ったゲームが今，実際に行われています」とあるので，作者の願いとは裏腹に「ゲーム」が行われてしまっているということであるから，逆接「でも」が適当。 B 第十一段落で述べられている，短期間で偏差値が上がることを選ぶという想定例について，B直後で「学力を高めることは，もはや学校教育の目的ではなくなってしまった」とその要点をまとめているので，「つまり」が適当。

重要 問三 傍線部①には「変質」とあるので，解答としても何から何へと「変質」したかを答えなければならない。すると，ア～ウは「変質」したという記述になっていないため不適当。エは「変質」の前後関係が逆。第二段落にあるように，「かつてはどのように有用なもの，価値あるものを作り出したかによって」決められていた労働の価値が，今は「その労働がどれほどの収入をもたらしたかによって」決められているということである。

基本 問四 傍線部②「その義務」とは「最低価格で商品を購入しなければならない」義務である。アは，「最低価格」が「卒業に必要な単位」，「商品を購入」が「卒業」だと言えるが，それを超えて追加で受講するということは「最低価格で商品を購入」したことにならない。「最低価格で商品を購入」するのであれば，卒業に必要な単位ちょうどで卒業する必要がある。なお，アのような学生は第八段落にあるように「最低価格で商品を購入しなければならない」義務感を持った学生からすれば，「まったく無意味なことをしている」ように見えるのである。

問五　傍線部③と同じく第十二段落では，「学力を高めることは，もはや学校教育の目的ではなくなってしまった」「そうではなく，人々は……競っている」とあるので，学校教育とは最小努力で最大報酬を得るための競争であって，学力を高めることはもはや目的外であるというのが作者の主張である。これに合致するのはオ。アと迷うが，「学力の定義が変わってしまう」が誤り。学力の定義が変わるのではなく，学力を高めるということが軽視されるのである。

問六　ア 「安全性」が誤り。傍線部④が可能なのは，「例外的に豊かで安全な社会において」であるから，傍線部④が起きている時点ですでに安全であり，かつ傍線部④が起きても「他に悪いことは何も起こらない」という安全が保たれるのである。　イ 「指導者」が誤り。指導者について本文中に言及なし。作者は第十三段落にあるように「成員全員がお互いに足を引っ張り合う」ような状況について問題視しているのであり，指導者の問題ではない。　ウ 「社会制度が」以降誤り。そもそも傍線部④が起こること自体を作者は「負の要素」のように感じているのである。また，「社会制度が成熟している」という点も本文中に言及なし。傍線部④が可能なのは「例外的に豊かで安全な社会において」だとは記述されているが，それがつまり成熟している社会だとまでは述べられていない。　オ 「結果として」以降誤り。第十七段落「『自分の取り分』が増えるだけ」と矛盾する。

問七　1　全体誤り。確かにバブル期以後の労働観について非難はしているが，だからといってバブル期以前の労働観を賛美もしていない。　2 「学歴に対する意識」が誤り。第四段落「今でももちろん……獲得するかなのです」をふまえると，学歴が重要だ，という「学歴に対する意識」は変わっていないが，その学歴をどう獲得するのがよいかという点について，費用対効果という基準が登場したということである。　4 「意図的に」が誤り。第十三段落「もちろん本人は……無意識にやっている」と矛盾する。　5　全体誤り。問六ウの解説通り，社会制度の成熟度合については本文中に言及なし。また，学力低下について作者は否定的な立場である。

**二**　**（論説文―内容吟味，段落・文章構成）**

**重要**　問一　1 「日本人独特」が誤り。第三段落「世界中のどの民族にも共通している」と矛盾する。3 「他国との交流を経た結果」が誤り。本文中に根拠なし。第四段落以降からもわかる通り，作者は一旦稲作を原因として挙げることに言及しているが，後に稲作だけが原因ではないことを示唆している。　4 「同調圧力」が誤り。第五段落にもある通り，日本人が美徳としているのは「調和と規律正しさ」である。「同調圧力」はネガティブな意味合いであり，確かに調和は同調圧力に転じやすいと言えるだろうが，同調圧力自体を美徳としているわけではない。　5　全体誤り。同調圧力の存在自体は第五段落で言及されているが，それが原因で「空気を読む」ようになったかどうかは本文中に根拠なし。

問二　第一・第二段落では人類全体に共通のことを述べており，日本人については第三段落以降で述べられているため，「一貫して日本人の特性を述べている」とは言えない。

**三**　**（古文―仮名遣い，漢字の読み，文脈把握，情景・心情，口語訳）**

〈口語訳〉　むかし，多賀幾子という女御がいらっしゃった。（彼女が）お亡くなりになって，四十九日の法事を，安祥寺にて行った。右大将の，藤原常行という人がいらっしゃった。その法事に参加なさって，帰りがけに，山科の禅師の親王がいらっしゃったのだが，その山科のお宮で，滝を落とし，水を流しなどして，素晴らしくお造りになっているところに（常行が）参上なさって，「長年，（このお宮の）よそで（親王に）お仕えしておりますが，近くではまだお仕えしていません。今夜はここで(親王に)お仕えしましょう」と(親王に)申し上げなさった。親王はお喜びになって，夜の寝床の用意を(使いの者に)させなさった。ところが，あの大将(＝常行)が，出てきて(寝床の)工夫をなさ(っておっしゃる)ことには，「宮仕えのはじめに，ただそのまま(することもなく)いていいものだろうか，いやよくはない。三条の大御幸があったとき，紀の国の千里の浜にあった，大変すばらしい石を献上した。大御幸の後で献上したので，ある人のお部屋の前の溝に置いていたのだが，(親王は)庭園をお好みの君である，この石を献上しよう」とおっしゃって御随身，舎人に取りに行かせた。まもなく持って来た。この石は，聞いていたよりも，見てみると優れていた。これはただ単に献上したのではつまらないだろうということで，(常行は)人々に歌を詠ませた。右の馬の頭であった人の(歌)を，青い苔をきざんで，蒔絵のようにこの歌を(石に)つけて献上した。(右の馬の頭は)「十分ではありませんが，(私の心を)岩にして(献上します)。表には表れない心というものを，お見せする方法がありませんので」と詠んだ。

問一　a 「女御」は「にょうご」と読み，高い身分の女官，特に帝の妻の位の女性を指す。

b 「山科」は「やましな」と読み，現在の京都府。

問二　「宮仕への～」という発言の前に「かの大将，いでてたばかりたまふやう」とあるので，この発言は「かの大将」が「のたま」ったことである。「大将」として紹介されているのは，「右大将藤原の常行」のみである。「のたまふ」は「言ふ」の尊敬語。

問三　傍線部①の結果，親王は「よるのおましの設けさせたまふ」という行動に出ている。「おまし」がわからなくても，何かしら夜の設けであることをふまえると，親王が喜んだのは傍線部①の前の「こよいはここにさぶらはむ」という発言を受けてのことである。「こよい」は現代語の「今宵」と同じく「今夜」という意味，「さぶらふ」は単に「です・ます」という丁寧語のほか，「貴人にお仕えする」という意味がある。ここでは，親王に対して「ここで親王にお仕えしよう」という意味。「近くはいまだ仕うまつらず」とあることから，常行がはじめて山科の宮で，親王の近くにいてお仕えするという宣言をしたと考えられる。

問四　ア・エ・オは本文中に根拠なし。該当する語も登場していない。ウと迷うが，「大御幸せし時」「奉れりしかば」「すゑたりし」など，過去の助動詞「き」の連体形・已然形が使われている。よって千里の浜で石を見つけたというのは過去のことであり，今現在のことではない。また石は「ある人の御曹司の前のみぞにすゑたりし」とあるので，今ここにあるのではなく「ある人の御曹司の前のみぞ」にあるのである。「島このみたまふ君なり」が石を献上しようと思った直接の理由。「島」は地理的な意味での島ではなく，ここでは庭園を指す。泉水・築山のある立派な庭園のこと。

問五　「より」は比較のほか，「～から」という意味がある。「聞きしより」なので「聞いていたより」という意味があてはまるが，それに対応できているのはエ・オのみ。オは，打消の語がないため不適当。

**重要**　問六　1　滝や水のことは「山科の宮」についての様子である。「宮」とは皇族の住居を指し，「親王」は天皇の兄弟や皇太子以外の男性皇族を指す。よって，「山科の宮」に滝を造ることができるのは親王のみである。　2　イ～オすべて本文中に根拠なし。該当する語も登場していない。「おもしろし」は単に「おもしろい」のほか，「素晴らしい，趣がある」といった意味がある。

3 「蒔絵のかたに」に注目。「蒔絵」とは漆で絵や文様を描き，漆が固まらないうちに蒔絵粉を蒔いて表面に付着させて装飾を行うもの。つまり，何かの表面に装飾を施すものである。「かた」は「姿・形，形式」などの意味がある。つまり，青い苔をきざんで，蒔絵のように「この歌をつけ」たのだから，石の表面に歌を書いたのだと考えられる。

**四** （漢字の書き取り，語句の意味，熟語，慣用句，敬語，品詞・用法）

問一　意味の難しい語には解説を付す。　1 「縮尺」とは，「実物より縮めた図を描く時，図の上での長さを，実物の長さで割った値」。　ア 「宿題」　イ 「厳粛」とは，「厳しく，おごそかなさま」。　ウ 「縮小」　エ 「祝辞」とは，「祝いの言葉やスピーチ」。　2 「包装」とは，「物品を包むこと」。　ア 「総合」　イ 「装置」　ウ 「相関」とは，「二つのものが密接にかかわり合い，一方が変化すれば他方も変化するような関係」。　エ 「壮行会」とは，「旅立ちに際して，その前途を祝し激励する会」。　3 「共鳴」とは，「一方を鳴らすと，他の一方も音を発する現象。転じて，他の人の考え方や行動に自分も心から同感すること」。　ア 「同盟」とは，「国家・団体・個人などが同じ目的のために同じ行動をとるように約束すること」。　イ 「名君」とは，「善い政治を行うすぐれた君主」。　ウ 「任命」とは，「ある役目につくことの命令」。　エ 「悲鳴」　4 「勤勉」とは，「仕事や勉強に一所懸命に励むこと」。　ア 「転勤」とは，「勤務先から命じられ，勤務場所が変わることのうち，特に転居を伴うもの」。　イ 「緊迫」とは，「状況などが，非常に差し迫っていること。緊張して，今にも事が起こりそうなこと」。　ウ 「不均衡」とは，「二つ，またはそれ以上の物事の間に，力，数量，程度のつりあいが取れていないこと」。「均衡」は「二つ，またはそれ以上の物事の間に，力，数量，程度のつりあいが取れていること」。

エ 「筋力」　5 「展覧会」　ア 「乱視」　イ 「回覧板」　ウ 「蘭学」とは，「江戸時代中期以後，オランダ語の書物によって，西洋の学術を研究しようとした学問」。　エ 「空欄」

問二　1 「プロセス」は「過程」という意味。「プロセスを経る」などで使われる。　2 「枝葉末節」は「取るに足りない部分」という意味。木の中心部である幹ではなく，そこから離れた枝や葉，末の方の節というイメージ。　3 「手ぐすねを引く」とは「待ち構える」という意味。戦においていつでも弓矢を放てるよう準備しておく動作から。

問三　「存じ上げる」は「知っている」の謙譲語である。「知っている」の尊敬語は「ご存じ」，丁寧語は「知っています」。

問四　「小さい」は形容詞だが，「小さな」は直後に「出来事」という体言(＝名詞)があるので，連体詞。形容詞であれば述語にできるが，連体詞は述語にできない。

**★ワンポイントアドバイス★**

論説文は，本文中から読み取れることと，自分の意見・感想を混同しないように気をつけよう。古文は，複数の意味を持つ古文単語はそれぞれの意味をしっかり覚え，文脈によって適切に解釈できるようにしよう。

# 2023年度

# 入　試　問　題

# 2023年度

# 浦和学院高等学校入試問題

**【数　学】**（50分）　＜満点：100点＞

**1　次の問いの答えとして $\boxed{\phantom{ア}}$ 内の記号に入る適当な数を選びマークせよ。**

1　$\left(\dfrac{3}{4}ab^2c^3\right)^2 \times \left(-\dfrac{1}{2}a^2b^2c\right)^3 \div \left(\dfrac{3}{8}a^2b^3c\right)^2$ を計算すると $-\dfrac{\boxed{\text{ア}}}{\boxed{\text{イ}}}a^{\boxed{\text{ウ}}}b^{\boxed{\text{エ}}}c^{\boxed{\text{オ}}}$ である。

2　連立方程式 $\begin{cases} 2x+3y=8 \\ 3x+4y=10 \end{cases}$ を解くと $x=-\boxed{\text{カ}}$，$y=\boxed{\text{キ}}$ である。

3　７人の身長が，149cm，151cm，152cm，156cm，156cm，157cm，157cmであるとき，平均値は $\boxed{\text{クケコ}}$ cm，中央値は $\boxed{\text{サシス}}$ cmである。

4　$y$ が $x$ と反比例であるとき，$x=2$ のとき $y=-6$ ならば，$x=-3$ のとき $y=\boxed{\text{セ}}$ である。

5　$x$ の２次方程式 $x^2+ax-6=0$ の１つの解が $x=2$ であるとき，$a$ の値は $\boxed{\text{ソ}}$，他の解は $x=-\boxed{\text{タ}}$ である。

6　$K=\sqrt{180n}$ が整数となるとき，$K$ の値が２番目に小さくなるような自然数 $n$ の値は $\boxed{\text{チツ}}$ である。

7　右図において，色のついた角の和は $\boxed{\text{テトナ}}$ °である。

8　右図のような円の内側に接する四角形ABCDがあり，直線DCと直線ABとの交点をE，直線BCと直線ADとの交点をFとする。このとき，∠FAB＝ $\boxed{\text{ニヌ}}$ °である。

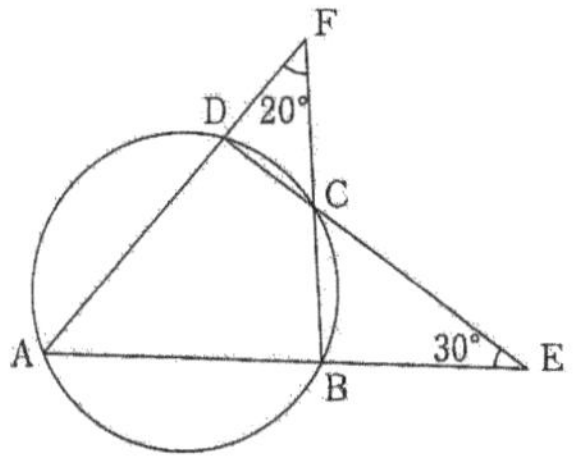


9　右図のような円すいがある。底面の半径を３cm，母線の長さを６cmとするとき，側面のおうぎ形の中心角は $\boxed{\text{ネノハ}}$ °である。

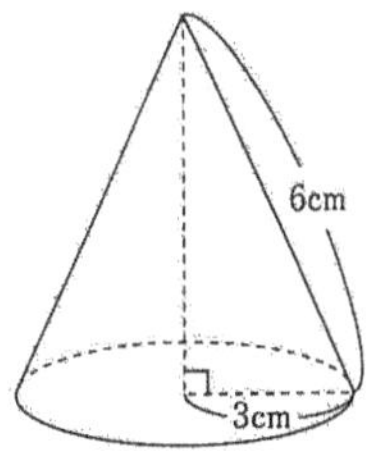

**[2] 次の問いの答えとして □ 内の記号に入る適当な数を選びマークせよ。**

[10] 次の条件を満たす四角形は[ア]と[イ]である。ただし，[ア]，[イ]は順不同とする。

〈条件〉２つの対角線は垂直に交わる。

⓪ ひし形　① 台形　② 長方形　③ 正方形

**[3] 次の問いの答えとして □ 内の記号に入る適当な数を選びマークせよ。**

３つの袋㋐，㋑，㋒があり，袋㋐には０，１，２の数字が書かれたカードがそれぞれ１枚ずつ，袋㋑には＋，－，×の記号が書かれたカードがそれぞれ１枚ずつ，袋㋒には３，４，５の数字が書かれたカードがそれぞれ１枚ずつ入っている。袋㋐，㋑，㋒の順にそれぞれ袋からカードを１枚ずつ，合わせて３枚取り出す。このとき，次の問いに答えよ。ただし，どのカードが取り出されることも同様に確からしいものとする。

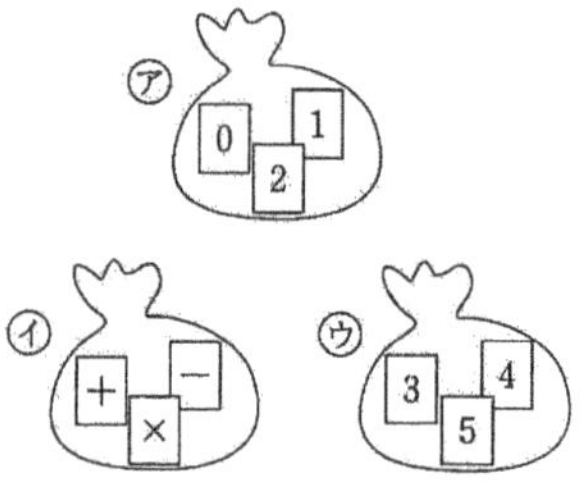


[11] カードの取り出し方は，全部で [アイ] 通りである。

[12] ３枚のカードを，取り出した順に左から並べてできた式を計算したとき，答えが４になる確率は $\frac{[ウ]}{[エ]}$ である。

[13] ３枚のカードを，取り出した順に左から並べてできた式を計算したとき，答えの絶対値が素数になる確率は $\frac{[オカ]}{[キク]}$ である。

**[4] 次の問いの答えとして □ 内の記号に入る適当な数を選びマークせよ。**

右図のように $y=\frac{1}{2}x^2$…①，$x>0$ のとき $y=-\frac{8}{x}$…②のグラフがある。①のグラフ上に２点A，Bがあり，それぞれの座標は（－２，２），（２，２）である。また，②のグラフ上に点Pがあり，Pを通り $x$ 軸に平行な直線と $y$ 軸との交点をQとし，四角形AQPBを作る。このとき，次の問いに答えよ。

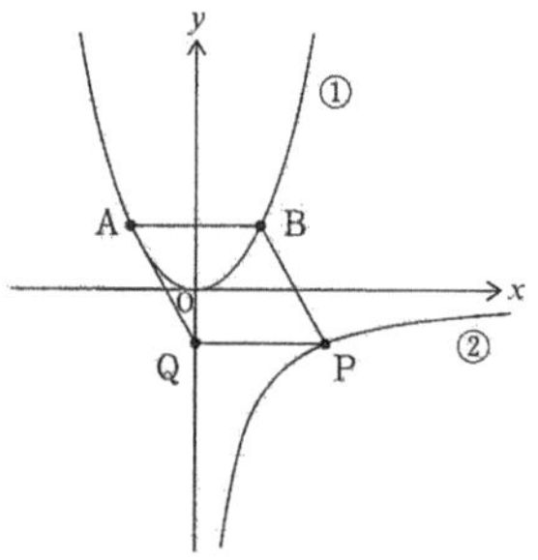


[14] 四角形AQPBが平行四辺形になるとき，点Pの座標は（[ア]，－[イ]）である。

[15] 四角形AQPBが平行四辺形になるとき，直線AQの式は $y=-$[ウ]$x-$[エ]である。

[16] ∠ABP＝90°のとき，四角形AQPBの面積は [オカ] である。

**[5] 次の問いの答えとして □ 内の記号に入る適当な数を選びマークせよ。**

右のような円すい形の容器に320πcm³の水を入れ，水面と容器の上の面が平行になるようにして深さを測ると，10cmになった。このとき次の問いに答えよ。ただし，円周率をπとする。

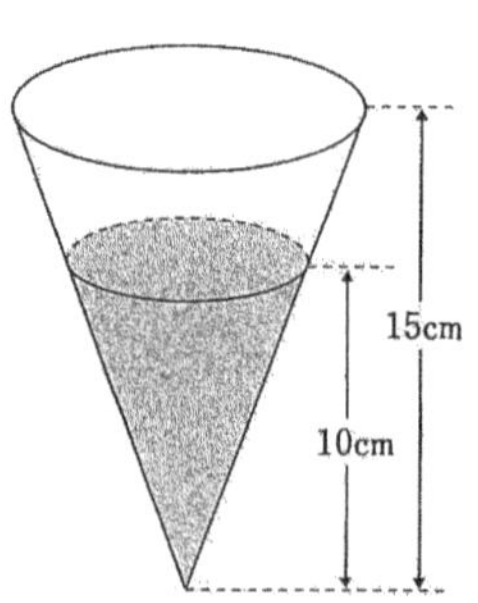


[17] 水が入っている部分と容器は相似である。その相似比は[ア]：[イ]である。

[18] 水はあと [ウエオ] πcm³入る。

[19] 容器の上の面の円の半径は[カ]√[キ]cmである。

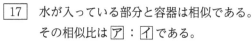

**【英　語】**（50分）　＜満点：100点＞

**1** 次の各組の語について，下線部の発音される部分が他の語と異なる語を一つ選び，その記号をマークしなさい。

1．ア afternoon　イ make　ウ ask　エ apple
2．ア that　イ math　ウ tooth　エ third
3．ア pool　イ wood　ウ moon　エ school
4．ア busy　イ choose　ウ music　エ smile
5．ア laugh　イ phone　ウ high　エ food

**2** 次の各組の語について，最も強く発音される部分が他の語と異なる語を一つ選び，その記号をマークしなさい。

1．ア dan-ger-ous　イ im-por-tant　ウ Sep-tem-ber　エ ex-pen-sive
2．ア af-ter　イ Tues-day　ウ en-joy　エ mes-sage
3．ア yes-ter-day　イ dif-fi-cult　ウ ex-cit-ing　エ fa-vor-ite
4．ア be-come　イ a-gree　ウ a-fraid　エ tick-et
5．ア gen-tle-man　イ in-ter-view　ウ won-der-ful　エ in-tro-duce

**3** 次の各文中の（　）内に入る最も適切なものを一つ選び，その記号をマークしなさい。

1. They are (　　　) to go to the British Museum tomorrow.
ア went　イ goes　ウ go　エ going

2．I know Steve.　He knows (　　　), too.
ア my　イ I　ウ me　エ mine

3．She stayed in America for a long time.　She (　　　) speak English well.
ア will　イ mustn't　ウ should　エ has to

4．Start at once, (　　　) you'll catch the bus.
ア but　イ and　ウ or　エ when

5．My mother was sick last week, (　　　　　)?
ア didn't she　イ doesn't she　ウ wasn't she　エ isn't she

6．I (　　　　　) to my friend's wedding ceremony.
ア had invited　イ inviting　ウ was invited　エ invite

7．A bag is left on the table.　(　　　) is this bag?
ア Whose　イ When　ウ Why　エ Who

8．Please (　　　) off the light when you get out from this room.
ア take　イ turn　ウ spin　エ put

9．This news (　　　) be true.　She is a very serious person.
ア don't　イ can't　ウ mustn't　エ shouldn't

10. He isn't good at math, so he didn't try (　　　) the difficult question on the exam.
ア answered　イ be answered　ウ to answer　エ to answering

**4** 次の各組の英文がほぼ同じ意味になるように（　）内に入る最も適切なものを一つ選び，その記号をマークしなさい。

1．{ John moved to Kyoto five years ago, and he lives there now.
John (　　　) in Kyoto for five years.

ア lived　イ will live　ウ has lived　エ had lived

2．{ Mt. Fuji is the tallest mountain in Japan.
There is no mountain (　　　) than Mt. Fuji in Japan.

ア shorter　イ shortest　ウ taller　エ tallest

3．{ This book is too difficult for me to read.
I can't read this book (　　　) it is very difficult.

ア but　イ because　ウ though　エ when

4．{ It was hot last night, so l was not able to sleep well.
It was hot last night, so I (　　　) sleep well.

ア have not　イ won't　ウ cannot　エ could not

5．{ I have a brother, and he lives in Okinawa.
I have a brother (　　　) lives in Okinawa.

ア who　イ which　ウ whose　エ whom

**5** 次の１～５の日本文になるように語（句）を並べかえたとき，（　）の中で２番目と４番目にくる正しい組み合わせを一つ選び，その記号をマークしなさい。なお，文頭にくるべき語句も小文字で示してあります。

1．今週末スキーに行きませんか。
( ① you ② like ③ skiing ④ go ⑤ would ⑥ to ) this weekend?

ア ①−④　イ ①−⑥　ウ ⑤−⑥　エ ⑤−③

2．できるだけ早く宿題を終えなさい。
( ① as soon ② you ③ finish ④ the homework ⑤ as ⑥ can ).

ア ④−⑤　イ ④−⑥　ウ ⑥−④　エ ⑥−⑤

3．私は学校に間に合うために早く家を出ました。
I ( ① early ② to ③ left ④ in time ⑤ be ⑥ home ) for school.

ア ①−②　イ ③−②　ウ ⑥−②　エ ⑥−④

4．彼女は名前が世界中に知られているピアニストです。
She is ( ① all ③ name ③ known ④ whose ⑤ a pianist ⑥ is ) over the world.

ア ②−④　イ ③−④　ウ ④−①　エ ④−⑥

5．駅への行き方を教えてもらえませんか。
Could ( ① tell ② to ③ get ④ how ⑤ me ⑥ you ) to the station?

ア ①−②　イ ①−④　ウ ③−④　エ ④−①

6 次の意味をもつ英単語を一つ選び，その記号をマークしなさい。

1．a kind of book that tells you the meaning of unknown words
ア textbook　イ comic　ウ novel　エ dictionary

2．the month that comes before March and the 14th day of this month is called Valentine's Day
ア October　イ July　ウ February　エ August

3．a place where people can look at a lot of beautiful works such as photographs and paintings
ア station　イ museum　ウ aquarium　エ factory

4．a big animal that has big ears and long nose
ア lion　イ elephant　ウ giraffe　エ panda

5．a kind of ball game which players kick the ball, and can't use their hands
ア baseball　イ basketball　ウ volleyball　エ soccer

7 次の【A】～【D】の会話文を読み，それぞれの（　）内に入るものを一つ選び，その記号をマークしなさい。

【A】 リクト（Rikuto）とリクトの家にホームステイしているアメリカ人マイク（Mike）が話をしています。この会話文を読み，（a）～（c）に入るものをそれぞれ一つ選び，その記号をマークしなさい。

Rikuto : What's your favorite sport in America?
Mike : I play football, so I like football the best.
Rikuto : You mean soccer?
Mike : No, no. I mean American football. When we say ( a )
Rikuto : I don't know much about American football. I've never watched a game.
Mike : ( b ) It is very exciting.
Rikuto : Is American football popular in the UK, too?
Mike : I don't think so. A lot of people in the UK love soccer...I mean "football."
Rikuto : ( c ) Are you saying they call soccer "football" in the UK?
Mike : Yes, I am. The word "football" can mean different sports in different countries.
Rikuto : That sounds interesting!

1．(a)
ア football, it means American football.
イ football, it means soccer.
ウ soccer, it means football.
エ soccer, it means American football.

2.（b）

ア It is also not a popular sport in America.

イ It is one of the most popular sports in America.

ウ You are going to watch it sooner in Japan than in America.

エ You don't have to watch it in Japan.

3.（c）

ア I don't understand.　　イ I don't mean it.

ウ I hope so.　　エ I love it, too.

【B】 A：I had a good time with my friends yesterday.

B：What (　　　) you do?

A：I saw an exciting movie with them.

ア are　イ did　ウ do　エ were

【C】 A：What time do you usually start to study and take a bath?

B：I usually start to study at seven o'clock and take a bath at nine thirty.

A：So you take a bath (　　　) you study, right?

B：Yes.

ア after　イ before　ウ between　エ during

【D】 A：Do you have any pets?

B：Yes. I have a cat. How about you?

A：Well, I have a dog (　　　) *Pochi*. What do you call your cat?

B：It's *Tama*. She's very cute.

ア said　イ spoken　ウ named　エ talked

**8** 次の英文を読み，各問いに答えなさい。＊印の付いている語には，本文の後に（注）があります。

Today, I'm going to talk about Japanese language, especially for foreign people. Twenty-five years ago, Japan had a *disaster. Many foreign people ①(　　　) a hard time then because they did not understand *warnings and necessary information in Japanese. Most of the words and sentences were too ②(　　　) for them. Another way was needed to have communication in Japanese. Then, **yasashii nihongo* was made to support foreign people in a disaster.

*Yasashii nihongo* has rules. I will tell you some of them. You should choose necessary information from *various information sources. You should use easy words and make sentences short. You should not use too many *kanji when you write Japanese. Is it difficult for you ③to understand these rules?

These days *yasashii nihongo* begins to spread around you. At some hospitals, doctors use it. Sick foreign people can understand the things ④(　　　) they should do. ⑤It is used at some city halls, too. They give information about how to take trains and buses. The information is written in *yasashii nihongo*.

Some people say that the word "*yasashii*" of *yasashii nihongo* means two things. One is "easy" and ⑥(　　　) is "kind." When you use it, foreign people around you can live in Japan easily. ⑦They will thank you for your kind *actions, too.

Now, you know a lot about *yasashii nihongo*. ⑧( 1. for / 2. foreign / 3. it / 4. let's / 5. people / 6. use ). You can do it.

(注) *disaster 災害　*warnings 警告　**yasashii nihongo* やさしい日本語
*various information sources さまざまな情報源　*kanji 漢字　*actions 行動

1．下線部①に入るものを一つ選び，その記号をマークしなさい。
ア have　イ had　ウ having　エ to have

2．下線部②に入るものを一つ選び，その記号をマークしなさい。
ア difficult　イ easy　ウ high　エ low

3．下線部③と同じ不定詞の用法が使われている文を一つ選び，その記号をマークしなさい。
ア Many students study English in order to speak English.
イ He went to America to see Times Square.
ウ I had a chance to talk about fashion.
エ To play basketball is not easy.

4．下線部④に入るものを一つ選び，その記号をマークしなさい。
ア who　イ which　ウ whom　エ whose

5．下線部⑤が指しているものを一つ選び，その記号をマークしなさい。
ア doctors　イ foreign people　ウ information　エ *yasashii nihongo*

6．下線部⑥に入るものを一つ選び，その記号をマークしなさい。
ア another　イ other　ウ others　エ the other

7．下線部⑦が指しているものを一つ選び，その記号をマークしなさい。
ア doctors　イ foreign people　ウ information　エ *yasashii nihongo*

8．下線部⑧の語を「それを外国の人々のために使いましょう。」となるように並べかえたとき，(　)の中で2番目と4番目にくる語の組み合わせとして正しいものを一つ選び，その記号をマークしなさい。なお，文頭にくるべき語も小文字で示してあります。
ア 2－6　イ 6－1　ウ 5－3　エ 6－2

9．本文の内容と一致するものを一つ選び，その記号をマークしなさい。
ア Most foreign people understand Japanese easily.
イ We can use a lot of kanji to make *yasahii nihongo*.
ウ Doctors don't use *yasashii nihongo*.
エ *Yasashii nihongo* can tell foreign people how to take trains and buses.

**五 次の問いに答えよ。**

**問一** 傍線部の漢字として正しいものはどれか。次の中からそれぞれ選び、マークせよ。

1 新年になったので、伊勢神グウに参拝に行く。

ア 宮　イ 蔵　ウ 納　エ 結

2 もうすぐ八エ桜が満開になりそうだ。

ア 笑　イ 枝　ウ 重　エ 恵

**問二** 次の四字熟語で正しいものはどれか。次の中からそれぞれ選び、マークせよ。

1 ア 三位一体　イ 三見一対

　ウ 三位一対　エ 三見一体

2 ア 思考錯誤　イ 施行作語

　ウ 思考策語　エ 試行錯誤

**問三** 次の漢字で部首が違うものはどれか。次の中から選び、マークせよ。

ア 萌　イ 菜　ウ 茶　エ 夢

イ　鹿はもう尽きたのであろうか
ウ　もうすでに鹿になったのか
エ　鹿の群れはどこに行ってしまったのか

**問八**　傍線部⑧とあるがなぜ王はそう思ったのか。次の中から選び、マークせよ。

ア　人間はこの世に生きるすべての生き物と助け合いながら、これから生きていかなければならないと思ったから。
イ　自分たちが生きていくために、人間以外の生き物の命を奪ってしまったことを反省できなかったから。
ウ　この世にいるすべての生き物が楽しく生活していけるように、人間が取り組んでいかなければならないと思ったから。
エ　命あるものに対して、苦を取り除く気持ちがあるよい行いをしてこそ、人間であると気づいたから。

**問九**　本文の内容に合致するものはどれか。次の中から選び、マークせよ。

ア　菩薩の鹿王は心優しい鹿だったので、最後には人間になることができた。
イ　菩薩の鹿王は母鹿を哀れに思い、自らが身代わりとして国王のもとへ参上した。
ウ　国王は鹿のほかにも虎や狼の群れも、殺していた。
エ　国王は提婆達多の命令で、多くの鹿を殺していた。

**問十**　この作品は鎌倉時代に成立した『沙石集』という作品に収められている。この作品と同じ時代に成立した作品はどれか。次の中から選び、マークせよ。

ア　源氏物語　イ　みだれ髪
ウ　竹取物語　エ　宇治拾遺物語

## 四　次の問いに答えよ。

**問一**　傍線部の品詞は何か。次の中からそれぞれ選び、マークせよ。

1　彼は私に大きな影響を与えた。
2　苦手なものも食べられるようになった。

ア　名詞　イ　形容詞
ウ　形容動詞　エ　助動詞
オ　助詞　カ　連体詞

**問二**　呼応の副詞の使い方として間違っている文はどれか。次の中から選び、マークせよ。

ア　この約束は決して忘れない。
イ　もし明日雨が降ったら出かけない予定だ。
ウ　これだけ勉強したからきっと大丈夫だろう。
エ　まさかわかるだろうと思ったのが間違いだった。

**問三**　次の文の文節はいくつか。次の中から選び、マークせよ。

おすすめされた本を読んでみることにした。

ア　4つ　イ　5つ　ウ　6つ　エ　7つ

**問四**　次の傍線部の敬語の種類はどれにあたるか。次の中から選び、マークせよ。

明日十時に、先生の所へ伺います。

ア　尊敬語　イ　謙譲語　ウ　丁寧語

孕《はら》める鹿ありて、次に当たる。子をかなしぶ心切《せつ》にして、「我が身はのがるる所なくして、子は次にあらず。子を産みて後、我れを出だし給へ」と申しけれども、「誰か命を惜しまざる。次いたらば参るべし」とて③怒りければ、菩薩の鹿王に参りて、このa由を歎《なげ》き申すに、④哀れみて、帰し遣《つか》はして、我が身代はりて、王宮へ参りぬ。

金色の文ある鹿なれば、⑤人皆知りて、帝王※5に、「鹿王こそ参りて［Ｉ］」と申すに、「⑥既に群鹿尽きたるにや」と仰せければ、鹿王、事の⑦子細を委《くはし》く申して云はく、「慈をもて苦を救ふ、功徳無量《くどくむりょう》なり。b若し人、慈なくは、虎狼《ころう》と何か別ならむ」と申しければ、王驚きて、座を立ちて、偈《げ》を説きて宣はく、

「⑧我れはこれ畜生なり。人頭鹿と名づく。c汝はこれ実に人なり。鹿頭人と名づく。慈をもて人とす。形をもて人とせず」とて、永く⑨殺生を止どめて、鹿王を返し遣はしけり。

『沙石集』

※1　鹿苑……釈迦が最初に説法を行った場所。

※2　釈迦菩薩……仏教を開いた人物。

※3　提婆達多……出家前の釈迦の競争相手。仏典では生きながら地獄におちた極悪人とされる。

※4　供御……身分の高い人の食事。

※5　帝王……国王と同義。

**問一**　二重傍線部a～cの読み方（現代仮名遣い）として最も適当なものはどれか。次の中からそれぞれ選び、マークせよ。

a　ア　よし　　イ　ゆう　　ウ　ゆ　　エ　た

b　ア　わか　　イ　じゃく　　ウ　も　　エ　う

c　ア　おんな　　イ　なんじ　　ウ　わたし　　エ　あなた

**問二**　空欄Ｉは係助詞「こそ」の結びとなっている。空欄に入る語として正しいものはどれか。次の中から選び、マークせよ。

ア　侍ら　　イ　侍り　　ウ　侍る　　エ　侍れ

**問三**　傍線部①・⑦の語句の意味として最も適当なものはどれか。次の中からそれぞれ選び、マークせよ。

①　ア　気の毒だ　　イ　便利だ　　ウ　幸せだ　　エ　邪魔だ

⑦　ア　子ども　　イ　食事　　ウ　詳細　　エ　濃厚

**問四**　傍線部②とはどのようなことか。次の中から選び、マークせよ。

ア　毎日一頭の鹿を献上して、鹿を食事にすること。

イ　毎日鹿の世話をして、鹿と楽しく暮らすこと。

ウ　毎日一頭の鹿を献上して、鹿に身の回りの世話をさせること。

エ　毎日鹿と山に出向き、鹿を働かせること。

**問五**　傍線部③・④・⑨は誰の動作か。次の中からそれぞれ選び、マークせよ。

ア　菩薩の鹿王　　イ　提婆達多　　ウ　国王　　エ　母鹿

**問六**　傍線部⑤とあるが人々は何が分かったのか。次の中から選び、マークせよ。

ア　鹿がたくさんの金を持っていたので、裕福になれるということ。

イ　以前助けた鹿が、たくさんの金をもって人々の前に現れたこと。

ウ　金色の模様のある鹿が、鹿の王だということ。

エ　金色の模様のある鹿を見た人々は幸運になれること。

**問七**　傍線部⑥の現代語訳として最も適当なものはどれか。次の中から選び、マークせよ。

ア　もうすでに鹿の王はいないのか

だから、神を信じる人にとっては、人生はゲームになります。しかし、信じない人にとってはそれは通用しない。信じない人からすれば、宗教がやっていることは、まったく意味がないか、そうでなければ、「自分とは違うゲームをやっている」としか見えないでしょう。

よく気の付く人は、これが、ゲームの条件［3］に関わることが分かると思います。条件［3］っていうのは、ゲームの本質というより、ゲームに参加するプレイヤーの態度の問題でした。つまり、そのゲームにちゃんとした形でコミット※2するかどうか、ということ。それが、この「ゲームとしての宗教」の場合には、プレイヤーである信者のプレイ態度、つまりは信仰心なのです。

そしてこれは、宗教が大きな力をもっていた昔でもずっと問題になっていたことです。というのは、宗教的な信仰っていうのは、目に見えない形のないものを信じるっていうことなので、とても難しいからです。だから、条件［1］の目的と条件［2］のルールがあっても、条件［3］が・・・。これが宗教の大きな弱点です。

昔だってそうだったわけなので、今だったらなおさらです。みんなが同じものを信じるっていうのはものすごく難しい。だから、今でも宗教は大きな力をもってはいますが、みんながそれを信じて、同じゲームをプレイするというような状況ではないわけです。

（平尾昌宏『人生はゲームなのだろうか？』）

※1　戒律……僧や聖職者が守らなくてはならない規律。また、一般に、おきて。

※2　コミット……かかわりをもつこと。関係すること。

**問**　次の発言は、この文章と資料の内容に合致しているか。合致しているものには「ア」を、合致していないものには「イ」をそれぞれマークせよ。

1　生徒A―条件をまとめると、筆者が考えるゲームとは、プレイヤーにできることの制限が課せられたものであり、なおかつ、プレイヤーが主体的に参加するもののようだな。

2　生徒B―うん。だからe-sportsの大会で賞金獲得を目指して行うパソコンゲームは、筆者の定義するゲームに含まれるってことだね。

3　生徒C―宗教は人生の目的と戒律という人生を制限するルールを設定しているとも言っているわ。私たち全人類は人生というゲームをプレイしているってことね。

4　生徒D―なるほど。じゃあ人生に目的を持たせるために、一人ひとりが神様を大切にして、信仰心を抱いて生きなければならないということか。

5　生徒E―あの、条件［3］が宗教の弱点と書かれているから、自分からその宗教の神を信じることができる人は、人生がゲームになるっていうことだと思います。

**三　次の文章を読んで、後の問いに答えよ。**

昔、※1鹿苑《ろくおん》に二の鹿王あり。身の色金色なり。五百の群鹿を領ず。これ※2釈迦菩薩《しゃかぼさつ》の因行なり。また一の鹿王あり。同じく五百の群鹿を領ず。これ※3提婆達多《だいばだった》なり。国王、狩して、一日の中に多くの鹿殺し給ふ事を、菩薩の鹿王、かなしみて申さく、「小事をもて多くの鹿を失ひまします事、①不便に侍《はべ》り。毎日に一の鹿を進《たてまつ》りて、※4供御《くご》とすべし」と申すに、「②然《しか》るべし」とて、次をもて、日々に奉りけるに、調達が鹿群の中に、び、マークせよ。

ア　人や文化によって異なる答えがあるという考え方。

イ　客観的で正しい答えがあるという考え方。

ウ　権力者が出した答えは絶対に正しいとする考え方。

エ　正しい答えを導き出す可能性が低いという考え方。

**問九**　傍線部⑩の理由として最も適当なものはどれか。次の中から選び、マークせよ。

ア　科学は、それぞれが正しいと考える答えを決めていくものであり、現時点で論争されている問題は仮説の域を出ていないから。

イ　科学者は、自分の意見と一致する立場をとっている者だけを集めることで、それぞれの説を強めることができるから。

ウ　科学は、何十年も前に合意が形成され、研究が終了された事柄についてのみを調べて知識としていくものだから。

エ　全ての科学者は、それぞれが正しいと考える仮説を正当化するために、相対性理論と量子力学を否定しなければならないから。

**問十**　次の一文が入る最も適当な箇所はどこか。本文中の〈ア〉～〈エ〉から選び、マークせよ。

> では、どうしたらよいのでしょうか。

**二**　**次の資料と文章を読んで、後の問いに答えよ。（ただし設問の都合上、本文を省略した部分がある。）**

**【資料】**　教員が文章の前段落までをまとめたもの

> 一、ゲームとは、以下の条件を満たす人間の活動であると定義する。
>
> ［1］ゴールやエンド、フィニッシュといった、プレイヤーが共通に目指すべき終わり＝目的が定まっているもの
>
> ［2］ルールやマニュアルといった、プレイヤーにできることの制限が定まっているもの
>
> ［3］人の役に立つからという理由もお金をもらえるからという理由もなしに、自ら進んで参加するもの
>
> ※人の役に立つからという理由で行うものはボランティア。お金を理由に行うものは仕事。
>
> 二、人の目指すべきものが最初から定まっている訳ではないため、人生はゲームではない。しかし、みんなが同じ目標を定め、それに連動した共通のルールを定めれば、人生はゲームになる可能性がある。

**【文章】**

宗教は我々の人生に目的を与え、その後（人生の外）にある決算まで保証してくれるばかりじゃなくて、どうしたらその目的が実現できるかという方法まで教えてくれるわけです。それが宗教的な実現のルール、つまり「戒律」[※1]。宗教は細かい生活の仕方までを教えてくれるのです。

しかし、言うまでもなく、こんなうまい話には罠《わな》がありがち。そう、宗教にも弱点があるのです。それはもちろん、こうしたことが成り立つためには、もうものすごい大前提があるということです。言うまでもないけど、つまりそれは、「もし神を信じるならば」という大前提です。宗教は、「オレはそんなの信じない」という人にまで保証を与えてはくれない。

ウ　父はイ厳に満ちている
エ　一身上の都合でイ頼を断る

**問二**　空欄A～Dに入る語句として最も適当なものはどれか。次の中からそれぞれ選び、マークせよ。
ア　つまり　イ　たしかに　ウ　それゆえ　エ　たとえば

**問三**　傍線部①・⑥・⑨の本文中の意味として最も適当なものはどれか。次の中からそれぞれ選び、マークせよ。
①　ア　世間に広まる　イ　生み出される
　　ウ　使用される　エ　注目される
⑥　ア　話の腰を折る　イ　話の種にする
　　ウ　話の焦点をずらす　エ　話を振る
⑨　ア　協力して行う　イ　まとまっている
　　ウ　頑固である　エ　意識が高い

**問四**　傍線部②の説明として適当ではないものはどれか。次の中から選び、マークせよ。
ア　「正しさは人それぞれ」とあるように、それぞれの異なる意見が両立するという考え方。
イ　「みんなちがってみんないい」とあるように、価値観が異なっていても問題は無いとする考え方。
ウ　「価値観が違う人とは結局のところわかりあえない」とあるように、どうにか一つを選ぼうとする考え方。
エ　「絶対に正しいことなんてない」とあるように、どのような意見も尊重し合うという考え方。

**問五**　傍線部③の理由として最も適当なものはどれか。次の中から選び、マークせよ。
ア　世の中には価値観の違いがあったとしても両立可能な意見を決めなければならない場合があるから。
イ　人それぞれの多様性を尊重するときにはメリットだけでなくデメリットも考えなければならないから。
ウ　両立しない複数の意見を比較するときには採用しない意見のメリットも考えなければならないから。
エ　全体の方針を決めるときには両立しない意見の中から一つを選ばなければならない場合があるから。

**問六**　傍線部④・⑤の類義語として適当なものはどれか。次の中からそれぞれ選び、マークせよ。
④　ア　承諾　イ　併合　ウ　対立　エ　競合
⑤　ア　世論　イ　批評　ウ　賞賛　エ　論証

**問七**　傍線部⑦の説明として最も適当なものはどれか。次の中から選び、マークせよ。
ア　全ての人がそれぞれの主観的な信念にもとづいて行動するしかない社会のこと。
イ　大多数の人々の意見が尊重される、「力こそが正義」と考えられている社会のこと。
ウ　権力者が意見や見解を主観的に切り捨てることが正当化される社会のこと。
エ　異なる見解があったとしても、多数決の原理にもとづき力任せに切り捨てられてしまう社会のこと。

**問八**　傍線部⑧の説明として最も適当なものはどれか。次の中から選

ら権力で強制するしかない。こういうことになってしまいます。〈イ〉

つまり、「正しさは人それぞれ」や「みんなちがってみんないい」といった主張は、多様性を尊重するどころか、異なる見解を、権力者の主観によって力任せに切り捨てることを正当化することにつながってしまうのです。これでは結局、「力こそが正義」という、困った世の中になってしまいます。それは、⑦権力など持たない大多数の人々の意見が無視される社会です。〈ウ〉

よくある答えは、「科学的に判断するべきだ」ということです。科学は、「客観的に正しい答え」を教えてくれると多くの人は考えています。このように、さまざまな問題について「客観的で正しい答えがある」という考え方を、普遍主義といいます。探偵マンガの主人公風に言えば、「真実は一つ！」という考え方だといってもよいかもしれません。先ほどの相対主義と反対の意味の言葉です。「価値観が多様化している」と主張する人たちでも、科学については⑧普遍主義的な考えを持っている人が多いでしょう。「科学は人それぞれ」などという言葉はほとんど聞くことがありません。〈エ〉

ところが、実は科学は⑨一枚岩ではないのです。科学者の中にも、さまざまな立場や説を取っている人がいます。そうした多数の科学者が論争する中で、「より正しそうな答え」を決めていくのが科学なのです。

[C]、「科学者であればほぼ全員が賛成している答え」ができあがるには時間がかかります。みなさんが中学や高校で習うニュートン物理学は、いまから三〇〇年以上も昔の一七世紀末に提唱されたものです。アインシュタインの相対性理論や量子力学は「現代物理学」と言われますが、提唱されたのは一〇〇年前（二〇世紀初頭）です。現在の物理学では、相対性理論と量子力学を統一する理論が探求されていますが、それについては合意がなされていません。合意がなされていないからこそ、研究が進められているのです。

最先端の研究をしている科学者は、それぞれ自分が正しいと考える仮説を正当化するために、実験をしたり計算をしたりしています。[D]、科学者に「客観的で正しい答え」を聞いても、何十年も前に合意が形成されて研究が終了したことについては教えてくれますが、まさしく今現在問題になっていることについては、「自分が正しいと考える答え」しか教えてくれないのです。⑩ある意味では、「科学は人それぞれ」なのです。

山口裕之『「みんな違ってみんないい」のか？』

**問一** 二重傍線部a～eの漢字と同じ漢字を使うものはどれか。次の中からそれぞれ選び、マークせよ。

a　ア　強レツな印象を受ける
　　イ　数字の羅レツだけでは無意味である
　　ウ　細胞分レツについて調べる
　　エ　拙レツな文章を修正する

b　ア　ショク託社員を募集する
　　イ　室内の装ショクにこだわる
　　ウ　一ショク即発の状態
　　エ　細菌が繁ショクする

c　ア　気分テン換に音楽を聴く
　　イ　ファイルをテン付する
　　ウ　書道のテン覧会に参加する
　　エ　テン舗で購入する

d　ア　官僚機構がヒ大する
　　イ　石ヒが発見される
　　ウ　ヒ痛な面持ちをする
　　エ　ヒ服室を掃除する

e　ア　ことの経イを確認する
　　イ　新たな繊イテクノロジーを開発する

## 【国　語】（五〇分）〈満点：一〇〇点〉

**一　次の文章を読んで、後の問いに答えよ。（ただし設問の都合上、本文を省略した部分がある。）**

昨今、「正しさは人それぞれ」とか「みんなちがってみんないい」といった言葉や、「現代社会では価値観が多様化している」「価値観が違う人とは結局のところわかりあえない」といった言葉が①流布しています。このような、「人や文化によって価値観が異なり、それぞれの価値観には優aレツがつけられない」という考え方を②相対主義といいます。「正しさは人それぞれ」ならまだしも、「絶対正しいことなんてない」とか、「何が正しいかなんて誰にも決められない」といったことさえ主張する人もけっこういます。

[A]、価値観の異なる人と接bショクすることがなかったり、異なっていても両立できるような価値観の場合には、「正しさは人それぞれ」と言っていても大きな問題は生じません。たとえば、訪ねることも難しい国の人たちがどのような価値観によって生活していても、自分には関係がありません。またたとえば、野球が好きな人とサッカーが好きな人は、スポーツのネタでは話が合わないかもしれませんが、好きなスポーツの話さえしなければ仲良くできるでしょう。サッカーが好きなのは間違っていて、すべての人は野球が好きでなければならない、なんていうことはありません。

こうした場面では、「人それぞれ」「みんなちがってみんないい」でよいでしょう。しかし、世の中には、両立しない意見の中から、どうにかして一つに決めなければならない場合があります。[B]、「日本の経済発cテンのためには原子力発電所が必要だ」という意見と、「事故が起こった場合のdヒ害が大きすぎるので、原子力発電所は廃止すべきだ」という意見とは、両立しません。どちらの意見にももっともな点があるかもしれませんが、日本全体の方針を決めるときには、どちらか一つを選ばなければなりません。原子力発電所をeイ持するのであれば、廃止した場合のメリットは捨てなければなりません。逆もまたしかり。

そんなときには、どうすればよいでしょうか。「価値観が違う人とはわかりあえない」のであれば、どうすればよいのでしょうか。③「みんなちがってみんないい」というわけにはいかないのです。

そうした場合、現実の世界では権力を持つ人の考えが通ってしまいます。本来、政治とは、意見や利害が対立したときに妥協点や④合意点を見つけだすためのはたらきなのですが、最近は、日本でもアメリカでもその他の国々でも、権力者が力任せに自分の考えを実行に移すことが増えています。⑤批判に対してきちんと正面から答えず、単に自分の考えを何度も繰り返したり、論点をずらして⑥はぐらかしたり、権力を振りかざして脅したりします。〈ア〉

そうした態度を批判するつもりで「正しさは人それぞれだ」とか「みんなちがってみんないい」などと主張したら、権力者は大喜びでしょう。なぜなら、もしもさまざまな意見が「みんなちがってみんないい」のであれば、つまりさまざまな意見の正しさに差がないとするなら、選択は力任せに行うしかないからです。「絶対正しいことなんてない」とか「何が正しいかなんて誰にも決められない」というのであればなおさらです。決定は正しさにもとづいてではなく、人それぞれの主観的な信念にもとづいて行うしかない。それに納得できない人とは話し合っても無駄だか

MEMO

大切なことはメモしておこうネ！

# 2023年度

# 解　答　と　解　説

《2023年度の配点は解答欄に掲載してあります。》

## ＜数学解答＞

[1] [1] ア 1　イ 2　ウ 4　エ 4　オ 7　[2] カ 2　キ 4
[3] ク 1　ケ 5　コ 4　サ 1　シ 5　ス 6　[4] セ 4
[5] ソ 1　タ 3　[6] チ 2　ツ 0　[7] テ 1　ト 8　ナ 0
[8] ニ 6　ヌ 5　[9] ネ 1　ノ 8　ハ 0

[2] [10] ア 0　イ 3(順不同)

[3] [11] ア 2　イ 7　[12] ウ 1　エ 9　[13] オ 1　カ 3　キ 2　ク 7

[4] [14] ア 4　イ 2　[15] ウ 2　エ 2　[16] オ 1　カ 8

[5] [17] ア 2　イ 3　[18] ウ 7　エ 6　オ 0　[19] カ 6　キ 6

○配点○

各5点×20([2]は各5点×2)　　計100点

## ＜数学解説＞

基本 [1] (式の計算，連立方程式，統計，反比例の式，2次方程式，平方数，角度)

[1] $\left(\frac{3}{4}ab^2c^3\right)^2\times\left(-\frac{1}{2}a^2b^2c\right)^3\div\left(\frac{3}{8}a^2b^3c\right)^2=\frac{9a^2b^4c^6}{16}\times\left(-\frac{a^6b^6c^3}{8}\right)\times\frac{64}{9a^4b^6c^2}=-\frac{1}{2}a^4b^4c^7$

[2] $2x+3y=8\cdots$①　$3x+4y=10\cdots$②　②×3−①×4から，$x=-2$　①に$x=-2$を代入して，$2\times(-2)+3y=8$　$3y=8+4=12$　$y=4$

[3] $\frac{149+151+152+156+156+157+157}{7}=\frac{1078}{7}=154$(cm)　[別解]　$150+(-1+1+2+6+6+7+7)\div7=150+28\div7=150+4=154$(cm)　中央値は身長が低い順から数えて4番目の身長だから，156cm

[4] $y=\frac{a}{x}$に$x=2$，$y=-6$を代入して，$-6=\frac{a}{2}$　$a=-6\times2=-12$　$y=-\frac{12}{x}$に$x=-3$を代入して，$y=-\frac{12}{-3}=4$

[5] $x^2+ax-6=0\cdots$①　①に$x=2$を代入して，$2^2+2a-6=0$　$2a=2$　$a=1$　①に$a=1$を代入して，$x^2+x-6=0$　$(x+3)(x-2)=0$　$x=-3$，2　よって，他の解は，$x=-3$

[6] $\mathrm{K}=\sqrt{180n}=6\sqrt{5n}$　$n=5k^2$($k$は整数)のとき，Kは整数となる。$n$は自然数だから，$n=5\times1^2$，$5\times2^2$，…　よって，Kの値が2番目に小さくなる$n$の値は，$n=5\times2^2=20$

[7] 色のついた角の和は一つの三角形の内角の和と等しくなるから，180°

[8] ∠FAB＝$x$とする。△FABにおいて，内角と外角の関係から，∠FBE＝20°＋$x$　円に内接する四角形の定理から，∠BCE＝∠DAB＝$x$　△CBEの内角の和から，20°＋$x$＋$x$＋30°＝180°　$2x$＝130°　$x$＝65°　よって，∠FAB＝65°

[9] 側面のおうぎ形の中心角を$x$とすると，$x$：360°＝$2\pi\times3$：$2\pi\times6$　$x$：360°＝1：2　$x$＝180°

基本 **2** （四角形の対角線）

[10] 2つの対角線が垂直に交わる四角形は，ひし形と正方形である。

**3** （場合の数，確率）

基本 [11] カードの取り出し方は，全部で$3\times3\times3=27$(通り)

[12] 答えが4になる場合は，(㋐，㋑，㋒)＝(0，＋，4)，(1，＋，3)，(1，×，4)の3通り　よって，求める確率は$\frac{3}{27}=\frac{1}{9}$

重要 [13] 答えの絶対値が素数になる場合は，(㋐，㋑，㋒)＝(0，＋，3)，(0，＋，5)，(0，－，3)，(0，－，5)，(1，＋，4)，(1，×，3)，(1，×，5)，(1，－，3)，(1，－，4)，(2，＋，3)，(2，＋，5)，(2，－，4)，(2，－，5)の13通り　よって，求める確率は$\frac{13}{27}$

**4** （図形と関数・グラフの融合問題）

基本 [14] AB//QP　$AB=2-(-2)=4$　QP＝ABのとき，四角形AQPBは平行四辺形になるから，QP＝4　よって，点Pの$x$座標は4　②に$x=4$を代入して，$y=-\frac{8}{4}=-2$　したがって，P(4，－2)

[15] Q(0，－2)より，直線AQの切片は－2　AQの傾きは，$\frac{-2-2}{0-(-2)}=\frac{-4}{2}=-2$　よって，直線AQの式は，$y=-2x-2$

重要 [16] $\angle ABP=90°$から，点Pの$x$座標は点Bの$x$座標と等しくなるので2　②に$x=2$を代入して，$y=-\frac{8}{2}=-4$　よって，P(2，－4)，Q(0，－4)　QP＝2　$BP=2-(-4)=6$　したがって，四角形AQPBの面積は，$\frac{1}{2}\times(4+2)\times6=18$

**5** （空間図形の計量問題―相似，体積比）

基本 [17] 10：15＝2：3

[18] 水が入っている部分と容器の体積比は，$2^3:3^3=8:27$　よって，水が入っている部分と水が入っていない部分の体積比は，$8:(27-8)=8:19$　水が入っていない部分の体積を$x$cm$^3$とすると，$320\pi:x=8:19$　$x=\frac{320\pi\times19}{8}=760\pi$　したがって，水はあと$760\pi$ cm$^3$入る

重要 [19] 容器の容積は，$320\pi+760\pi=1080\pi$　容器の上の円の半径を$r$cmとすると，$\frac{1}{3}\times\pi r^2\times15=1080\pi$　$r^2=1080\times\frac{1}{5}=216$　$r>0$から，$r=\sqrt{216}=6\sqrt{6}$

★ワンポイントアドバイス★

**5** [19]は，水が入っている部分の底面の半径を求めてから，相似比を利用すると，$\frac{1}{3}\pi r'^2\times10=320\pi$より，$r'=4\sqrt{6}$　$r':r=2:3$から，$r=4\sqrt{6}\times\frac{3}{2}=6\sqrt{6}$

## ＜英語解答＞

1　1 イ　2 ア　3 イ　4 エ　5 ウ

2　1 ア　2 ウ　3 ウ　4 エ　5 エ

3　1 エ　2 ウ　3 ウ　4 イ　5 ウ　6 ウ　7 ア　8 イ　9 イ　10 ウ

4　1 ウ　2 ウ　3 イ　4 エ　5 ア

5　1 イ　2 ア　3 ウ　4 エ　5 イ

6　1 エ　2 ウ　3 イ　4 イ　5 エ

7　【A】1 ア　2 イ　3 ア　【B】イ　【C】ア　【D】ウ

8　1 イ　2 ア　3 エ　4 イ　5 エ　6 エ　7 イ　8 イ　9 エ

○配点○

各2点×50　　計100点

## ＜英語解説＞

1　（発音問題）

1　ア　[æftərnú:n]　イ　[méik]　ウ　[ǽsk]　エ　[ǽpl]

2　ア　[ðǽt]　イ　[mǽθ]　ウ　[tú:θ]　エ　[θə́:rd]

3　ア　[pú:l]　イ　[wúd]　ウ　[mú:n]　エ　[skú:l]

4　ア　[bízi]　イ　[tʃú:z]　ウ　[mjú:zik]　エ　[smáil]

5　ア　[lǽf]　イ　[fóun]　ウ　[hái]　エ　[fú:d]

2　（アクセント問題）

1　ア　[déindʒərəs]　イ　[impɔ́:rtənt]　ウ　[septémbər]　エ　[ikspénsiv]

2　ア　[ǽftər]　イ　[tjú:zdei]　ウ　[indʒɔ́i]　エ　[mésidʒ]

3　ア　[jéstərdèi]　イ　[dífikʌ̀lt]　ウ　[iksáitiŋ]　エ　[féivərit]

4　ア　[bikʌ́m]　イ　[əgrí:]　ウ　[əfréid]　エ　[tíkit]

5　ア　[dʒéntlmən]　イ　[íntərvjù:]　ウ　[wʌ́ndərfəl]　エ　[ìntrədjú:s]

3　（語句選択問題：未来形，代名詞，助動詞，命令文，付加疑問文，受動態，疑問詞，熟語，不定詞）

基本　1「彼らは明日大英博物館に行く予定だ。」 未来のことを表すときは〈be going to ～〉を用いる。

2「私はスティーブを知っている。彼も私を知っている。」「私を」という意味になるので，I の目的格を使う。

3「彼女は長い間アメリカに滞在した。彼女は英語を話すのが上手に違いない。」 must は「～にちがいない」という意味を表す。

4「すぐに出発しなさい，そうすればバスに間に合うだろう。」〈命令文, and ～〉で「…しろ，そうすれば～」という意味になる。

5「私の母は先週病気だったね。」 付加疑問の部分に用いるbe動詞や助動詞は，主文が肯定であれば否定に，主文が否定であれば肯定にして用いる。

6「私は友人の結婚式に招かれた。」 過去の受動態の文なので〈be動詞の過去形＋過去分詞〉という形にする。

7「バッグがテーブルの上に残されている。このバッグは誰のですか。」 所有者をたずねるときは whose を使う。

8 「この部屋を出るときには灯りを消してください。」〈turn off ~〉で「~を消す」という意味を表す。

9 「このニュースは本当であるはずがない。彼女はとてもまじめな人だ。」〈can't ~〉は「~であるはずがない」という意味を表す。

10 「彼は数学が得意でないので，試験の難しい問題に答えようとしなかった。」〈try to ~〉で「~することを試みる」という意味を表す。

**4** （書き換え問題：現在完了，比較，接続詞，助動詞，関係代名詞）

1 「ジョンは5年前に京都に引っ越して，今もそこに住んでいる。」→「ジョンは5年間京都に住んでいる。」「ずっと~している」という意味は，現在完了の継続用法で表す。

2 「富士山は日本で一番高い山だ。」→「日本には富士山より高い山はない。」 直後にthanがあるので，比較級を使うと判断する。

3 「この本は私が読むには難しすぎる。」→「難しいので，私はこの本を読めない。」〈because ~〉は「~だから」という意味を表す。

4 「昨夜は暑かったので，私はよく眠れなかった。」〈be able to ~〉は〈can ~〉と同じように「~できる」という意味を表す。

5 「私には兄がいて，彼は沖縄に住んでいる。」→「私には沖縄に住む兄がいる。」 live 以下が brother を修飾するので，主格の関係代名詞を使う。

**5** （語句整序問題：助動詞，熟語，不定詞，関係代名詞）

1 Would you like to go skiing (this weekend?) 〈would like to ~〉で「~したい」という意味を表す。

2 Finish the homework as soon as you can(.) 〈as soon as ~〉で「~するとすぐに」という意味になる。

3 (I) left home early to be in time (for school.) 〈in time for ~〉で「~に間に合って」という意味を表す。

4 (She is) a pianist whose name is known all (over the world.) name 以下が pianist を修飾するので，所有格の関係代名詞を使う。

5 (Could) you tell me how to get (to the station?) 〈how to ~〉で「~する方法(仕方)」という意味を表す。

**6** （語彙問題：名詞）

1 「知らない単語の意味を教える類の本」 ア「教科書」，イ「マンガ」，ウ「小説」，エ「辞書」

基本 2 「3月の前に来る月で，この月の14日はバレンタインデーと呼ばれる。」 ア「10月」，イ「7月」，ウ「2月」，エ「8月」

3 「写真や絵画のような美しい作品を人々がたくさん見ることができる場所」 ア「駅」，イ「美術館」，ウ「水族館」，エ「工場」

4 「大きな耳と長い鼻を持つ大きな動物」 ア「ライオン」，イ「象」，ウ「キリン」，エ「パンダ」

5 「選手はボールを蹴るが手を使えない球技の一種」 ア「野球」，イ「バスケットボール」，ウ「バレーボール」，エ「サッカー」

**7** （会話文問題：語句補充）

【A】 リクト：アメリカで好きなスポーツは何？

マイク：ぼくはフットボールをしているので，フットボールが一番好きだよ。

リクト：サッカーのことだよね？

マイク：いや，いや。アメリカンフットボールのことさ。(a)フットボールと言えば，アメリカンフットボールを意味するんだ。

リクト：ぼくはアメリカンフットボールについてあまり知らないよ。ぼくは試合を見たことがない。

マイク：(b)アメリカで最も人気のあるスポーツの1つだよ。とてもエキサイティングなんだ。

リクト：アメフトはイギリスでも人気なの？

マイク：そうは思わないな。イギリスでは多くの人がサッカーを愛しているよ…つまり「フットボール」だけどね。

リクト：(c)わからないなあ。イギリスではサッカーのことを「フットボール」と呼んでいるということ？

マイク：そう。「フットボール」という言葉は，国によって異なるスポーツを意味する場合があるんだよ。

リクト：それは面白いね！

1　マイクは「フットボール」という言葉で「アメリカンフットボール」のことを言いたいので，アが答え。イ「フットボール，つまりサッカー。」，ウ「サッカー，つまりフットボール。」，エ「サッカー，つまりアメリカンフットボール。」

2　マイクはアメリカンフットボールはアメリカで人気があるということを言っているので，イが答え。ア「それはアメリカでも人気があるスポーツではない。」，ウ「あなたはアメリカでよりも日本でそれをすぐ見るだろう。」，エ「あなたはそれを日本で見る必要はない。」

3　リクトは「フットボール」という言葉が表すスポーツについて混乱しているので，アが答え。イ「そういう意味ではない。」，ウ「私はそう願う。」，エ「私もそれが大好きだ。」

【B】 A：昨日は友だちたちと楽しみました。

B：何をしたのですか？

A：彼らとわくわくする映画を見ました。

過去の行動についてたずねるので，イが答え。

【C】 A：あなたはふつう何時に勉強を始めてお風呂に入りますか？

B：ふつう7時に勉強を始めて，9時半にお風呂に入ります。

A：では，あなたは勉強した後にお風呂に入るのですね？

B：はい。

勉強してからお風呂に入るので，アが答え。

【D】 A：ペットを飼っていますか？

B：はい。ネコを飼っています。あなたはどうですか？

A：ええと，私は*ポチ*という名前のイヌを飼っています。あなたはネコをどう呼びますか？

B：*タマ*です。とてもかわいです。

name は「名づける」という意味の動詞。ここでは「ポチと名づけられた」という意味で，dog を修飾するので，過去分詞であるウが答え。

8 （長文読解問題・説明文：語句補充，不定詞，関係代名詞，指示語，語句整序，内容吟味）

（全訳）　今日は特に外国人向けの日本語について話します。25年前，日本は災害に見舞われました。当時，多くの外国人は警告や必要な情報を日本語で理解できずに苦労①していました。ほとんどの単語や文章は，彼らには②難しすぎました。日本語でのコミュニケーションには別の方法が必要でした。そして，災害時に外国人を支援するために「*やさしい日本語*」が作られました。

*やさしい日本語*にはルールがあります。それらのいくつかをお話しします。さまざまな情報源から必要な情報を選択する必要があります。簡単な言葉を使い，文章を短くするべきです。日本語を

書くときは，漢字を使いすぎてはいけません。このルールを③理解するのは難しいですか？

最近，*やさしい日本語*が身の回りに広まり始めています。一部の病院では，医師が使用しています。病気の外国人は，彼らがすべきことを理解することができます。⑤それは一部の市役所でも使用されています。それは電車やバスの乗り方についての情報を提供します。情報は*やさしい日本語*で書かれています。

*やさしい日本語*の「やさしい」という言葉には，2つの意味があると言う人もいます。ひとつは「容易さ」で，⑥もうひとつは「優しさ」です。これを使えば，周りの外国人も安心して日本で暮らすことができます。⑦彼らはあなたの親切な行動に感謝もします。

さて，あなたは*やさしい日本語*についてよく知っています。⑧それを外国の人々のために使いましょう。あなたはそれを行うことができますよ。

1　have a hard time で「困難な時を過ごす」という意味を表す。

2　日本語の情報は外国人には難しすぎたので，やさしい日本語が作られた。ア「難しい」，イ「やさしい」，ウ「高い」，エ「低い」

3　名詞的用法の不定詞を選ぶ。アとイは副詞的用法，ウは形容詞的用法。

4　they should do が things を修飾するので，目的格の関係代名詞を使う。

5　やさしい日本語が広まり始めていることを表している。

6　2つあるものについて説明するときは，〈one ～, the other ～〉という表現を用いる。

7　やさしい日本語を使う人たちを指しているので，イが答え。

8　並べ替えると Let's use it for foreign people(.) となる。

重要　9　ア 「多くの外国人は日本語を容易に理解する。」 困難だったとあるので，誤り。　イ 「私たちは*やさしい日本語*を作るために多くの漢字を使える。」 漢字を使いすぎてはいないとあるので，誤り。　ウ 「医師は*やさしい日本語*を使わない。」 医師も使用するとあるので，誤り。　エ 「*やさしい日本語*は外国の人々に電車やバスの乗り方を教えることができる。」 第3段落の内容に合うので，答え。

**★ワンポイントアドバイス★**

3の4では，〈命令文，and ～〉が使われている。類似する用法として〈命令文，or ～〉（…しろ，そうしないと～）も覚えておこう。（例）Start at once, or you can't catch the bus.（すぐに出発しろ，さもないとバスに遅れるよ。）

## <国語解答>

一　問一　a エ　b ウ　c ウ　d エ　e イ　問二　A イ　B エ　C ウ　D ア　問三　① ア　⑥ ウ　⑨ イ　問四　ウ　問五　エ　問六　④ ア　⑤ イ　問七　ウ　問八　イ　問九　ア　問十　ウ

二　1 ア　2 イ　3 イ　4 イ　5 ア

三　問一　a ア　b ウ　c イ　問二　エ　問三　① ア　⑦ ウ　問四　ア　問五　③ イ　④ ア　⑨ ウ　問六　ウ　問七　イ　問八　エ　問九　イ　問十　エ

四　問一　1 カ　2 エ　問二　エ　問三　ウ　問四　イ

五　問一　1　ア　2　ウ　問二　1　ア　2　エ　問三　エ

○配点○

一　各2点×20　二　各2点×5　三　各2点×15　四　各2点×5　五　各2点×5

計100点

## ＜国語解説＞

**一　(論説文―漢字の読み書き，脱文・脱語補充，接続語の問題，語句の意味，文脈把握，類義語)**

問一　a 「優劣」は対義字の組み合わせで，「優れていることと，劣っていること」という意味。　ア「強烈」の「烈」は「激しい」という意味。　イ「羅列」とは，「連ね並べること」。「列」に「並べる」という意味がある。　ウ「分裂」の「裂」は「裂ける」という意味。　エ「拙劣」とは，「へたなさま」。　b 「接触」の「触」は「触る」という意味。　ア「嘱託」とは「頼んで任せること。特に，正式な社員ではない人に，ある業務をするように頼むこと」。「嘱」は「ゆだねる」という意味。　イ「装飾」の「飾」は「飾る」という意味。　ウ「一触即発」とは，「ちょっと触れれば爆発しそうなほど，危機に直面していること」。　エ「繁殖」の「殖」は「増える」という意味。「植」と混同しないように注意。　c 「発展」の「展」は「伸びて広がる」という意味。　ア「転換」の「転」は「方向を変えて移る」という意味。　イ「添付」とは，「書類などに，あるものをつけ添えること」。　ウ「展覧会」の「展」は「並べる」という意味。　エ「店舗」は「舗」の描き問題にも注意。　d 「被害」の「被」は「受ける」という意味。　ア「肥大」とは，「太って大きくなること」。　イ「石碑」とは，「ある事を記念して，石に文を彫って建てたもの」。　ウ「悲痛」とは，「心が痛み，極めて悲しいこと」。　エ「被服」の「被」は「服を着る」という意味。　e 「維持」の「維」は「つなぐ」という意味。　ア「経緯」は「いきさつ」とも読み，「ことの成行きやそれに伴ういろいろの事情のこと」。由来は緯度と経度。　イ「繊維」の「維」は糸のことを指す。　ウ「威厳」とは「堂々としていておごそかなさま」。　エ「依頼」の「依」は「たよる」という意味。

問二　A　第一段落の「正しさは人それぞれ」ということについて，空欄A以後の第二段落ではその説が妥当な場合について述べていることから，一旦前の内容を肯定する「たしかに」が適当。　B　直前の「世の中には，……場合があります」ということの具体例が空欄B以後の原子力発電所の話題であるため，例を示す「たとえば」が適当。　C　直前の「多数の科学者が……科学なのです」が，直後の「『科学者であれば……賛成している答え』ができあがるには時間がかかります」の理由と考えられるため，因果関係を示す「それゆえ」が適当。　D　直前の「最先端の……計算をしたりしています」ということと，「まさしく今現在……教えてくれないのです」ということは，最先端の問題については「客観的で正しい答え」ではなく「自分が正しいと考える答え」しか言えないという点で一致しているので，前後で同じような内容であることを示す「つまり」が適当。

問三　①「流布」とは，「世間に広まること」。一般的には，ネガティブなニュアンスで使われることが多い。　⑥「はぐらかす」とは，「問題の中心点をはずしてごまかすこと」。　⑨「一枚岩ではない」とは，「必ずしも強く団結しているわけではなく，対立があったり，ばらばらであったりするさま」。したがって，「一枚岩」は「強く団結しており，まとまっている」という意味になる。ただし「一枚岩」だけで使われることはあまりなく，一般的には「一枚岩ではない」と否定語を伴って使う。

問四　「どうにか一つを選ぼうとする」のは，第八段落に「さまざまな問題について……反対の意味の言葉です」とあるように「普遍主義」である。

問五　第三段落では「両立しない意見の中から，……場合があります」「日本全体の……選ばなければなりません」と，一つに決めることについて述べられている。　ア「両立可能」が誤り。一つに決める時点で，「両立」はできない。　イ「多様性を尊重」が誤り。多様性とは，第一段落にある「みんなちがってみんないい」の言い換えとして成立する。したがって，傍線部③は「多様性を尊重するわけにはいかない」という意味でる。　ウ「複数の意見を比較」が誤り。比較ではなく，一つに決める必要があるから傍線部③のように言える，ということである。

問六　④「合意」とは，「意見が一致すること」。　ア「承諾」とは，「相手の意見・希望・要求などを聞いて，受け入れること」。　イ「併合」とは，「いくつかのものを合わせて一つにすること」。　ウ「対立」とは，「二つのものが反対の立場に立つこと」。したがってこれは「合意」の対義語と言える。　エ「競合」とは，「きそいあうこと」。　⑤「批判」とは，「物事の良し悪しなどを判定・評価すること。また，人の言動・仕事などの誤りや欠点を指摘し，正すべきであるとして論じること」。　ア「世論」とは，「世間一般の人の考え」。読み方は「よろん」と「せろん」どちらも正しい。　イ「批評」とは，「物事の是非・善悪・正邪などを指摘して，自分の評価を述べること」。　ウ「賞賛」とは，「褒めたたえること」。　エ「論証」とは，「物事の道理を，証拠をあげて説明・証明すること。また，あることが真であることを，妥当な論拠を挙げて推論すること」。

問七　ア「全ての人がそれぞれの」が誤り。第七段落「権力者の主観によって」と矛盾する。
イ「大多数の人々」が誤り。傍線部⑦自体の記述と矛盾する。　エ「多数決の原理にもとづき」が誤り。第七段落「権力者の主観によって」と矛盾する。そもそも多数決をとるためには，「権力など持たない大多数の人々の意見」を募る必要がある。

問八　イは第八段落「さまざまな問題について……普遍主義といいます」と合致する。

問九　第九・第十段落で述べられていることのまとめとして，「科学は人それぞれ」という表現が用いられている。「人それぞれ」ということはつまり「客観的で正しい答えはない」ということである。その理由としては，第九段落の「『科学者であれば……答え』ができあがるには時間がかかります」ということが挙げられる。そして，「客観的で正しい答え」がないものについては「自分が正しいと考える仮説を正当化するために」「研究が進められている」ため，「自分が正しいと考える答え」しか教えられないということである。この内容に合致するアが適当。

**重要** 問十　「どうしたらよいのでしょうか」としていることから，この一文の前には問題が示されており，後には解決法あるいは解決法の検討について述べられていると考えられる。すると，ウの前には傍線部⑦のような問題が示されており，後では「よくある答えは」という表現でその解決法が述べられている。

**重要** 二　（内容吟味）

1「できることの制限」は条件の「ルールやマニュアル」，「主体的に」は条件の「自ら進んで」の言い換えとして成立する。　2「賞金獲得を目指して」が誤り。資料※には「お金を理由に行うものは仕事」とあるため，賞金獲得を目指すならばそれはゲームではなく仕事である。　3「全人類は」が誤り。第三段落「神を信じる人にとっては，……通用しない」と矛盾する。　4「信仰心を抱いて生きなければならない」が誤り。文章では信仰心を持つ難しさについて述べられているのみであり，信仰心を抱くべきだとは述べられていない。よって文章の内容に合致しているとは言えない。　5　文章第二・第三段落で，宗教の弱点は信じない人に保証を与えないことであり，神を信じない人にとって宗教は意味がないとしており，第四段落では，それが条件[3]と合致すると述べている。

三 （古文―仮名遣い，表現技法，語句の意味，文脈把握，口語訳）

〈口語訳〉 昔，鹿苑に二頭の鹿の王がいた。身体の色は金色であった。五百頭の鹿の群れを所有していた。これは釈迦菩薩が悟りを開くために行っている修行としての姿である。また別の一頭の鹿の王がいた。同じく五百頭の鹿の群れを所有していた。これは提婆達多(の修行の姿)である。国王が，狩りをして一日のうちに多くの鹿をお殺しになることを，菩薩の鹿の王が悲しんで(申し上げたことには)，「ささいなことで多くの鹿をお殺しになることは，不憫でございます。毎日一匹の鹿を差し上げますので，それをお食事となさってください」と申し上げたところ，(国王は)「よいだろう」と言って，順番に日々（鹿を国王に)差し上げたのだが，提婆達多の鹿の群れの中に妊娠中の鹿がいて，次(に国王に送られる順番に)当たっていた。(母鹿が)子をいつくしむ心は切実なもので，「私は(順番を)逃れられませんが，この子は順番ではありません。この子を産んだ後に，私を(国王のもとに)お送りください」と申し上げたけれども，(提婆達多は)「誰が命を惜しまずにいるものか(いや，命が惜しいのは誰でも同じである)。次の番が来たら(国王のもとに)参上しろ」と言って怒ったので，(母鹿は)釈迦菩薩の鹿の王のもとに参上して，このことを嘆きながら申し上げると，(釈迦菩薩の鹿王は母鹿を)哀れんで，母鹿を帰らせ，自らが身代わりとなって，王宮へ参上した。金色の模様がある鹿なので，人は皆(これが王だと)知って，国王に「鹿の王が参上しました」と申し上げると，(国王は)「もう鹿の群れは尽きたのか」とおっしゃったので，鹿の王は事の詳細を詳しく申し上げて(言ったことには)「慈悲の心をもって苦しんでいる者を救うことの功徳は計り知れない。もし人に慈悲の心がないならば，虎や狼と何の違いがあるだろうか(いや，違いはない)。」と申し上げたところ，国王は驚いて，王座を立ち上がり，詩句の形で経典を解いて(こうおっしゃった)，「私は畜生(＝獣)である。人頭鹿(人の頭をもった鹿)と言える。あなたは実質として，人である。鹿頭人(鹿の頭をもった人)と言える。慈悲をもって，人は人と言える。形をもって人と言えるのではない」と言って，永久に殺生をやめて，鹿の王を帰したということだ。

問一 a 「由」は古語で「よし」と読み，「趣旨，理由，出縁」など様々な意味を持つ多義語。文脈によって意味を判別する必要がある。ここでは「趣旨」の意味。 b 「若し」は現代語と同じく，仮定の意味。この読み方は漢文でも頻出。 c 「汝」は「お前」という意味で，主に同等あるいは目下の者に対して使われる。ここでは釈迦菩薩よりも国王が目下であるから「汝」としている。「女」という字が入っているが，使う対象の性別は限定されない。

問二 係助詞「こそ」の結びは已然形である。已然形は，下に逆接の「ども」を続けた時に言いやすい形であり，「侍れ―ども」が最も言いやすい。

やや難 問三 ① 「不便」という字だが，読み方は「ふびん」であり，基本形は「不便なり」。意味は現代語と同じく「気の毒だ」の他，「不都合だ，かわいい」。 ⑦ 「子細」は現代語と同じく「詳しい事情」の他，「わけ，異論」。

問四 「然るべし」は，「然あるべし」が短縮された形。「然」は「そう」という意味の指示語，「べし」は「～はず」という当然の意味，あるいは「～がよい」という適当の意味。したがって，「然るべし」は「そうあるはずだ」あるいは「そうあるのがよい」という意味になる。「そう」の指示内容としては，直前の菩薩の鹿の王の発言にあるように「毎日に……供御とすべし」ということである。実際に傍線部②の後，「日々に奉りける」と毎日鹿が献上されたことがうかがえる。

重要 問五 ③・④ 妊娠中の鹿が言ったことに対して傍線部③の動作主は怒ったので，妊娠中の鹿は釈迦菩薩の鹿の王のところに行ったところ，釈迦菩薩の鹿の王は哀れんだということである。妊娠中の鹿に対して「参るべし」と怒ることができるのは鹿を統括し，献上されるよう指示を出している鹿の王であるが，釈迦菩薩の方は哀れんだということなので怒ったのは提婆達多の鹿の王である。 ⑨ 「殺生を止どめて」とは，「殺生をやめて」ということである。それまで殺生をしていたのにやめたということであるから，ここの動作主は狩りをしたり毎日一頭の鹿を謙譲させたりしていた国王ということになる。

問六　傍線部⑤の結果として，帝王に「鹿王こそ参り侍れ」つまり「鹿王が参りました」と報告したということである。鹿王は自らを鹿王だと名乗ったわけではないので，人々は金色の模様をしているから鹿王だと判断したと考えられる。

重要　問七　「にや」は「にやあらむ」などの略であり，基本的には「～なのだろうか」と訳す。「既に」は文字通り「既に，もう」，「群鹿」は「鹿の群れ」，「尽き」は「尽きる」，「たる」は完了の助動詞「たり」の連体形なので「～た」と訳す。

問八　この直前に「王驚きて，座を立ちて」とあるが，驚いて「座を立」つということができるのは人間である国王である。傍線部⑧は「私は畜生だ」としており，事実とは異なるが，その理由として「慈をもて人とす。形をもて人とせず」つまり「慈悲をもって，人は人と言える。形をもって人と言えるのではない」と述べている。「ず」は打消の助動詞。見た目が人間であっても，慈悲がなければ人間とは言えず，国王はこれまで慈悲を持っていなかったから自らを畜生だと評したのである。ア・ウは主体を「人間」にしている点が誤り。あくまで国王は「我」つまり自分のことについてのみ畜生だと評している。イは「自分たちが生きていくために」が誤り。もともと国王は一日に多くの鹿を殺していたのであり，それが「生きていくため」つまり多くの鹿を殺さなければ生きていけなかったとは考えにくい。

問九　ア　「最後には人間になることができた」が誤り。釈迦菩薩の鹿の王は「慈をもて……別ならむ」と，慈悲の心があるからこそ人間であるということを説いたのみであり，自身が人間に変化したわけではない。　ウ　「虎や狼の群れも」が誤り。「虎や狼」は釈迦菩薩の鹿の王の発言「慈をもて……別ならむ」に登場するが，それは人間に慈悲がなければ虎や狼と同じであるという趣旨であって，いわば「虎や狼」は獣の例として出されたにすぎず，国王が殺していたという根拠はない。　エ　「提婆達多の命令で」が誤り。提婆達多は釈迦菩薩と同じく五百頭の鹿の群れを統治していただけである。本文にも「国王，狩して，一日の中に多くの鹿を殺し給ふ」とあるのみで，国王が提婆達多から命令されていたという根拠はない。

問十　『沙石集』は鎌倉時代の成立。　ア・ウ　『源氏物語』と『竹取物語』は平安時代の成立。　イ　『みだれ髪』は明治時代の成立。　エ　『宇治拾遺物語』は鎌倉時代の成立。

**四**　**（品詞・用法，文節，敬語）**

問一　1　「大きな」は名詞を修飾する語で，活用しないため連体詞。形容詞と勘違いしがちであるが，形容詞の場合は「大きい」が連体形である。形容詞「大きい」は「大きな」と活用することはない。　2　この「られる」は可能の意味を表す助動詞。助動詞とは，それ自身では述語として意味を成すことができず，他の語の下について意味を添える活用語。

問二　「まさか～だろう」と推量の意味にしたい場合は，「まさか～ないだろう」と打消推量の形にして呼応させる。逆に，「まさか～だったとは(思わなかった)」という意味にしたい場合は，「まさか～なかったとは(思わなかった)」打消にしてもよいが，しなくてもよい。

問三　文節とは，「ネ」や「ヨ」で区切ることのできるかたまりを指す。また，「～みる」は補助語であり，1文節にカウントするため，「おすすめされたネ／本をネ／読んでネ／みるネ／ことにネ／したヨ」と分けられる。「おすすめする」をサ変複合動詞として1語と数える。

問四　「伺う」は，この場合「行く」の謙譲語。「先生」という目上の人に対して使っていることからも謙譲語とわかる。また，「伺う」は文脈によって「聞く」「尋ねる」の謙譲語としても機能する。「たずねる」全般についての謙譲語と捉えてよい。

五 （漢字の読み書き，熟語，部首）

問一　1 「神宮」とは，神社のうち皇族と縁の深いものを指す。「宮」という字は皇族関連の語によく使われている。　2 「八重桜」の「八重」は「数多く重なっているさま」を指す。「八重歯」も同様。

問二　1 「三位一体」とは，一般には「三つで一つ」という意味。もとはキリスト教用語である。　2 「試行錯誤」とは「試みと失敗を繰り返しながら，解決策や適切な方法を見いだしていくこと」。「試行」が「試み」，「錯誤」が「失敗」を表す。

やや難 問三　ア～ウの部首は「くさかんむり」。漢字字体も植物に関係がある。エの部首は「夕部（せきぶ）」。夕部はもともと夜の時間帯を意味するため，「夕」「夜」の部首も夕部。

★ワンポイントアドバイス★

現代文・古文ともに語彙力をつけておこう。現代文は，本文中から読み取れるものを根拠とし，飛躍した読み取りをしないように注意しよう。古文は高校レベルの出題もあるので，文法をかためておこう。

MEMO

大切なことはメモしておこうネ！

# 2022年度

★★★★★★★★★★★★★★★★★★★★★★★★

# 入　試　問　題

# 2022年度

# 浦和学院高等学校入試問題

**【数　学】**（45分）〈満点：100点〉

## 1　次の問いの答えとして［　　］内の記号に入る適当な数を選びマークせよ。

[1]　$5-(-2)^2$を計算すると[ア]である。

[2]　$6a^2b^3 \div 3a^3b^2 \times 2a^4b$を計算すると[イ]$a^{[ウ]}b^{[エ]}$である。

[3]　$(\sqrt{3}+\sqrt{2})^2-(\sqrt{5}+2)(\sqrt{5}-2)$を計算すると[オ]+[カ]$\sqrt{[キ]}$である。

[4]　連立方程式 $\begin{cases} 3x+y=7 \\ x-2y=7 \end{cases}$ を解くと$x=$[ク]，$y=-$[ケ]である。

[5]　$x$についての2つの1次方程式 $2x-1=3(x-2)$，$\dfrac{x+a}{2}=\dfrac{2x-a}{3}$の解が等しいとき，$a$の値は[コ]である。

[6]　1つの正方形がある。1辺の長さを2 cm短くし，もう1辺の長さを3 cm長くした長方形を作ると，もとの正方形と面積が等しくなった。正方形の1辺の長さは[サ] cmである。

[7]　現在11時42分である。試験が終わる12時20分までに時計の長針は[シスセ]°回転する。

[8]　∠C＝90°の直角三角形ABCに半径2の円が内接している。AB＝10のとき，AC＋BC＝[ソタ]である。

[9]　右図のように，半直線AB，ACは，半径2の円Oにそれぞれ点B，Cで接しており，∠BAC＝60°である。円周上の点をPとし，APが最大になるとき，APの長さは[チ]である。

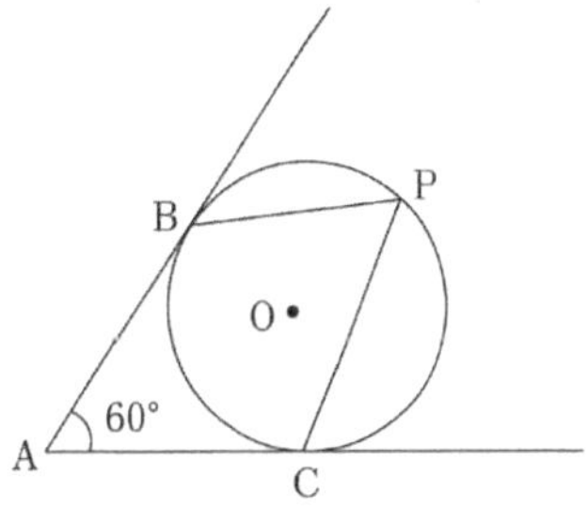


## 2　次の問いの答えとして［　　］内の記号に入る適当な数を選びマークせよ。

[10]　次の4つの文章，式の中で正しいものは，[ア]と[イ]である。ただし，[ア]，[イ]は順不同とする。

⓪　$1+2+3+4+5+4+3+2+1=5^2$

①　2を10回かけると4けたの数になる。

②　1辺が2の正方形の対角線の長さは$\sqrt{7}$より小さい。

③　周囲2 kmの池の周りを，分速60 mで歩くと35分以上かかる。

## 3　次の問いの答えとして［　　］内の記号に入る適当な数を選びマークせよ。

6枚のカード[0]，[1]，[2]，[3]，[4]，[5]の中から続けて2枚のカードを引く。最初に引いたカードをA，次に引いたカードをBとする。このとき，次の問いに答えよ。

[11]　A＋B＝8となるのは[ア]通りある。

[12]　A×B＝0となるのは[イウ]通りある。

[13]　A＞Bとなるのは[エオ]通りある。

**4** **次の問いの答えとして［　　］内の記号に入る適当な数を選びマークせよ。**

右図のように，放物線$y=2x^2$上に$y$座標が2である2点A，Bがある。△ABCが正三角形となるように点Cをとる。ただし，Cの$y$座標は2より大きいとする。このとき，次の問いに答えよ。

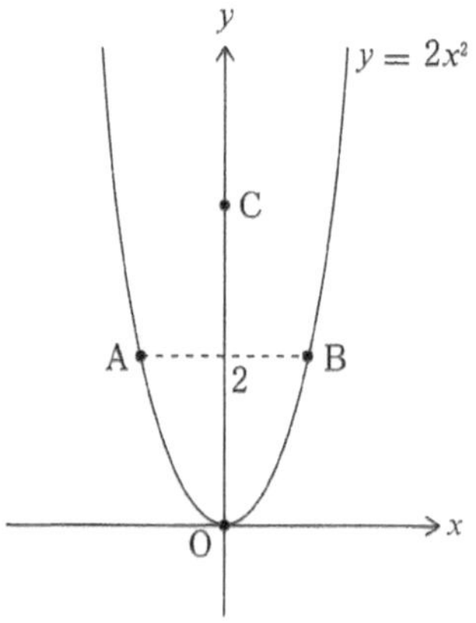


［14］　点Bの$x$座標は$\boxed{\text{ア}}$である。

［15］　点Cの$y$座標は$\boxed{\text{イ}}+\sqrt{\boxed{\text{ウ}}}$である。

［16］　点Aを通り，△ABCの面積を二等分する直線の方程式は$y=\dfrac{\sqrt{\boxed{\text{エ}}}}{\boxed{\text{オ}}}x+\dfrac{\sqrt{\boxed{\text{カ}}}}{\boxed{\text{キ}}}+\boxed{\text{ク}}$である。

**5** **次の問いの答えとして［　　］内の記号に入る適当な数を選びマークせよ。**

右図のように，底面の半径が4 cmで高さが6 cmの円柱と，半径が3 cmの半球がある。このとき，次の問いに答えよ。ただし，円周率を$\pi$とする。

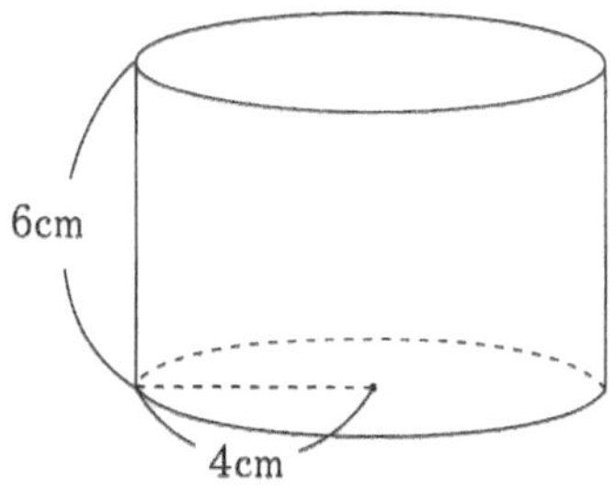


［17］　円柱の表面積は$\boxed{\text{アイ}}\pi$ cm$^2$である。

［18］　半球の体積は$\boxed{\text{ウエ}}\pi$ cm$^3$である。

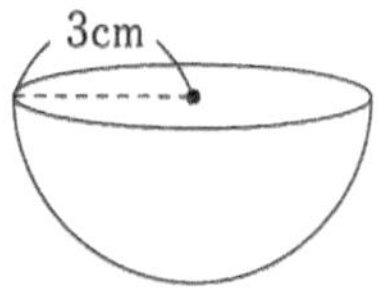


［19］　半球に水をいっぱいまで入れ，その水を円柱の中に入れていく。この作業を2回繰り返したとき，円柱の中の水の高さは$\dfrac{\boxed{\text{オ}}}{\boxed{\text{カ}}}$ cmである。

**【英　語】**（45分）〈満点：100点〉

**1** 次の各見出し語について，下線部の発音が同じものを一つ選び，その記号をマークしなさい。

1．son　ア box　イ dog　ウ about　エ much
2．dark　ア girl　イ turn　ウ heart　エ work
3．fish　ア vacation　イ enough　ウ knife　エ family
4．worked　ア enjoyed　イ hoped　ウ stayed　エ wanted
5．animals　ア parks　イ hands　ウ desks　エ clocks

**2** 次の各組の語について，最も強く発音する部分が他と異なるものを一つ選び，その記号をマークしなさい。

1．ア po-lice　イ some-thing　ウ break-fast　エ sec-ond
2．ア news-pa-per　イ dif-fi-cult　ウ vi-o-lin　エ Sat-ur-day
3．ア veg-e-ta-ble　イ A-mer-i-can　ウ Jan-u-a-ry　エ dic-tion-a-ry
4．ア a-gain　イ ar-rive　ウ ho-tel　エ or-ange
5．ア in-tro-duce　イ to-geth-er　ウ ex-pen-sive　エ an-oth-er

**3** 次の各日本文を英語にしたとき，誤りのある部分を一つ選び，その記号をマークしなさい。

1．その村には正直な男が住んでおり，彼はもう少しで80歳でした。
There lived a honest man in the village and he was almost eighty years old.
ア　イ　ウ　エ

2．あなたのお兄さんとお姉さんは本当にテニスが上手ですね。
Your brother and sister can play tennis very well, can they?
ア　イ　ウ　エ

3．彼はクラスの他のどの生徒よりも上手にピアノを弾くことができます。
He can play the piano better than any other students in his class.
ア　イ　ウ　エ

4．そのお祭りは何百人もの若い人で混雑していました。
The festival was crowded by hundreds of young people.
ア　イ　ウ　エ

5．あのとき私はどこに行ったらよいかわかりませんでした。
I didn't know when to go at that time.
ア　イ　ウ　エ

**4** 次の各文が正しい文になるように，（　　）内に入るものを一つ選び，その記号をマークしなさい。

1．The bag on the table is (　　　).
ア you　イ his　ウ my　エ her

2．There (　　　) many flowers in my classroom every day.
ア are　イ is　ウ was　エ were

3．A：(　　　) did you miss the usual train?
B：Because I got up too late.
ア When　イ Where　ウ Why　エ How

4．Let's go to the movies, (　　　) we?

ア　will　　イ　shall　　ウ　don't　　エ　can't

5．Every (　　　) a new bag.

ア　student has　　イ　student have

ウ　students have　　エ　students had

6．Mr. and Mrs. Brown have visited Nara (　　　).

ア　ever　　イ　often　　ウ　ago　　エ　before

7．He is proud of (　　　) American.

ア　to be　　イ　be　　ウ　being　　エ　is

8．I (　　　) to his birthday party.

ア　was invited　　イ　invite　　ウ　am inviting　　エ　have invited

9．The man (　　　) you saw yesterday is my father.

ア　whose　　イ　that　　ウ　which　　エ　what

10. Please call me when she (　　　) tomorrow.

ア　will come　　イ　came　　ウ　comes　　エ　coming

**5**　次の各組の英文がほぼ同じ意味になるように，(　　)内に入るものを一つ選び，その記号をマークしなさい。

1．{ This bag is not as heavy as that one.
That bag is (　　　) than this one.

ア　heavier　　イ　more heavy　　ウ　heaviest　　エ　most heavy

2．{ Jim didn't brush his teeth and went to bed.
Jim went to bed (　　　) his teeth.

ア　at brushing　　イ　from brushing

ウ　without brushing　　エ　for brushing

3．{ Linda went to Tokyo this afternoon and she is not here right now.
Linda (　　　) to Tokyo.

ア　has been　　イ　has gone　　ウ　has come　　エ　has arrived

4．{ This book was too difficult for me.
I (　　　) this book too difficult.

ア　kept　　イ　made　　ウ　told　　エ　found

5．{ There was a girl whose name was Kate.
There was a girl (　　　) Kate.

ア　name　　イ　naming　　ウ　named　　エ　names

**6** 次の各日本文に合うように語(句)を並べかえたとき，(　　)内で2番目と4番目にくる正しい組み合わせを一つ選び，その記号をマークしなさい。

1．ジャックは宿題が終わってとても嬉しかった。
Jack ( ① to　② very happy　③ finish　④ his homework　⑤ was ).
ア ①－④　イ ④－②　ウ ②－③　エ ③－①

2．私は，私の母と話している女の子を知りません。
I ( ① talking　② that girl　③ with　④ don't know　⑤ my mother ).
ア ②－③　イ ⑤－③　ウ ①－②　エ ⑤－①

3．明日は晴れると思いますか。
Do you think ( ① fine　② it　③ tomorrow　④ that　⑤ will be )?
ア ②－①　イ ⑤－②　ウ ④－①　エ ①－②

4．メアリーはすでに友達に誕生日カードを送ってしまいました。
Mary ( ① a birthday card　② has　③ her friend　④ already　⑤ sent ).
ア ⑤－①　イ ⑤－③　ウ ④－①　エ ④－③

5．あなたは彼にお金を貸さないほうがよい。
You ( ① better　② money　③ not　④ to him　⑤ had　⑥ lend ).
ア ③－⑥　イ ⑤－③　ウ ①－⑥　エ ⑥－⑤

**7** 次の会話文を読み，(　　)内に入るものを一つ選び，その記号をマークしなさい。

1．A：I'll go out tomorrow. Will it be sunny?
B：(　　　) I hear it will be rainy tomorrow.
ア Yes, it is.　イ Yes, it will.
ウ No, it isn't.　エ No, it won't.

2．A：Excuse me, could you tell me how to get to the station?
B：I'm sorry (　　　)
ア I came here.　イ you are right.
ウ it's over there.　エ I'm a stranger here.

3．A：Hello. This is Takuya. May I speak to Emi please?
B：Hi, Takuya. (　　　) Can I take a message?
A：No, thank you. I'll call her again.
B：OK. Bye.
ア Hold on please.　イ I'm sorry she is out now.
ウ You have the wrong number.　エ I'm speaking.

4．A：I'm going to go to Okinawa this weekend.
B：Good. Who are you going with?
A：With my brother.
B：Well, (　　　)
ア have fun.　イ he is.
ウ it's his.　エ let's go.

5．A：Would you like to go to a dinner with me?
B：Great. (　　　)
A：How about going next Sunday?
B：OK.

ア　Where shall we go?　　イ　When shall we go?
ウ　Who will go with us?　　エ　Where are you going?

**8**　次の英文を読み，各問いに答えなさい。

Do you know ①(　　　) people speak English? About 350 million people speak English all around the world. English is an official language in many countries. In countries such as Japan and Korea, English is not an official language, but everybody learns ②it in school ③(　　　) a second language. *Therefore, English is often called "the international language."

English is very useful when you travel to other countries. For example, if you visit Germany, most people there won't understand Japanese, but almost everybody will understand simple English phrases like "I want this." or "Do you have eggs?" because they study English at school.

English is also very useful on the Internet, because English is the most used language there. If you understand English, you can get ④(　　　) from all over the world. You can *import the things which you want from other countries. You can make friends ⑤(　　　) people all over the world through e-mails.

Many athletes and musicians study English. If athletes can speak English, ⑥they may be able to play in very strong teams in other countries. If musicians can sing in English, they can sell their CDs overseas. Many businesspeople study English ⑦in order to do business with people from other countries.

⑧It is sometimes hard to study English, because you have to learn a lot of words and rules, and a lot of students say they don't like studying English, but if you think of all the wonderful things you can do with English, ⑨I'm sure ( 1．more / 2．be / 3．everyday work / 4．enjoyable / 5．your / 6．will ). English is your future door to the world.

*Therefore　それゆえに　　*import　輸入する

問1．下線部①に入るものを一つ選び，その記号をマークしなさい。

ア　how many　　イ　how tall　　ウ　how much　　エ　how

問2．下線部②が指しているものを一つ選び，その記号をマークしなさい。

ア　the international language　　イ　Germany
ウ　English　　エ　a second language

問3．下線部③に入るものを一つ選び，その記号をマークしなさい。

ア　since　　イ　as　　ウ　because　　エ　if

問4．下線部④に入るものを一つ選び，その記号をマークしなさい。

ア　informations　　イ　a lot of informations
ウ　many information　　エ　a lot of information

問５．下線部⑤に入るものを一つ選び，その記号をマークしなさい。

ア　with　　イ　so　　ウ　and　　エ　in

問６．下線部⑥が指しているものを一つ選び，その記号をマークしなさい。

ア　運動選手と音楽家

イ　実業家

ウ　音楽家

エ　運動選手

問７．下線部⑦と同じ不定詞の用法が使われている文を一つ選び，その記号をマークしなさい。

ア　My dream is to become a teacher.

イ　To study math is easy for me.

ウ　He went to Paris to study music.

エ　I had a chance to talk about fashion.

問８．下線部⑧が指しているものを一つ選び，その記号をマークしなさい。

ア　English　　イ　business

ウ　to study English　　エ　other countries

問９．下線部⑨が「私はあなたの日々の仕事がより楽しめるものになると確信しています。」となるように並べかえたとき，(　)の中で2番目と4番目にくる語の組み合わせとして正しいものを一つ選び，その記号をマークしなさい。

ア　4－6　　イ　5－1　　ウ　1－4　　エ　3－2

問10．本文の内容と一致するものを一つ選び，その記号をマークしなさい。

ア　About 35,000,000 people speak English.

イ　Many countries don't use English as an official language.

ウ　Many people who want to work abroad study English.

エ　You need not to learn a lot of words.

## 五　次の問いに答えよ。

**問一**　次の漢字の中で部首が違うものはどれか。次の中からそれぞれ選び、マークせよ。

1　ア　舌　　イ　喪　　ウ　唇　　エ　問

2　ア　床　　イ　座　　ウ　慶　　エ　庁

**問二**　次の熟語の対義語はどれか。次の中からそれぞれ選び、マークせよ。

1　廃棄

ア　存在　　イ　保存　　ウ　依存　　エ　実存

2　豪華

ア　貧相　　イ　盛大　　ウ　質素　　エ　華美

**問三**　次の四字熟語の空欄に当てはまる語はどれか。次の中から選び、マークせよ。

| 前代未□ |
| --- |

ア　門　　イ　関　　ウ　間　　エ　聞

ら選び、マークせよ。

ア　もう少しで、化かされるところだった。

イ　夢の中でも化かされていたようだった。

ウ　口を挟むことではないが、化かされていましたよ。

エ　残念にも化かされてしまったことだなあ。

問九　本文の内容に合致するものはどれか。最も適当なものはどれか。次の中から選び、マークせよ。

ア　昔、篠田村の杜には不思議な名誉の狐がいて、人を化かした。

イ　篠田村のなにがしという男は、同じ村の美女と結婚した。

ウ　別れをしのんだ夫婦は互いに和歌を詠み、その和歌が高く評価され大金持ちになった。

エ　浮世房は、狐によって家が大いに栄えた話を聞き、自分にも幸福が起きないか、胸をおどらせながら夜道を歩いていた。

問十　この作品は江戸時代に成立した『仮名草子』という作品に収められている。この作品と同じ時代に成立した作品として最も適当なものはどれか。次の中から選び、マークせよ。

ア　枕草子　　イ　源氏物語

ウ　竹取物語　　エ　奥の細道

## 四　次の問いに答えよ。

問一　呼応の副詞の使い方として間違っている文はどれか。次の中から選び、マークせよ。

ア　決して勝負をあきらめてはいけない。

イ　もし実施するなら盛大に行う予定だ。

ウ　たぶんこの問題は正解だ。

エ　なぜ人間は寝るのだろうか。

問二　次の文の文節はいくつか。次の中から選び、マークせよ。

| |
|---|
| 今年の夏休みは宿題が非常に多い。 |

ア　3つ　　イ　4つ　　ウ　5つ　　エ　6つ

問三　次の傍線部の動詞の活用形は何か。次の中からそれぞれ選び、マークせよ。（同じものを何度選んでもよい）

1　友達と遊ぶ時の服装を考える。

2　授業中に質問があったので、手を挙げて発言した。

ア　未然形　　イ　連用形　　ウ　終止形

エ　連体形　　オ　仮定形　　カ　命令形

問四　敬語の使い方で間違っている文はどれか。次の中から選び、マークせよ。

ア　どうぞ、こちらで召し上がってください。

イ　先生がおっしゃっていたとおりです。

ウ　母は不在でございます。

エ　先生がお帰りになられた。

**問一**　二重傍線部a～cの読み方（現代仮名遣い）として最も適当なものはどれか。次の中からそれぞれ選び、マークせよ。

a　ア　けい　イ　へ　ウ　きょう　エ　たて

b　ア　しょう　イ　まじわ　ウ　ちぎ　エ　けい

c　ア　ふところ　イ　かい　ウ　こころ　エ　おもむろ

**問二**　傍線部①・③・⑨の語句の本文中の意味として最も適当なものはどれか。次の中からそれぞれ選び、マークせよ。

①　ア　お参りし　イ　立ち寄って　ウ　用事を済まし　エ　買い物をし

③　ア　なれ親しみ合っ　イ　愛しく　ウ　油断し　エ　決別し

⑨　ア　様子　イ　姿　ウ　時　エ　気持ち

**問三**　傍線部②・⑦は誰の動作か。最も適当なものを次の中からそれぞれ選び、マークせよ。（同じものを何度選んでもよい）

ア　浮世房　イ　篠田村のなにがし　ウ　母　エ　子

**問四**　傍線部④とあるが、夫は何を知っていたのか。最も適当なものを次の中から選び、マークせよ。

ア　子が逃げ回っていること。

イ　子が泣いていること。

ウ　妻が他の男のもとへいったこと。

エ　妻が狐だったこと。

**問五**　傍線部⑤は係助詞「ぞ」の結びになっている。この活用形として正しいものはどれか。最も適当なものを次の中から選び、マークせよ。

ア　未然形　イ　連用形　ウ　終止形　エ　連体形　オ　已然形　カ　命令形

**問六**　傍線部⑥とあるが、なぜ大いに栄えたのか。最も適当なものを次の中から選び、マークせよ。

ア　狐が夫の田んぼの世話を行うことで毎年のように豊作になったから。

イ　狐がいなくなった後、夫一人で一生懸命田んぼの世話をすることで毎年豊作になったから。

ウ　夫が田んぼを耕していると、狐とその子どもがやって来て一緒に田んぼの世話をすることで、毎年豊作になったから。

エ　夫がいない間にやって来た狐が、小判を田んぼに埋めていったから。

**問七**　傍線部⑧とあるが、浮世房はどんな「心づき」があったのか。最も適当なものを次の中から選び、マークせよ。

ア　狐が化かして、自分を黄泉の世界に連れて行こうとしていること。

イ　狐が化かして、自分を連れ歩いているのではないかということ。

ウ　狐が化かして、付き人に嘘の道を教え、間違った道を歩かされていること。

エ　夢の中で、狐が自分に言ったことを現実世界で実践していないこと。

**問八**　傍線部⑩の現代語訳として最も適当なものはどれか。次の中か

「ラー」に労働者を区別していたが、現在この区別はあまり意味がない可能性がある。

3　株式を持っている資本家や石油王は「知的な独占的リソース」を得たことになる。

4　これからは「クリエイティブ・クラス」だけが資本主義社会で生き残ることができる。

5　「暗黙知」と「ホワイトカラー」を合わせると「クリエイティブ・クラス」という新しい階層が生まれる。

**三　次の文章を読んで、後の問いに答えよ。**

今はむかし、浮世房、※1篠田の方へ行きたり。いにしへ篠田の杜《もり》には※2名誉《めいよ》の狐ありて、①往来の人を化かすといへり。篠田村のなにがしとかやいふ者、住吉に詣で帰るとて、道のほとりにて美しき女に行き合ひたり。とかくかたらひて夫婦となり、家に帰りて年をa経たるに、一人の子を生みけり。その子五歳の時、母にいだかれてありしに、尾の見えければ、これを②恥《はづか》しがりて、かの母もとの狐の姿になりつつ、篠田の杜に立ちかくれたり。夫《をつと》はこの※3年頃③あひ馴れて、それとは④知りながらさすがに名残の惜しく思はれつつ、かくぞ⑤詠みける。

子を思ふ※4闇の夜ごとにとへかしな昼は篠田の杜に住むとも

と詠じてうち泣きけるを、妻の狐は立ち聞きて、かぎりなく悲し、と思ひつつ、窓をへだててかくぞいひける。

b契りせし情《なさけ》の色のわすられで我はしのだの杜に啼《な》くなり

と詠じけり。かくて、夫田《をとこ》をつくれば、かの狐来たりて夜の間に早苗《さなえ》を植ゑ、水を※5せき入れ、草をとりけるほどに、年ごとに※6満作なりしかば、⑥家大いに富みさかえけるとなり。浮世房この事を思ひ出だし、あはれをもよほしけるが、篠田の村の方へ行くと思へども、※7在所《ざいしょ》は※8手にとるやうに見えながら行き着かず。※9夜ひと夜歩きて、⑦やう〳〵明方《あけがた》になり、それよりすこし⑧心づきて、「これは※10いかさま狐の化かして、かように連れ歩《あり》くか」と思ひ、「日ごろ聞きたることあり」と、※11顔をc懐にさし入れて袖口よりのぞきて見れば、※12背中のはげたる古狐《ふるぎつね》、うしろ足にて立ちて先に行く。「さればこそ」と思ひ、声をあげて、※13「生首切《いきくび》られの古狐め」とて追ひかけたれば、※14田畦《たあぜ》ともいはず、狐は逃げてうせぬ。浮世房は、夢のさめたる⑨心地して、「ここはいづくぞ」と人に問へば、「天王寺の前なり」といふ。⑩「口惜しくも化かされけるかな」と思へども甲斐《かひ》なし。

『仮名草子』

※1　篠田　　大阪府和泉市信太の篠田の森。
※2　名誉　　怪しく不思議な。
※3　年頃　　数年来。
※4　闇の夜　　子を思って夢中になる、の意に、闇の夜をかける。
※5　せき入れ　　水をせき止めて導き入れる。
※6　満作　　十分に穀物が実ること。豊作。
※7　在所　　田舎の意だが、ここでは目的地の篠田村をさす。
※8　手にとるやう　　すぐ近くに見えることをたとえていう。
※9　ひと夜　　一晩じゅう。
※10　いかさま　　どう見ても。きっと。
※11　顔を懐にさし入れ　　化けた狐の正体を見破る方法とされるものの一つか。
※12　背中のはげたる古狐　　狐・狸その他、長い年月を経たものをいう慣用句。
※13　生首切られの古狐め　　生きたまま首を切られてしまう、の意。相手を罵倒する語。
※14　田畦ともいはず　　田も畦も区別せずいちもくさんに。

## 二 次の文章を読んで、後の問いに答えよ。

IT化で資本主義のあり方は激変しましたが、そのいちばん根底にある原理は変わっていません。

それは、「誰も持っていないリソース[※1]を独占できる者が勝つ」という原理です。

だから株式を握っている資本家は大金持ちになれるし、アラブの石油王も大金持ちになれる。スポーツや芸能の才能も、そういうリソースのひとつでしょう。誰にも真似のできない技術や表現力を持っている人は、それぞれの分野で大成功します。

しかし、コンピューターが発達したいま、ホワイトカラー[※2]的なショ理能力は「誰も持っていないリソース」にはなり得ません。

もちろんショ理能力が高いほど成功の度合いも高まるでしょうが、その差は全体から見れば誤差に過ぎないでしょう。誰も持っていないリソースを独占している上のクラスとホワイトカラークラスのあいだには、とても大きな差があるのです。

これまでの労働者は、「ホワイトカラー」と「ブルーカラー[※3]」の2つのクラスに大別されていました。どちらかというとホワイトカラーのほうが上位に置かれていたわけですが、この区別にはもうあまり意味がないかもしれません。

たとえば米国の社会学者リチャード・フロリダは、それとは別に「クリエイティブ・クラス」という新しい階層[※4]が存在すると考えました。

簡単に言えば、これは「創造的専門性を持った知的労働者」のことです。現在の資本主義社会では、このクリエイティブ・クラスがホワイトカラーの上位に位置している。彼らには「知的な独占的リソース」があるので、株式や石油などの物理的な資本を持っていなくても、資本主義社会で大きな成功を収めることができるのです。

また、同じく米国の経済学者であるレスター・C・サローは『知識資本主義』という著書の中で、これからの資本主義は「暗黙知」が重視される世界になると訴えています。「知識資本主義」の社会では知識が資本になるわけですが、それはどんな知識でもいいというわけではありません。誰もが共有できるマニュアルのような「形式知」は、勝つためのリソースにはならない。誰も盗むことのできない知識、すなわち「暗黙知」を持つ者が、それを自らの資本として戦うことができるのです。

フロリダとサローの考えを合わせると、これからは「専門的な暗黙知を持つクリエイティブ・クラスを目指すべきだ」ということになるでしょう。

落合陽一『働き方5・0 これからの世界をつくる仲間たちへ』

※1 リソース 資源。
※2 ホワイトカラー 頭脳労働者。
※3 ブルーカラー 肉体労働者。
※4 階層 社会を構成するものの層。

**問** 次の記述は、この文章の内容に合致しているか。合致しているものには「ア」を、合致していないものには「イ」をそれぞれマークせよ。

1 「誰も持っていないリソースを独占できる者が勝つ」という資本主義の原理はコンピューターの発達によって大きく変わった。

2 今までは大きく分けると「ホワイトカラー」と「ブルーカ

エ　同じ気質を持った気の合う仲間

⑥　ア　露骨すぎて風情がない
イ　呆れてものも言えない
ウ　気心が合わず協調できない
エ　すっかり失って何もない

**問六**　傍線部③の具体例として最も適当なものはどれか。次の中から選び、マークせよ。

ア　自分が幼い時から熱心に応援しているサッカーチームが、激闘の末に敗れてしまった時に味わう虚無感
イ　自分が得意で一生懸命取り組んでいるスケートだが、つい最近始めた親友に追い付かれ始めた時に感じる危機感
ウ　自分がこれから意欲をもって始めようと楽しみにしていた将棋を、弟と妹が真似しようとした時の不快感
エ　定期テストでは自分が常にクラス一位だったが、たまたまテストの日に遅刻してしまい一位を逃した絶望感

**問七**　傍線部④の理由として最も適当なものはどれか。次の中から選び、マークせよ。

ア　組織やグループで協力し、目標を達成するため。
イ　自分の遂行する内容に集中し、より一層励むため。
ウ　今とは違う新しい分野にも進みやすくするため。
エ　自分が受ける衝撃や自分にかかる不安を解消するため。

**問八**　傍線部⑤の類義語はどれか。次の中から選び、マークせよ。

ア　かいつまむ　　イ　一部　　ウ　大体　　エ　全体

**問九**　傍線部⑦の説明として最も適当なものはどれか。次の中から選び、マークせよ。

ア　自分より優秀な人物に意地悪したり、組織が取り入れた新しい考えに反発したりすること。
イ　現在の日本企業は男女の比率に差があり、今後もこの流れを変えることはできないだろうということ。
ウ　少しずつ優秀な女性社員が増え、各日本企業間で業績を争うような体制ができつつあるということ。
エ　多数派は段々と主張の強い人に押され、自分ではわかっているもののつい嫌みを言ってしまうということ。

**問十**　本文の内容に合致しているものはどれか。次の中から選び、マークせよ。

ア　自分のレギュラーポジションが奪われそうになったら、心配した上で仲間と協力した方がよい。
イ　テッサーの「自己評価維持モデル」では、「遂行」と「心理的近さ」と「場」が重要な要素として挙げられている。
ウ　組織や集団では協力の形を作ることが重要で、人を性別や能力で判断したり妬んだりせず、自分に自信をもって堂々とすべきだ。
エ　人間は自分を犠牲にして他人を優先することが得意で、もともと自己肯定感が備わっている。

**問十一**　次の一文が入る最も適当な箇所はどこか。本文中の〈ア〉～〈エ〉から選び、マークせよ。

| |
|---|
| 実際は、この区別はあまり意味がないかもしれません。 |

※1 自尊心　自分の人格を大切にする気持ち。
※2 秀でる　他より特に優れている。
※3 目のあたり　自分の目でしっかりとらえる。
※4 雲の上　手の届かないところ。
※5 いびり　いじめ苦しめること。
※6 因の種　物事の大きくなる始めのもの。

**問一** 二重傍線部a～eの漢字と同じ漢字を使うものはどれか。次の中からそれぞれ選び、マークせよ。

a
ア 山頂の清リョウな空気。
イ 長方体には十二本のリョウがある。
ウ 要リョウを得ない話。
エ 船の燃リョウを補給する。

b
ア 虎のイを借る狐。
イ 容イに変更できる。
ウ イ人の伝記を読む。
エ 情報を作イ的に操る。

c
ア 記録的な猛ショだ。
イ ショ般の準備を整える。
ウ 古い雑誌をショ分する。
エ ショ歩からやり直す。

d
ア 眠ケがさす。
イ ケ病を使って休む。
ウ コップが割れてケ我をした。
エ 大地をケって進む。

e
ア 総務と会計をケン務する。
イ ケン身的な努力。
ウ 食費をケン約する。
エ 政治のケン力を握る。

**問二** 空欄A～Dに入る語句として最も適当なものはどれか。次の中からそれぞれ選び、マークせよ。

ア もし　イ なぜなら
ウ しかし　エ そのため

**問三** 空欄Ⅰ・Ⅱに入る語句として最も適当なものはどれか。次の中からそれぞれ選び、マークせよ。

Ⅰ
ア おざなりな　イ 狭量な
ウ 惨めな　エ 寛大な

Ⅱ
ア 縮小　イ 最大
ウ 変化　エ 不動

**問四** 傍線部①に含まれるものとして最も適当なものはどれか。次の中から選び、マークせよ。

ア 自己犠牲　イ 利他主義
ウ 利己主義　エ 自己嫌悪

**問五** 傍線部②・⑥の本文中の意味として最も適当なものはどれか。次の中からそれぞれ選び、マークせよ。

②
ア 自分の状況を捉える心の働き
イ 行為や意志決定するきっかけ
ウ 組織の中で置かれている状態

いっても、相手が兄弟姉妹なら難しいかもしれませんが……。
　自分が年長であれば、先に道を歩いていますから、すでに経験を重ね、そのリョウ域あるいはその組織、活動グループ、職場のなかで、自分の位置を確保していることでしょう。
　それでも、あとから優秀な人物が入ってくれば、定位置である自分のポジションが奪われるのではないかと、脅かされる感じを抱くかもしれません。そういった脅イを感じる前に、先手必勝だと新人いびり※5をする人もいるかと思います。
　考えてみれば、すでに中学の部活においても、優秀な後輩がいれば、自分のレギュラーポジションが奪われるかもしれないという不安を覚えるものです。年齢にかかわらず、なかなか［Ⅰ］気持ちではいられないことでしょう。
　しかし、ちょっと⑤大局的に考えてみると、組織1人ひとりのメンバーがこういった恐れを抱いて、自分たちより優秀でない者だけを好意的に扱い、優秀な者をケ[d]落としたり、意地悪をしたり、足を引っ張ったりすると、組織全体のパフォーマンスは進歩することなく、それどころか年々下がっていくことでしょう。［Ⅱ］再生産ですね。
　組織全体が活性化し、利益が向上すれば、自分自身の給与も上がるかもしれませんし、優秀な者を排除すると倒産してしまうかもしれません。〈イ〉
　そうなれば、⑥元も子もありません。自分の狭い心での自尊心の維持、ポジションを死守するために、結局は自分自身が損をしてしまうのです。
　［D］、組織のなかでは、こうしたポジション争いをするようなことが日常的に生じます。そこに女性社員が参入しても、同じようなことが起こります。もし、企業がさかんに女性社員を採用するようになれば、その代わりとして男性社員の採用が減り、社内で男性の存在感が徐々に低下していくかもしれません。
　とはいえ、実際には、そんな簡単に長年の男性優位社会が崩れることはないでしょう。それは、今の日本企業を見ていれば明らかです。〈ウ〉
　それでもマジョリティ（多数派）側が不安を感じる場合があるのです。言ってみれば⑦「過剰防衛」かもしれません。
　そうすると、とくに目立つ、主張の強い女性に会ったときに、何か嫌みでも言ってやりたいと思う気持ちがおじさんたちに生じることは十分あり得るでしょう。このような場面が今、事件になるような失敗として報道されることの因《もと》※6の種であるわけです。
　知らず知らずに優秀な女性たちにいらついたり、不安を感じたりするのは、世の中を「男性」「女性」というカテゴリーで眺めすぎているということです。〈エ〉
　企業全体の業績や集団のパフォーマンスを考えれば、「いかに協力のかたちをつくるか」ということこそが重要な課題であり、その貢ケン[e]が女性によるものか、男性によるものかはどちらでもいいことに違いありません。
　自分のポジションについて、過剰に不安を感じすぎるのも問題です。かえって立場を失う失敗をしてしまう危うさがあります。
　自分にきちんと自信をもち、人を妬むことなく、足を引っ張ることなく、堂々としているほうが、結局は他人から評価される人になると考えられるでしょう。

北村英哉『あなたにもある無意識の偏見』

【国　語】〈四五分〉〈満点：一〇〇点〉

**一　次の文章を読んで、後の問いに答えよ。**

基本的に、人が生きるうえで一番大切なものとして、まず自分を優先することが多いのは事実です。とりあえず、これを①「エゴ」の要素としておきましょう。世の中には、自分を犠牲にしてでも他人の幸福を第一に考えるという愛他的な人もいますが、自分の命を投げ捨ててまで、赤の他人を救おうとする人はとても少ないのです。

人は、生物として生きるほうに②動機づけられている存在です。

A 自分が傷つかないように警戒するしくみが備わっています。本来は、ケガをしないようにと身体を守るシステムがありましたが、心をもつにしたがって、「心も傷つかない」ようにしたいという欲望も備えられてきました。

そのひとつが自己肯定感や自尊心[※1]（セルフ・エスティーム）と呼ばれるものです。これらがいわゆる「エゴ」の要素となります。

人との相互作用は楽しみを与えるものですが、傷を与えることもあります。自分が得意で秀[※2]でていると思っていた事柄を、自分よりもっとやすやすと上手に行う人を[※3]目《ま》のあたりにしたら、誰でも少なからずショックを受けるでしょう。

この③「自分の価値が脅かされる感じ」を、アメリカの社会心理学者エイブラハム・テッサーは、「自己評価維持モデル」として理論化しました。

テッサーが重要な要素として挙げたのは、その得意とすることなどの「遂行」、比較をする相手との近さである「心理的近さ」、そしてその事柄の自分にとっての「重要性」です。

みずからにとって重要ではないこと、たとえば、自分がプロのミュージシャンを目指していないなら、友人がプロミュージシャンになることを喜べますし、友人のCDが売れることも誇らしく感じ、自分自身はあまり傷つきません。

B 、自分がそこで勝負しているわけではないからです。

自分が勝負している重要性の高いところで、世界一のパフォーマンスをテレビかインターネットで見たとします。自分自身が今、世界一に近づけている感覚をもっている人でない場合は、そのパフォーマンスは雲[※4]の上のものであって、実際に自分と比較したりするレベルのものとは感じられない場合があるでしょう。

これが「心理的な近さ」の問題であり、心理的距離が遠い場合、雲の上の人のパフォーマンスがどんなにすごくても、自身が決定的に傷つくわけではありません。実力の近い知った人のほうがライバルだと感じられやすいのです。〈ア〉

つまり、こういうわけです。人は自分が「重要」と思っているリョウ[a]域で、「心理的に近い人」と比べて、「遂行」が劣ったり、負けたりしそうになるときにもっとも不安や脅イ[b]を感じるのです。これもエゴの問題です。

スポーツに限らず、優れた遂行を見ると自分の勝負の「場」を別のところに移そうと考える人も出てきます。④「重要度」を下げることで対ショ[c]するわけです。

C 、離れることができれば、見ないように、つき合わないようにするかもしれません。これが「心理的距離の調節」です。そうは

# 2022年度

# 解　答　と　解　説

《2022年度の配点は解答欄に掲載してあります。》

## ＜数学解答＞

**1**　[1]　ア　1　[2]　イ　4　ウ　3　エ　2　[3]　オ　4　カ　2　キ　6
[4]　ク　3　ケ　2　[5]　コ　1　[6]　サ　6　[7]　シ　2　ス　2　セ　8
[8]　ソ　1　タ　4　[9]　チ　6

**2**　[10]　ア　0　イ　1[ア　1　イ　0]

**3**　[11]　ア　2　[12]　イ　1　ウ　0　[13]　エ　1　オ　5

**4**　[14]　ア　1　[15]　イ　2　ウ　3　[16]　エ　3　オ　3　カ　3　キ　3　ク　2

**5**　[17]　ア　8　イ　0　[18]　ウ　1　エ　8　[19]　オ　9　カ　4

○配点○

1　各5点×9　　2　各5点×2　　3　各5点×3　　4　各5点×3　　5　各5点×3

計100点

## ＜数学解説＞

**1**　(数・式の計算，平方根の計算，連立方程式，1次方程式，方程式の応用問題，時計の問題，平面図形の計量問題)

基本　[1]　$5-(-2)^2=5-4=1$

基本　[2]　$6a^2b^3\div3a^3b^2\times2a^4b=6a^2b^3\times\frac{1}{3a^3b^2}\times2a^4b=4a^3b^2$

[3]　$(\sqrt{3}+\sqrt{2})^2-(\sqrt{5}+2)(\sqrt{5}-2)=(\sqrt{3})^2+2\times\sqrt{3}\times\sqrt{2}+(\sqrt{2})^2-\{(\sqrt{5})^2-2^2\}=3+2\sqrt{6}+2-(5-4)=5+2\sqrt{6}-1=4+2\sqrt{6}$

基本　[4]　$3x+y=7$…①　$x-2y=7$…②　①×2＋②から，$7x=21$　$x=3$　これを①に代入して，$3\times3+y=7$　$y=7-9=-2$

[5]　$2x-1=3(x-2)$　$2x-1=3x-6$　$x=5$　$\frac{x+a}{2}=\frac{2x-a}{3}$　両辺を6倍して，$3(x+a)=2(2x-a)$　$3x+3a=4x-2a$　$5a=x$　$5a=5$　$a=1$

[6]　正方形の1辺の長さを$x$cmとすると，$(x-2)(x+3)=x^2$　$x^2+x-6=x^2$　$x=6$

[7]　360°÷60＝6°から1分で6°長針は回転する。11時42分から12時20分までの時間は38分だから，6°×38＝228°

重要　[8]　円とAB，BC，CAの接点をP，Q，Rとすると，AC＋BC＝AR＋2＋BQ＋2＝AR＋BQ＋4＝AP＋BP＋4＝AB＋4＝10＋4＝14

重要　[9]　APが中心Oを通るとき，APは最大になる。△OABは∠OAB＝30°の直角三角形だから，AO＝2OB＝2×2＝4　よって，AP＝AO＋OP＝4＋2＝6

**2**　(正誤問題)

[10]　⓪　$1+2+3+4+5+4+3+2+1=25=5^2$

①　$2\times2\times2\times2\times2\times2\times2\times2\times2\times2=32^2=1024$となり4けたの数になる。

② 1辺が2の正方形の対角線の長さは$2\sqrt{2}$　$2\sqrt{2}=\sqrt{8}>\sqrt{7}$

③ 2km＝2000m　$2000\div60=33\frac{2}{6}$から，33分20秒

## [3] （場合の数）

基本 [11] A＋B＝8となるのは，(A，B)＝(3，5)，(5，3)の2通り

[12] A×B＝0となるのは，(A，B)＝(0，1)，(0，2)，(0，3)，(0，4)，(0，5)，(1，0)，(2，0)，(3，0)，(4，0)，(5，0)の10通り

[13] A＞Bとなるのは，(A，B)＝(1，0)，(2，0)，(2，1)，(3，0)，(3，1)，(3，2)，(4，0)，(4，1)，(4，2)，(4，3)，(5，0)，(5，1)，(5，2)，(5，3)，(5，4)の15通り

## [4] （図形と関数・グラフの融合問題）

基本 [14] $y=2x^2$…①　①に$y=2$を代入して，$2=2x^2$　$x^2=1$　$x=\pm1$　点Bの$x$座標は正だから1

[15] AB＝1－(－1)＝2　△ABCは正三角形だから，高さは$2\times\frac{\sqrt{3}}{2}=\sqrt{3}$　よって，点Cの$y$座標は，$2+\sqrt{3}$

重要 [16] B(1，2)，C(0，$2+\sqrt{3}$)　辺BCの中点をDとすると，$\frac{1+0}{2}=\frac{1}{2}$，$\frac{2+2+\sqrt{3}}{2}=\frac{4+\sqrt{3}}{2}=2+\frac{\sqrt{3}}{2}$から，D$\left(\frac{1}{2},\ 2+\frac{\sqrt{3}}{2}\right)$　直線ADは△ABCの面積を2等分する。A(－1，2)　直線ADの式を$y=ax+b$として，点A，Dの座標を代入すると，$2=-a+b$　$b=a+2$…①　$2+\frac{\sqrt{3}}{2}=\frac{a}{2}+b$…②　②に①を代入すると，$2+\frac{\sqrt{3}}{2}=\frac{a}{2}+a+2$　$\frac{3}{2}a=\frac{\sqrt{3}}{2}$　$a=\frac{\sqrt{3}}{2}\times\frac{2}{3}=\frac{\sqrt{3}}{3}$　$b=\frac{\sqrt{3}}{3}+2$　よって，求める直線の式は，$y=\frac{\sqrt{3}}{3}x+\frac{\sqrt{3}}{3}+2$

## [5] （空間図形の計量問題ー表面積，体積）

基本 [17] $6\times2\pi\times4+\pi\times4^2\times2=48\pi+32\pi=80\pi$ ($cm^2$)

[18] $\frac{4}{3}\pi\times3^3\times\frac{1}{2}=18\pi$ ($cm^3$)

重要 [19] 半球2杯分の水の量は，$18\pi\times2=36\pi$　求める水の高さを$h$cmとすると，$16\pi\times h=36\pi$　$h=36\pi\times\frac{1}{16\pi}=\frac{9}{4}$

★ワンポイントアドバイス★

[1] [8]は，円外の点から円に引いた2本の接線の長さは等しくなることを利用する。作図して，等しい部分に印をつけて考えよう。

## ＜英語解答＞

1　1 エ　2 ウ　3 ア　4 イ　5 イ

2　1 ア　2 ウ　3 イ　4 エ　5 ア

3　1 ア　2 ウ　3 ウ　4 ウ　5 イ

4　1 イ　2 ア　3 ウ　4 イ　5 ア　6 エ　7 ウ　8 ア　9 イ　10 ウ

5　1 ア　2 ウ　3 イ　4 エ　5 ウ

6　1 ウ　2 ア　3 ア　4 エ　5 ウ

7　1 エ　2 エ　3 イ　4 ア　5 イ

8　問1 ア　問2 ウ　問3 イ　問4 エ　問5 ア　問6 エ　問7 ウ　問8 ウ　問9 エ　問10 ウ

○配点○

各2点×50　　計100点

## ＜英語解説＞

### 1　(発音問題)

1 [sʌn]　ア [bɑks]　イ [dɔg]　ウ [əbáut]　エ [mʌ́tʃ]

2 [dɑ́rk]　ア [gə́:rl]　イ [tə́:rn]　ウ [hɑrt]　エ [wərk]

3 [fiʃ]　ア [veikéiʃən]　イ [inʌ́f]　ウ [naif]　エ [fǽməli]

4 [wərkt]　ア [endʒɔ́id]　イ [hóupt]　ウ [stéid]　エ [wɑntid]

5 [ǽnəməlz]　ア [pɑ́rks]　イ [hǽnz]　ウ [désks]　エ [klɑks]

### 2　(アクセント問題)

1 ア [pəlí:s]　イ [sʌ́mθìŋ]　ウ [brékfəst]　エ [sékənd]

2 ア [nú:zpèipər]　イ [dífikʌ̀lt]　ウ [vàiəlín]　エ [sǽtərdèi]

3 ア [védʒətəbl]　イ [əmérɪk(ə)n]　ウ [dʒǽnjuèri]　エ [díkʃənèri]

4 ア [əgén]　イ [əráiv]　ウ [houtél]　エ [ɔ́rindʒ]

5 ア [intrədú:s]　イ [təgéðər]　ウ [ikspénsiv]　エ [ənʌ́ðər]

### 3　(語句選択問題：冠詞，付加疑問文，比較，受動態，不定詞)

基本　1 honest はスペルは h から始まるが，a か an であるかを決めるのは単語の先頭にくる音声なので，honest には an をつける。

2 付加疑問の部分に用いる助動詞は，主文が肯定であれば否定に，主文が否定であれば肯定にして用いる。

3 比較の文で用いる than any other の後に置く名詞は単数形にする。

4 〈be crowded with ～〉で「…で混雑する」という意味を表す。

5 「どこ」とあるので，where を使う。

### 4　(語句補充問題：代名詞，there，疑問詞，付加疑問文，形容詞，現在完了，動名詞，受動態，関係代名詞，動詞)

1 「テーブルの上のバッグは彼のものだ。」「～のもの」は所有代名詞で表す。

2 「私の教室には毎日たくさんの花がある。」 主語は flowers で複数である。また，「毎日」とあるので現在形だとわかる。

3 A「なぜいつもの電車に遅れたのですか。」 B「遅く起きすぎたからです。」 理由をたずねるときは why を使う。

4 「映画を見に行きましょう。」 Let's から始まる命令文の付加疑問は，〈shall we?〉文末につけて作る。

5 「それぞれの生徒は新しいバッグを持っている。」 every の後には単数形の名詞がくるので，アかイになる。また，単数の主語なので三単現の文になるので，アが答え。

6 「ブラウン夫妻は以前奈良を訪れたことがある。」 before は「以前」という意味を表す。エ以外は意味が合わない。

7 「彼はアメリカ人であることに誇りをもっている。」 前置詞の後に動詞を置く場合は動名詞にする。

8 「私は彼の誕生日パーティーに招待された。」 受動態の文なので〈be動詞＋過去分詞〉という形を選ぶ。

9 「あなたが昨日会った人は私の父です。」 you saw yesterday が man を修飾するので，目的格の関係代名詞を選ぶ。先行詞が人なので，ウは使えない。

10 「明日彼女が来たら私に電話してください。」 主節が未来を表す文の場合，when などで導かれる従属節は現在時制で表す。

**5** （書き換え問題：比較，動名詞，現在完了，動詞，分詞）

1 「このバッグはあのバッグほど重くない。」→「あのバッグはこのバッグより重い。」 直後に than があるので，比較級の文だと判断する。

2 「ジムは歯を磨かずに寝た。」 〈without ~ing〉で「～することなしに」という意味を表す。

3 「リンダは今日の午後東京に向かい，今ここにいない。」→「リンダは東京に行ってしまった。」〈have gone to ～〉で「～へ行ってしまった(もういない)」という意味を表す。

4 「この本は私には難しすぎる。」→「私はこの本は難しすぎると知った。」 「知る，わかる」は find で表す。

5 「ケイトという名前の少女がいた。」→「ケイトと名づけられた少女がいた。」 過去分詞は受け身の意味を表すので「名づけられた」となり，直前の名詞を修飾する。

**6** （語句整序問題：不定詞，分詞，接続詞，現在完了，助動詞）

1 (Jack) was very happy to finish his homework(.) 不定詞の副詞的用法は，感情の理由を表すことができる。

2 (I) don't know that girl talking with my mother(.) 現在分詞は進行形の意味を表し，直前の名詞を修飾する。

3 (Do you think) that it will be fine tomorrow(?) 〈think that ～〉で「～と思う」という意味を表す。

4 (Mary) has already sent her friend a birthday card(.) 〈send A B〉で「AにBを送る」という意味になる。また，already は have と過去分詞の間に入れる。

5 (You) had better not lend money to him(.) 〈had better not ～〉で「～しない方がいい」という意味を表す。

**7** （会話文問題：語句補充）

基本 1 A：明日は外出します。晴れますか。

B：いいえ，晴れません。明日は雨だと聞いています。

「雨だ」と言っているので，エが答え。ア「はい，そうです。(be動詞)」，イ「はい，そうです。(助動詞)」，ウ「いいえ，ちがいます。(be動詞)」

2 A：すみませんが，駅への行き方を教えてもらえますか。

B：残念ながら，私はこのあたりは不案内です。

「残念」と言っているので，エが答え。ア「私はここに来ました。」，イ「あなたは正しいです。」，ウ「それは向こうです。」

3　A：もしもし。こちらはタクヤです。エミさんをお願いできますか。

B：やあ，タクヤ。すみませんが，彼女は今外出しています。伝言をあずかりましょうか。

A：いいえ，けっこうです。またかけます。

B：わかりました。さようなら。

「伝言」について言っているので，イが答え。ア「少々お待ちください。」，ウ「電話番号が間違っています。」，エ「私です。」

4　A：この週末に沖縄へ行きます。

B：いいですね。誰と行くのですか。

A：母とです。

B：ええと，楽しんでください。

会話の内容に合うので，アが答え。イ「彼です。」，ウ「それは彼のです。」，エ「行きましょう。」

5　A：私といっしょに夕食に行きませんか。

B：いいですね。いつ行きますか。

A：来週の日曜日はどうですか。

B：わかりました。

「来週の日曜日」と言っているので，イが答え。ア「どこへ行きますか。」，ウ「誰が私たちと一緒に行きますか。」，エ「あなたはどこへ行くのですか。」

**8**　**(長文読解問題・説明文：語句補充，指示語，不定詞，語句整序，内容吟味)**

(全訳)　①何人の人が英語を話すか知っているだろうか。世界中で約3億5000万人が英語を話す。英語は多くの国において公用語である。日本や韓国などの国では，英語は公用語ではないが，誰もが学校で第二言語③として②それを学ぶ。そのため，英語は「国際語」と呼ばれることがよくある。

英語は他の国に旅行するときにとても役に立つ。たとえば，ドイツを訪れると，ほとんどの人は日本語を理解できないが，ほぼ誰でも「これが欲しい」または「卵はありますか？」のような単純な英語のフレーズを理解する。彼らは学校で英語を勉強しているからだ。

英語はインターネットで最も使用されている言語であるため，インターネットでも非常に役立つ。英語がわかれば，世界中から④たくさんの情報を得ることができる。外国から欲しい物を輸入することができる。あなたは電子メールを通じて世界中の人々⑤と友達になることができる。

多くのアスリートやミュージシャンは英語を勉強している。アスリートが英語を話すことができれば，⑥彼らは他の国の非常に強力なチームでプレーできるかもしれない。ミュージシャンが英語で歌えるなら，CDを海外に売ることができる。多くのビジネスマンは，他の国の人々とビジネスをする⑦ために英語を勉強している。

たくさんの言葉やルールを学ばなければならないので，英語を勉強するのは難しい場合があり，また，多くの学生が英語を勉強するのは好きではないと言うが，英語でできるすべての素晴らしいことを考えれば，⑨私はあなたの日々の仕事がより楽しめるものになると確信している。英語は世界へのあなたの将来の扉である。

問1　数をたずねるときは〈how many ＋複数形の名詞〉という表現を用いる。

問2　直前の文にある English を指している。

問3　〈as ～〉は「～として」という意味を表す。

問4　information は数えられない名詞なので，複数形にならない。また，many を使うことはできない。

問5　〈make friends with ～〉で「～と友達になる」という意味を表す。

問6　直前の部分にある athletes を指している。

問7　下線部⑦の不定詞は目的を表す副詞的用法である。よって，ウが答え。アとイは名詞的用法，エは形容詞的用法である。

問8　〈it is ～ to …〉「…することは～である」の it は不定詞の代わりを表している。

問9　並べ替えると（I'm sure）your everyday work will be more enjoyable(.) となる。〈be sure that ～〉で「～を確かだと思う」という意味を表す。

重要　問10　ア 「約3500万人が英語を話す。」「約3億5000万人」とあるので，誤り。　イ 「多くの国々は公用語として英語を使わない。」「英語は多くの国において公用語である」とあるので，誤り。ウ 「外国で働くことを望む多くの人々は英語を勉強する。」 第4段落の内容に合うので，答え。エ 「あなたは多くの言葉を学ぶ必要はない。」「たくさんの言葉やルールを学ばなければならない」とあるので，誤り。

★ワンポイントアドバイス★

4の4では，Let's から始まる命令文の付加疑問として〈shall we?〉が使われている。Let's や Please がつかない命令文の付加疑問としては〈will you?〉を使うことをここで覚えておこう。（例）Come here soon, will you?

## <国語解答>

一　問一　a ウ　b ア　c ウ　d エ　e イ　問二　A エ　B イ　C ア　D ウ　問三　Ⅰ エ　Ⅱ ア　問四　ウ　問五　② イ　⑥ エ　問六　イ　問七　エ　問八　エ　問九　ア　問十　ウ　問十一　エ

二　1 イ　2 ア　3 イ　4 イ　5 イ

三　問一　a イ　b ウ　c ア　問二　① ア　③ ア　⑨ エ　問三　② ウ　⑦ ア　問四　エ　問五　エ　問六　ア　問七　イ　問八　エ　問九　ア　問十　エ

四　問一　ウ　問二　ウ　問三　1 エ　2 イ　問四　エ

五　問一　1 ア　2 ウ　問二　1 イ　2 ウ　問三　エ

○配点○

各2点×50　　計100点

## <国語解説>

一　（論説文―漢字の読み書き，接続語の問題，脱文・脱語補充，語句の意味，文脈把握，類義語，内容吟味）

問一　a 「領域」の「領」には「支配する範囲」という意味があり，「要領」も「重要な範囲」と言うことができる。ア「清涼」，イ「稜」，エ「燃料」。　b 「脅威」の「威」には「人をおそれ従わせる勢い」という意味があり，「虎の威を借る狐」も，虎の恐ろしさを利用するという意味である。イ「容易」，ウ「偉人」，エ「作為」。 c 「対処」の「処」には「取りさばく」という意味があり，「処分」も「物事を始末するために取りさばく」という意味である。ア「猛暑」，イ「諸般」，エ「初歩」。 d 「蹴落とす」は「足で蹴って落とす」ことから，「人をおしのける」という意味が一般的。ア「眠気」，イ「仮病」，ウ「怪我」。 e 「貢献」の「献」には「ささげる」という意味があり，「献身的」も「身をささげるような様子」という意味である。ア「兼務」，ウ「倹約」，エ「権力」。

基本 問二 A 「生きるほうに動機づけられている」ことを理由として，「傷つかないように警戒する」という結果が成り立っていると言えるので，理由を表す「そのため」が適当。 B 自分にとって重要でないことに関してあまり傷つかないことの原因として，「自分がそこで勝負しているわけではないから」が挙げられている。したがって，原因を表す「なぜなら」が適当。また，「なぜなら」は「～から」という文末と呼応する。 C 「離れることができれば，……かもしれません」と，仮定して推測を行っていることから，仮定を表す「もし」が適当。 D 組織の中で争っても全体のパフォーマンスが下がるだけで意味がない，と述べたのちに，それが日常的に起こるということを示し，回避すべきことなのに実際には起こってしまうとしているので，逆接「しかし」が適当。

問三 Ⅰ ここでは，あとから優秀な人物が入って来ることに対して危機感をおぼえるということが話題なので，要するに「余裕を持っていられない」といった内容があてはまる。「寛大な」とは「心がゆったりとしていて，おおらかであるさま」。「おざなりな」は耳慣れないかもしれないが，「その場限りで，いい加減なさま」。 Ⅱ 組織全体のパフォーマンスが下がってしまうということから，「縮小」が適当。「変化」と迷うが，「変化」ではパフォーマンスが下がるというマイナス要素を反映できないため不適当。

問四 「まず自分を優先する」とは，要するに自分(＝己)の利益になるように動くことである。これを「利己」という。反対に，他者の利益になるよう動くことは「利他」という。

問五 ② 「動機」とは，「人がある行動をとることを決定する要因」。 ⑥ 「元も子もない」とは，「本来の意義や当初の目的などが失われるだけでなく，失う必要のないものまで予期せず失われること」。「元」は元金，「子」は利子を指す言葉である。

問六 傍線部③直前の「この」にあたるのは，「自分が得意で……受けるでしょう」である。この内容に合致するものはイのみである。アは自分のことと無関係なので誤り。ウは真似をされているだけで，自分と同程度，あるいはそれ以上に上手であるとは断定できないため誤り。エは実力的に他の人に抜かれたわけではなく，遅刻をして時間がなかったという物理的な原因があると考えられるため不適当。

重要 問七 第七～九段落では，自分にとって重要でないことに関しては傷つかないということを示し，第四・十一段落では，自分にとって重要なことに関しては傷つくとしていることから，重要度を下げることで人は「傷つかない」という結果を得られると言える。この内容に合致するエが適当。

問八 「大局的」とは，「大きな立場から事実を判断したり，行動したりするさま」。ここでは，直前まで自分の気持ちについて述べているが，直後からは組織全体について述べていることからも，エが適当。

問九 第二十三・二十四段落では，「過剰防衛」の結果として「嫌みでも言ってやりたい」「いらついたり，不安を感じたりする」ということが挙げられているので，つまり会社という自分にとって重要度の高い場において，その人が自分より優れているということは自分を傷つける要因となるかもしれないから，足を引っ張ろうというのである。この内容に合致するアが適当。

問十 アは「心配したうえで」が誤り。第二十六・最終段落では「不安を感じすぎるのも問題」，

「自信をもち，……堂々としているほうが」としていることから，心配をするということ自体を筆者は重視していないと思われる。イは「場」が誤り。第五・第六段落によれば，テッサーが挙げているのは「遂行」「心理的近さ」「重要性」である。エは前半が丸ごと誤り。第一段落「人が生きるうえで，……多いのは事実です」，「自分の命を……少ないのです」と矛盾する。

問十一　「この区別」としていることから，直前に何かと何かで区別があることを示していなければならない。したがって，直前に男性と女性の区別について述べているエが適当。また，「あまり意味がない」ということも，エ直後の「女性によるものか，男性によるものかはどちらでもいい」につながる。

重要 二 （論説文ー内容吟味）

1　第一段落に「そのいちばん根底にある原理は変わっていません」とあり，「そのいちばん根底にある原理」とは，第二段落の「誰も持っていない……者が勝つ」であり，本文の内容と矛盾する。
2　第六段落の内容と合致する。　3　第八段落には「株式や石油などの物理的な資本を持っていなくても」とあり，「知的な独占リソース」は物理的なものではないと考えられる。　4 「クリエイティブ・クラス」がこれから重要になってくることは本文から読み取れるが，「だけ」ということまでは本文から根拠が取れず，言い過ぎである。　5　そもそも，第八段落によれば「クリエイティブ・クラス」はホワイトカラーの上位に位置しているので，ホワイトカラーは無関係である。

三 （古文ー漢字の読み，語句の意味，文脈把握，指示語の問題，品詞・用法，口語訳，内容吟味，文学史）

〈口語訳〉　今となっては昔のことだが，浮世房が，篠田の方へ行った。昔，篠田の杜には怪しく不思議な狐がいて，往来の人を化かすと言った。篠田村のなんとかという人が，住吉大社に参拝して帰るということで道を通っていたが，そのほとりで美しい女に行き会った。色々と語らって夫婦となり，家に帰って年を経て，一人の子を産んだ。その子が五歳の時，母に抱かれていた時に尻尾が見えたので，これを恥ずかしがって，その母はもとの狐の姿になって，篠田の杜に隠れてしまった。夫はこの数年妻と慣れ親しんで，それとは知りながらもやはり名残惜しく思われて，このように和歌を詠んだ。「子を思う夜は，どの都度会いに来ておくれ。昼は篠田の杜に住んでいたとしても」と詠んで泣いたのを，妻の狐は聞いていて，限りなく悲しいと思いつつ，窓を隔ててこのように言った。「夫婦の契りを交わした愛情を忘れられずに，私は篠田の杜でむせび泣くのです」と詠んだ。このようにして，夫が田をつくれば，あの狐が来て夜のうちに早苗を植え，水を導き入れ，草をとっているうちに，毎年豊作になったので，家は大いに富み栄えるようになった。浮世房がこのことを思い出して，感慨深く思っていたのだが，篠田の村の方に行っていると思うけれども，目的地はすぐ近くに見えるのに到着しない。一晩中歩いて，だんだん明け方になり，それから少しわかってきて，「これはきっと狐が化かして，このように私を連れて歩き回らせているのかな」と思い，「常日頃から聞いていることがある」と，顔を懐に入れて袖口からのぞくように見ると，背中のはげた古狐が，後ろ足で立って先を歩いている。「なるほど」と思い，声をあげて，「生きたまま首を斬られてしまう古狐め」と罵って追いかけたところ，田も畦も区別せず一目散に狐は逃げて消えてしまった。浮世房は，夢がさめたような気持ちがして，「ここはどこだ」と人に尋ねると，「天王寺の前です」と言う。「残念にも化かされたことだなあ」と思うけれども，どうしようもない。

問一　a　動詞「経《ふ》」は，連用形では「へ」と読む。　b 「契り」とは，男女が結婚することを指す。　c 「懐」とは，着物の内側の胸の部分のこと。

問二　① 「詣づ」とは，現代語の「初詣」にもあるように「お参りする」という意味。　③ 「あひ馴る」とは，主に夫婦として慣れ親しむという意味。　⑨ 「心地」は現代語と同じく，「気持ち」という意味。

問三　②「尾の見えければ」，恥ずかしがったということなので，尻尾が見えてしまった本人である「母」が動作主である。　⑦「浮世房この事を思ひ出だし，」篠田の村の方へ行こうとしたが到着せず，「夜ひと夜歩きて」ということなので，篠田へ到着せず一晩中歩いた「浮世房」が動作主である。

問四　「それとは知りながら」なので，「それ」の指す内容が何なのかを明らかにする必要がある。ここまでの流れとしては，狐が人間の女に化けて男と結婚していたが，子供を抱いているときに尻尾が見えてしまったがために狐の姿に戻り，杜に隠れたということである。夫は「それとは知りながら」「名残の惜しく」思ったということなので，本当は妻が狐だとは知っていたけれど，離れてしまうのは名残惜しいと考えられる。ア・イ・ウはいずれも本文中にそのような描写はない。

基本　問五　係り結びの法則では，文中に係助詞「ぞ」「なむ」「や」「か」がある場合の文末は連体形，「こそ」がある場合の文末は已然形はとなる。

問六　まず「年ごとに満作なりしかば」から，豊作になったということを反映しているア・イ・ウに絞られる。次に，なぜ豊作になったかということについては，「夫田を作れば，かの狐来たりて……草をとりけるほどに」から，狐が夫の寝ている夜の間に田の世話をしていたからだと言える。

問七　「心づきて」の内容としては，「『これはいかさま……連れ歩くか』」であり，訳すと「これはきっと狐が化かして，このように私を連れて歩き回らせているのかな」となる。アの「黄泉の世界」とは要するに死後の世界のことだが，本文中にそのような根拠はない。またウの「付き人」も登場していない。

問八　「口惜し」は「残念だ」という意味である。また，「かな」は「～だなあ」という詠嘆の意を表す。この二つを反映させているエが適当。

重要　問九　イは「同じ村の美女と」が誤り。なにがしという男は，「住吉に詣でて……行き合ひたり」，つまり偶然道で行き会った美女と結婚したのである。　ウは「その和歌が高く評価され」が誤り。男が大金持ちになったのは，「年ごとに……富みさかえけるとなり」にもある通り，田が豊作となったからである。　エは「自分にも幸福が起きないか」が誤り。「浮世房この事を……もよほしけるが」とあるが，「あはれ」とは「しみじみとした趣」または「寂しさ，情け」のことであり，「幸福」を意味しない。

問十　ア・イ・ウはすべて平安時代の成立である。

## 四　(品詞・用法，敬語)

問一　「たぶん」に関しては，推量の「だろう」が呼応する。

問二　文節とは，「ネ」で区切ることのできるある程度のかたまりのことを言う。そうすると，「今年のネ／夏休みはネ／宿題がネ／非常にネ／多いネ」と言える。

問三　1「時」は名詞，つまり体言なので，「体言に連なる形」である連体形が上にくる。　2　接続助詞「て」の上にくるのは連用形である。

問四　「お帰りになられた」では，「お帰り」「なられ」と尊敬表現が二度続いてしまうが，現代語ではこのようなものを二重敬語と言い，間違った使い方としている。「お帰りになった」と直すとよい。

## 五　(部首，対義語，熟語)

問一　1「舌」は部首自体が「舌」であるが，「喪」「唇」「問」の部首はいずれも「口」である。ほかに「舌」の部首を持つ字は「舐」「舎」など。　2「慶」の部首は「心」であるが，「床」「座」「庁」の部首はいずれも「まだれ」である。

問二　1 「廃棄」は「捨てる」という意味なので，対義語は「保存」である。　2 「豪華」は「はなやかで立派なこと」という意味なので，対義語は「飾りけがないこと」という意味の「質素」である。「貧相」は「いかにも貧乏そうな人相」または「貧弱でみすぼらしく見えること」と，基本的には「貧しい」という意味であり，対義語は「福相」である。

問三　前代未聞とは，「今までに聞いたこともないような珍しく，大変な，またはあきれたこと」という意味である。「未聞」で「聞いたこともない」という意味を表す。

★ワンポイントアドバイス★

論説文は，テーマに対して筆者がどのような立場をとっているか，どのような説明を加えているかということを中心におさえていこう。比較対象のものが挙げられている場合，それぞれの特徴を整理しておくことも大切だ。古文は，省略された主語や目的語は自分で補いながら全体の内容を把握しよう。

# 2021年度

★★★★★★★★★★★★★★★★★★★★★★★

# 入　試　問　題

## 2021年度

# 浦和学院高等学校入試問題

**【数　学】**（45分）〈満点：100点〉

**1**　次の問いの答えとして$\boxed{\phantom{アイ}}$内の記号に入る適当な数を選びマークせよ。

1　$1-2^3\times4+5$を計算すると$-\boxed{\text{アイ}}$である。

2　$-a^5b^4\times(12a^2b)^2\div(-4a^3b)^2$を計算すると$-\boxed{\text{ウ}}a^{\boxed{\text{エ}}}b^{\boxed{\text{オ}}}$である。

3　$(\sqrt{6}-\sqrt{3})^2-\sqrt{2}(\sqrt{2}+3)$を計算すると$\boxed{\text{カ}}-\boxed{\text{キ}}\sqrt{\boxed{\text{ク}}}$である。

4　連立方程式$\begin{cases}7x-3y=2\\ y=-5x+14\end{cases}$を解くと$x=\boxed{\text{ケ}}$，$y=\boxed{\text{コ}}$である。

5　1次関数$y=-2x+7$について，$x$の変域が$-1\leqq x\leqq2$とするとき，$y$の変域は$\boxed{\text{サ}}\leqq y\leqq\boxed{\text{シ}}$である。

6　$2.1<\sqrt{a}<3$を満たす$a$の値は，$\boxed{\text{ス}}$個ある。ただし，$a$を自然数とする。

7　2けたの自然数がある。一の位の数は十の位の数に3加えた数で，十の位と一の位を入れ替えた数はもとの数を2倍して20引いた数である。もとの2けたの数は$\boxed{\text{セソ}}$である。

8　右図のような四角形ABCDが平行四辺形であるとき，$\angle x=\boxed{\text{タチ}}^\circ$である。

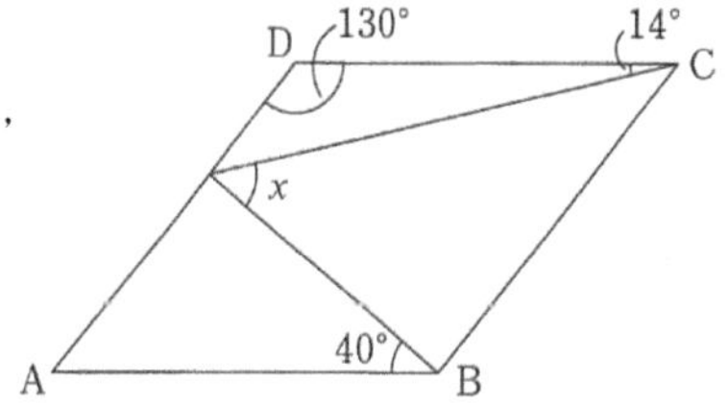


9　右図により，$x=\boxed{\text{ツテ}}^\circ$である。

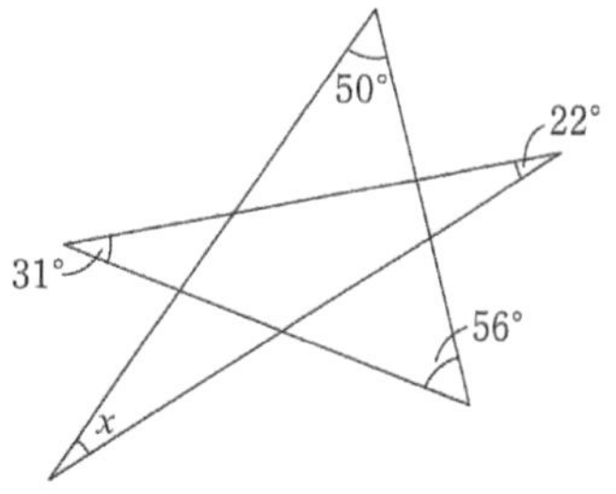


**2**　次の問いの答えとして$\boxed{\phantom{アイ}}$内の記号に入る適当な数を選びマークせよ。

10　右図はあるクラスでの数学の小テストの点数を表した度数分布表である。度数分布表から読み取れることで正しいものは，$\boxed{\text{ア}}$と$\boxed{\text{イ}}$である。

ただし，$\boxed{\text{ア}}$，$\boxed{\text{イ}}$は，順不同とする。

⓪　80点以上とった生徒の人数は全体の60％である。

①　メジアン（中央値）のある階級は80点以上90点未満である。

| 階　級<br>（点以上～点未満） | 度　数<br>（人） |
|---|---|
| 50～60 | 3 |
| 60～70 | 1 |
| 70～80 | 5 |
| 80～90 | 7 |
| 90～100 | 4 |
| 計 | 20 |

② 50点以上60点未満の階級の相対度数は0.15である。

③ モード（最頻値）は75点である。

## 3 次の問いの答えとして［　　］内の記号に入る適当な数を選びマークせよ。

袋に赤球が1個，白球が2個，青球が2個入っている。球を1個取り出して色を確認する。この動作を2回行い，取り出した球は袋に戻さないこととする。取り出した球が赤球であれば2点，白球であれば3点，青球であれば4点とし，2回の合計点を得点とする。ただし，同じ色の球を取り出した場合は1点のみとなり，得点が高い色の球を先に取り出した場合は0点となる。このとき，次の問いに答えよ。

［11］ 得点が最高点となるのは［ア］点である。

［12］ 最高点になる確率は$\frac{［イ］}{［ウ］}$である。

［13］ 得点が0点となるとき，青球が取り出されている確率は$\frac{［エ］}{［オ］}$である。

## 4 次の問いの答えとして［　　］内の記号に入る適当な数を選びマークせよ。

右図のように，放物線$y=x^2$上に点A(1, 1)がある。また，四角形OABCは正方形であるとき，次の問いに答えよ。

［14］ 点Bの座標は(0, ［ア］)である。

［15］ 四角形OABCの面積は［イ］である。

［16］ 放物線$y=x^2$上の$x$座標が正である位置に四角形OABCの$\frac{1}{2}$の面積となる三角形OADの頂点Dをとる。このとき，点Dの$x$座標は［ウ］である。

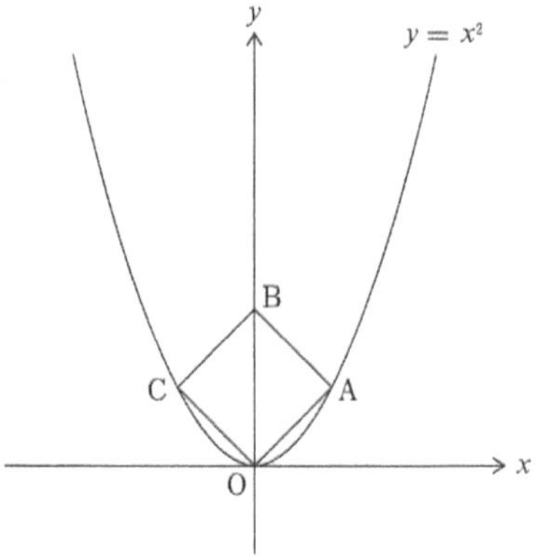


## 5 次の問いの答えとして［　　］内の記号に入る適当な数を選びマークせよ。

右図の①は1辺の長さが6の立方体で，②は投影図で表された正四角すいである。次の問いに答えよ。

①

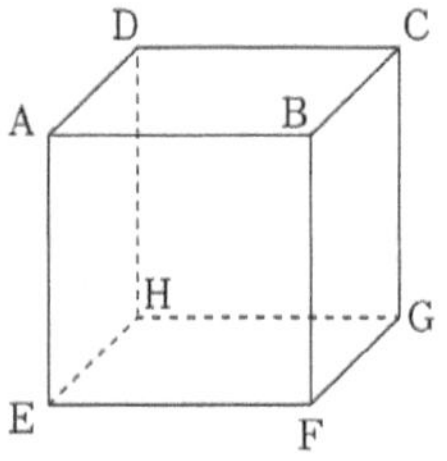


②

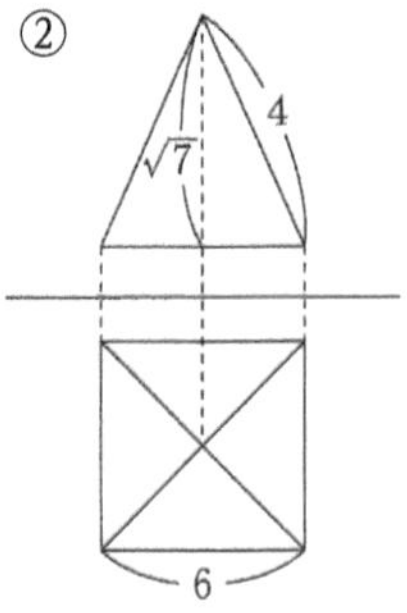


［17］ ①の立方体の辺ABとねじれの位置にある辺は［ア］本ある。

［18］ ②の投影図で表された正四角すいの表面積は［イウ］である。

［19］ ②の正四角すいの中に水をいっぱいまで入れ，その水を①の立方体の中に入れていく。この作業を5回繰り返して水を入れたとき，立方体の中の水の高さは$\frac{［エ］\sqrt{［オ］}}{［カ］}$である。

**【英　語】**（45分）〈満点：100点〉

**1** 次の各組の語について，最も強く発音される部分が他の語と異なるものを一つ選び，その記号をマークしなさい。

1．ア en-gi-neer　イ vol-un-teer　ウ fa-mil-iar　エ in-tro-duce
2．ア pop-u-lar　イ dis-cov-er　ウ dif-fer-ent　エ beau-ti-ful
3．ア bas-ket-ball　イ de-li-cious　ウ pas-sen-ger　エ cal-en-dar
4．ア pho-tog-ra-pher　イ ex-pe-ri-ence　ウ es-pe-cial-ly　エ com-fort-a-ble
5．ア ho-tel　イ vil-lage　ウ mes-sage　エ lan-guage

**2** 次の各見出し語について，下線部の発音が同じものを一つ選び，その記号をマークしなさい。

1．exist　ア explain　イ excuse　ウ exercise　エ example
2．brought　ア road　イ abroad　ウ throw　エ soul
3．steak　ア strange　イ head　ウ dead　エ said
4．cup　ア heart　イ hungry　ウ park　エ dark
5．both　ア other　イ that　ウ thank　エ brother

**3** 次の各文が正しい文になるように，(　　)内に入るものを一つ選び，その記号をマークしなさい。

1．What do you (　　) this flower in English?
　ア say　イ speak　ウ talk　エ call
2．Ken spent too (　　) time to play a game. He didn't have time to do his homework.
　ア much　イ many　ウ few　エ any
3．She is out now. She (　　) to the market.
　ア has come　イ has gone　ウ has been　エ has got
4．(　　) Sarah was in Nara, she visited a lot of temples and shrines.
　ア Until　イ During　ウ While　エ If
5．This bottle is full but (　　) bottles are empty.
　ア another　イ others　ウ the other　エ some
6．I like summer (　　) than any other season.
　ア best　イ well　ウ good　エ better
7．I have to get up (　　) tomorrow.
　ア fast　イ quickly　ウ speedy　エ early
8．Ken left without (　　) goodbye to me.
　ア saying　イ to say　ウ say　エ said
9．We (　　) lunch at the school cafeteria now.
　ア has　イ are having　ウ were having　エ had
10．A：(　　) do you like Kinkakuji temple?
　B：It's wonderful.
　ア How　イ What　ウ Which　エ Where

**4** **次の各日本文になるように並べかえたとき，(　　)内で２番目と４番目にくる正しい組み合わせを一つ選び，その記号をマークしなさい。ただし，文頭にくるべき語も小文字で示してあります。**

1．彼女はピアノが買えるほどのお金持ちだ。

She ( ① rich ② buy ③ is ④ a piano ⑤ to ⑥ enough ).

ア ⑥－① イ ⑥－⑤ ウ ①－⑤ エ ①－②

2．彼は私にそのゲームのやり方を教えてくれました。

He ( ① that game ② to ③ me ④ taught ⑤ play ⑥ how ).

ア ④－⑤ イ ⑤－④ ウ ②－③ エ ③－②

3．私は息子をサッカー選手にしたいと思っていました。

( ① soccer ② to be ③ a ④ wanted ⑤ player ⑥ my son ⑦ I ).

ア ④－② イ ⑤－② ウ ⑥－④ エ ②－③

4．私は子どもの頃からずっと歴史に興味があります。

I ( ① history ② have ③ interested ④ been ⑤ in ) since I was a child.

ア ③－④ イ ⑤－③ ウ ④－⑤ エ ②－④

5．ジュースをもう一杯いかがですか。

( ① you ② another ③ juice ④ would ⑤ glass of ⑥ like )?

ア ①－⑤ イ ①－② ウ ⑥－③ エ ⑥－②

**5** **次の各組の英文がほぼ同じ意味になるように(　　)内に入るべきものを一つ選び，その記号をマークしなさい。**

1．The boy is my brother. He stands over there.

The boy (　　) over there is my brother.

ア stand イ stands ウ standing エ stood

2．My family moved to Saitama ten years ago. My family still lives in Saitama.

My family (　　) in Saitama for ten years.

ア had lived イ lives ウ is living エ has lived

3．I always give my sister a present on her birthday.

I always give a present (　　) my sister on her birthday.

ア to イ on ウ for エ in

4．David is the tallest student in the class.

No other student in the class is as (　　) David.

ア tall as イ taller than ウ more tall エ tall so

5．You don't have to worry about it.

You (　　) worry about it.

ア must not イ need not ウ may not エ cannot

## 6 次の各日本文を英語にしたとき，誤りのある部分を一つ選び，その記号をマークしなさい。

1．あなたはもう本を読み終えましたか。

Have you finished reading the book already?
ア Have you　イ finished　ウ reading　エ already

2．その有名な俳優は私たちの国ではみんなに知られています。

The famous actor is known by everyone in our country.
ア The famous actor　イ is known　ウ by　エ in

3．あの背の高い男の子は私たちの友達の一人です。

That tall boy is a friend of us.
ア That tall boy　イ is　ウ of　エ us

4．あなたの新しい車に何か問題があるのですか。

Is there something wrong with your new car?
ア Is　イ something　ウ wrong　エ with

5．私たちは１週間に４回英語の授業があります。あなたはどうですか。

We have four English classes the week. How about you?
ア have　イ classes　ウ the　エ How

## 7 次の会話文を読み，(　　)内に入るものを語群より一つ選び，その記号をマークしなさい。

Taro：Hello, Bob.

Bob　：Hello, Taro. How are you?

Taro：(　　1　　) Did you see Takumi today?

Bob　：No, I didn't.

Taro：(　　2　　)

Bob　：Because he broke his leg when he was playing soccer yesterday.

Taro：(　　3　　)

Bob　：Shall we visit him this afternoon?

Taro：(　　4　　) I have a lot of homework today.

Bob　：All right. (　　5　　)

Taro：How about books? He is always reading books.

Bob　：That's good.

語群

（１）ア　No, thank you.　　イ　Fine, thank you.
　　　ウ　Yes, I do.　　エ　Oh, I see.

（２）ア　What will you do tomorrow?　　イ　Where did you play soccer?
　　　ウ　Why didn't he come to school?　　エ　How old is he?

（３）ア　Oh, that's too bad.　　イ　It is nice of you.
　　　ウ　Of course.　　エ　I am happy.

（４）ア　Yes, let's study.　　イ　Yes, please.
　　　ウ　I know it.　　エ　I think tomorrow is better.

（５）ア　Can I help you?　　イ　See you later.
　　　ウ　Let's take him something.　　エ　It was really beautiful.

**8** 次の英文を読み，各問いに答えなさい。

Have you ever ①(　　　　) a volunteer activity? In a volunteer activity, you help people in trouble without pay. Many students join a volunteer activity during their vacations, and many working people ②do so on Saturdays and Sundays. Some people *donate money to volunteer groups.

In Cambodia, many people are sick ③(　　　　) they can't get clean water. A lot of children are sick since they have to drink dirty water. It has *germs. They need more *wells ④to get more clean water, ⑤(　　　　) they don't have enough money and technology to *dig wells.

A Japanese volunteer group is helping them ⑥(　　　　) wells in Cambodia. They use recent digging technology, and they are digging many wells in poor villages. ⑦This is hard work because it is very hot there and there are not many people using the machines.

Many people in Japan support their activities by donations. They can dig one well for ¥100,000. This is not too expensive because you can save a lot of lives there. Some rich people and companies choose to spend money for poor people ⑧rather than for expensive cars. Of course you don't always have to pay such a lot of money to be a volunteer. Ten yen is helpful enough if a lot of people make a donation.

⑨Don't think ( 1 start / 2 activity / 3 it's / 4 a volunteer / 5 difficult / 6 to ). You can start one anytime, anywhere.

*donate　寄付する　*germ　細菌　*well　井戸　*dig　掘る

問1　下線部①に入るものを一つ選び，その記号をマークしなさい。

ア　do　　イ　does　　ウ　did　　エ　done

問2　下線部②が指しているものを一つ選び，その記号をマークしなさい。

ア　help people　　イ　donate money

ウ　join a volunteer activity　　エ　dig wells

問3　下線部③に入るものを一つ選び，その記号をマークしなさい。

ア　why　　イ　because　　ウ　if　　エ　before

問4　下線部④と同じ不定詞の用法が使われている英文を一つ選び，その記号をマークしなさい。

ア　I wish to go to America someday.

イ　To walk every day is good for your health.

ウ　There are many places to see in Kyoto.

エ　We went to the airport to meet John.

問5　下線部⑤に入るものを一つ選び，その記号をマークしなさい。

ア　but　　イ　and　　ウ　or　　エ　so

問6　下線部⑥に入るものを一つ選び，その記号をマークしなさい。

ア　dug　　イ　digging　　ウ　to dig　　エ　to digging

問7　下線部⑦が指しているものを一つ選び，その記号をマークしなさい。

ア　ボランティア団体にお金を寄付すること。

イ　カンボジアではきれいな水を得ることができないこと。

ウ　井戸を掘るのに十分なお金がないこと。

エ　最新の採掘技術を使い，貧しい村々に数多くの井戸を掘っていること。

問8　下線部⑧の意味として適切なものを一つ選び，その記号をマークしなさい。

ア　～よりもむしろ　　イ　～のような　　ウ　～でさえ　　エ　～以上

問9　下線部⑨が「ボランティア活動を始めることが難しいことだと考えてはならない。」となるように並べかえたとき，(　　)の中で２番目と４番目にくる語の組み合わせとして正しいものを一つ選び，その記号をマークしなさい。

ア　4－6　　イ　5－1　　ウ　1－4　　エ　3－2

問10　本文の内容と一致するものを一つ選び，その記号をマークしなさい。

ア　Nobody makes donations for volunteer activities.

イ　All the rich people want to buy expensive cars.

ウ　Cambodian people don't have enough wells to get clean water.

エ　A ten yen donation is not helpful.

イ　師の僧は、二人の侍と共に双六を楽しんだ。
ウ　なま侍はすることがなかったので、清水へ行った。
エ　勝ちたる侍は、証文が目には見えないので粗雑に扱った。

## 四　次の問いに答えよ。

問一　傍線部の品詞はどれか。次の中からそれぞれ選び、マークせよ。

1　地球温暖化の影響で、今年も猛暑になりそうだ。
2　姉の子供はいつもにこにこして可愛い。
3　水槽には多くの小さな魚が泳いでいる。

ア　動詞　　イ　形容詞　　ウ　形容動詞
エ　副詞　　オ　連体詞

問二　敬語の使い方として誤っている文はどれか。次の中から選び、マークせよ。

ア　先生が来週の遠足の集合時間をおっしゃった。
イ　本日午後、父は家におります。
ウ　先生がそろそろ家庭訪問にいらっしゃるはずだ。
エ　お客様が商品の使用方法についておうかがいした。

問三　次の傍線部の動詞の活用形は何か。次の中から選び、マークせよ。

帰る時間になったので、友達に手を振ってあいさつをした。

ア　未然形　　イ　連用形　　ウ　終止形
エ　連体形　　オ　仮定形　　カ　命令形

## 五　次の問いに答えよ。

問一　傍線部を漢字に直したものとして正しいものはどれか。次の中からそれぞれ選び、マークせよ。

1　親友とホウヨウする。
ア　包容　　イ　抱擁　　ウ　抱容　　エ　法用

2　成長のキ跡を追う。
ア　軌　　イ　記　　ウ　期　　エ　奇

問二　四字熟語として正しいものはどれか。次の中からそれぞれ選び、マークせよ。

1　ア　次期尚早　　イ　時期尚早
　　ウ　時期焦燥　　エ　次期焦燥
2　ア　温故智真　　イ　温古智真
　　ウ　温故知新　　エ　温古知新

問三　次の中で部首が違う漢字はどれか。次の中から選び、マークせよ。

ア　堂　　イ　古　　ウ　否　　エ　和

**問三**　傍線部①・③の語句の意味として最も適当なものはどれか。次の中からそれぞれ選び、マークせよ。

①　ア　長い時間　イ　まもなく
　　ウ　急いで　エ　落ち着いて

③　ア　だます　イ　悪口をいう
　　ウ　助ける　エ　遊ぶ

**問四**　傍線部②・④・⑨は誰の動作か。次の中からそれぞれ選び、マークせよ。

ア　同じさまなる侍　イ　なま侍
ウ　傍らにて聞く人　エ　師の僧

**問五**　傍線部⑤は何を渡そうとしたのか。次の中から選び、マークせよ。

ア　財産　イ　双六
ウ　二千度参りしたこと　エ　心

**問六**　傍線部⑥の現代語訳として最も適当なものはどれか。次の中から選び、マークせよ。

ア　今まで受け取ったことはあるまい
イ　このまま受け取りたい
ウ　しばらくしてから受け取りたい
エ　このままでは受け取ることができない

**問七**　傍線部⑦のようにする理由として最も適当なものはどれか。次の中から選び、マークせよ。

ア　乗り物を準備しなくてはならないため。
イ　今すぐ出かけてしまうと、夜になってしまうため。
ウ　罰が当たらないようにするため。
エ　まだ双六で遊んでいたいため。

**問八**　傍線部⑧は何に対して言っているのか。最も適当なものを選び、マークせよ。

ア　勝ちたる侍が清水寺へ参拝するため、身を清めることもあり、三日間おこうとしていること。
イ　二人の侍が三日間しっかり身支度をしてから出かけようと約束したこと。
ウ　清水にいくことはめったにないので、三日間楽しみに待っていようと約束したこと。
エ　清水に出発するまでの三日間、二人の侍と周りの人たち皆で双六を楽しもうということ。

**問九**　傍線部⑩の解釈として最も適当なものはどれか。次の中から選び、マークせよ。

ア　負け侍は誠実な心を尽くして証文を書き上げたので、仏は驚いたようだ。
イ　勝ちたる侍は誠実な心を尽くして証文を受け取ったので、仏は感心したように思われた。
ウ　負け侍は不誠実な心でだまそうとしたので、仏は罰を与えたようだ。
エ　師の僧は二人の侍のために不誠実な心で証文を書いたので、仏は激怒したようだ。

**問十**　本文の内容として最も適当なものはどれか。次の中から選び、マークせよ。

ア　負け侍は、双六に負けたことを理由に捕まってしまった。

3　今までの歴史の中で起こったグローバル化は、国家間の対立や世界全体の経済を不安定にするという悪い面も残してきた。

4　物資や人材だけでなく、文化や病気といった形のないものも運ばれてくるのがグローバリゼーションという現象である。

5　十九世紀になると各国が社会統計を取るようになり、国家間の貿易の状況や資本移動の情報を把握することで世界中の全ての国が現代社会へと近づいていった。

## 三　次の文章を読んで、後の問いに答えよ。

今は昔、人のもとに宮仕へしてあるなま侍[※1]ありけり。することのなきままに、清水[※2]へ、人まねして、千日詣[a]で[※3]を二度したりけり。その後①いくばくもなくして、主のもとにありける同じさまなる侍と、双六[※4]を打ちけるが、多く負けて、渡すべき物なかりけるに、②いたく責めければ、思ひわびて、「われ、持ちたる物なし。ただ今貯へたる物とては、清水に二千度参りたることのみなんある。それを渡さん」と言ひければ、傍らにて聞く人は、③謀るなりと、をこに思ひて④笑ひけるを、この勝ちたる侍「いとよきことなり。⑤渡さば得ん」と言ひて、「いな、⑥かくては受け取らじ。三日して、⑦このよしを申して、おのれ渡すよしの文書きて渡さばこそ、受け取らめ」と言ひければ、⑧「よきことなり」と契[b]りて、その日より精進[c]して、三日といひける日、「さは、いざ清水へ」と言ひければ、この負け侍、このしれ者に会ひたると、をかしく思ひて、⑨喜びて、連れて参りにけり。言ふままに文書きて、御前にて、師の僧呼びて、事のよし申させて、「二千度参りつること、それがしに双六に打ち入れつ」と書きて取らせければ、請け取りつつ、喜びて、臥し拝み、まかり出でにけり。

その後、いく程なくして、この負け侍、思ひかけぬことにて捕らへられて、人屋に居にけり。取りたる侍は、思ひかけぬたよりある妻まうけて、いとよく徳[※5]つきて、司[※6]などなりて、頼もしくてありける。

「目に見えぬものなれど、誠の心をいたして受け取りければ、仏、⑩あはれとおぼし召したりけるなめり」とぞ、人は言ひ［ I ］。

『宇治拾遺物語』

※1　なま侍　若く身分も低い侍。

※2　清水　清水寺。京都市東山にある寺。

※3　千日詣で　神社や寺院に千度参拝して、祈願すること。

※4　双六《すごろく》　国伝来の室内遊戯《ゆうぎ》。現在の「すごろく」とは違い、碁に近い知的遊戯で、物をかけて行った。

※5　徳　富。財産。

※6　司　官職。官位。

**問一**　二重傍線部a〜cの読み方（現代仮名遣い）として最も適当なものはどれか。次の中からそれぞれ選び、マークせよ。

a　ア　めぐり　イ　もう　ウ　かい　エ　まい

b　ア　けつ　イ　むすび　ウ　かわ　エ　ちぎ

c　ア　しょうじん　イ　せいしん　ウ　しょうしん　エ　せんしん

**問二**　空欄Iは係助詞「ぞ」の結びとなっている。この活用形として正しいものはどれか。次の中から選び、マークせよ。

ア　けら　イ　けり　ウ　ける　エ　けれ

ウ　リーダーがトップダウン式に指示命令を下さず、フォロワーが自ら考え行動に移すように後方から支援していくもの。

エ　最終的には必ず上下関係がなくなり、馴れ合いになった結果組織が弱体化することが決定づけられているもの。

**二　次の文章を読んで、後の問いに答えよ。**

グローバル化の現状について考察するため、歴史を遡《さかのぼ》り、過去にあったグローバリゼーションと比較しながら議論を進めたいと思います。

述べたいのは、大きくは二つのことです。一つは、グローバル化は人類の歴史で何度も繰り返されてきたということ、もう一つは、そのカ程は平坦ではなかったということです。グローバル化という言葉は最近のものですが、国境を越えて経済的な結びつきが強まることそれ自体は、最近になって始まったものではありません。

またわれわれは、グローバル市場が統合されていくと世界は繁栄し、今よりも平和になると考えがちです。しかし歴史を振り返り過去のグローバル化の時代を調べると、そう簡単には行かないことが分かります。世界経済が不安定になり、国家間の対立が先鋭化していくことになるからです。こうしたネガティブな側面にも注目して、現在のグローバル化の未来について考えていきましょう。

まず、大昔のグローバリゼーションについて取り上げます。

貿易や投資の拡大、資金や人の移動の活発化をグローバル化と捉えるなら、これは別に最近になって始まった現象ではない。たとえば一三世紀には、モンゴルがユーラシア大陸を支配し、「モンゴルの平和」のもと、東は中国から、西はヨーロッパまで、商人が移動していました。一五～一六世紀には、ヨーロッパの宣教師や商人が南北アメリカ大陸やアジアに渡り、宗教と商業の世界的ネットワークを成立させました。

これらの時代は、人や物が行き来するだけでなく、病気の往来もあったようです。パクス・モンゴリカ[※1]の時代には、ペストがヨーロッパに流れ込んで大被害をもたらし、大航海時代には梅毒《ばいどく》のような南米の風土病が世界に広まった。グローバリゼーションは良いものと悪いものを一緒に運んでいくことが、このような歴史からもわかります。

ただ、中世には統計がないため、具体的にどれほどの規模で、どのくらいのスピードでグローバル化が起こったかはよくわからない。一九世紀になると各国で社会統計が整備されますので、それを利用して貿易や資本移動の動きを具体的に追えるようになります。

（柴山桂太『グローバリズムが世界を滅ぼす』）

※1　パクス・モンゴリカ　十三世紀から十四世紀にわたりユーラシア大陸を支配したモンゴル帝国の覇権による平和で安定した時代を指す。

**問**　次の記述は、この文章の内容に合致しているか。合致しているものには「ア」を、合致していないものには「イ」をそれぞれマークせよ。

1　国境を越えて経済的な結びつきが強まる、という今までになかった現象をグローバル化と最近になって呼ぶようになった。

2　グローバル市場が統合していくことで、世界の国々は発展していき今以上の平和が約束されると言い切ることができる。

**問六**　傍線部③・⑧の意味として最も適当なものはどれか。次の中からそれぞれ選び、マークせよ。

③　ア　鉄と同等の硬さとなる
　　イ　回復機能を持つようになる
　　ウ　球状のきれいな形になる
　　エ　一つのまとまりになる

⑧　ア　周りから多くの意見や考えが集まってくる
　　イ　自身の意見や考えを多くの人に発表する
　　ウ　他国の意見や考えをもとに国が取り決める
　　エ　大多数がそれぞれの意見や考えを国に提出する

**問七**　傍線部④の理由として最も適当なものはどれか。次の中から選び、マークせよ。

ア　競争相手が少なく、戦略などの研究や練習の科学的視点が欠けているような状況だから。
イ　競争相手が多くても、強力なリーダーシップと一糸乱れず従うフォロワーがいるから。
ウ　フォロワーに自主的に考えさせ行動させても、それ以上伸びることはまずないから。
エ　高度経済成長期であることが最低条件だが、競争相手が少なく情報も乏しい市場だから。

**問八**　傍線部⑤の説明として最も適当なものはどれか。次の中から選び、マークせよ。

ア　中国や韓国をはじめとするアジア諸国が続々と市場に現れ、より安価で大量な製品が登場したこと。
イ　フォロワーが自主的に考え判断しながら行動する環境ではないため、これ以上伸びなくなったこと。
ウ　強豪国になったことでフォロワーがプライドを持ち、これまでのやり方についてこなくなったこと。
エ　強豪国から弱小国に落ち込んでしまったことで、これ以上の自国の成長に限界を感じるようになったこと。

**問九**　傍線部⑥の説明として最も適当なものはどれか。次の中から選び、マークせよ。

ア　今までは質より量だったが、高価で質の高いものが求められるようになったということ。
イ　アジア諸国が市場で求められるようになり、日本だけが世界に認められるわけではなくなったということ。
ウ　強力なリーダーによる支配型のやり方に周りが不満を持つようになったということ。
エ　アジア諸国が続々と支配型リーダーシップのやり方を見直すようになったということ。

**問十**　傍線部⑦の対義語はどれか。次の中から選び、マークせよ。

ア　模倣　　イ　均質　　ウ　独立　　エ　集団

**問十一**　傍線部⑨の説明として最も適当なものはどれか。次の中から選び、マークせよ。

ア　リーダーが一方的に強制するわけではないため、リーダー自身の自由度が高くモチベーションを保ちやすいもの。
イ　そこそこの品質は保持しながらも、安価で大量に製品を提供する「世界の工場」を実現させるもの。

ウ　未解決な問題がサン積している。
エ　次に進むために過去を清サンする。

b
ア　皆のチュウ誠心が下がっている。
イ　代表者をチュウ出する会議を開いた。
ウ　真面目な係員が常チュウしている。
エ　周りに見事なチュウ返りを見せた。

c
ア　物語がカ境に入り楽しくなった。
イ　定められたカ税額がとても高い。
ウ　職員がカ疎地域を視察に回った。
エ　雑カをもらうとなぜか嬉しくなる。

d
ア　少年は大シを抱き歩き始めた。
イ　自分自身の考えの主シを伝える。
ウ　子供の為のお祭りを実シする。
エ　田舎からシ送りの荷物が届く。

e
ア　時代を象チョウするような出来事。
イ　話がチョウ複することを避ける。
ウ　落チョウした本を購入していた。
エ　計画通りにチョウ尻を合わせる。

**問二**　空欄A～Dに入る語句として最も適当なものはどれか。次の中からそれぞれ選び、マークせよ。

ア　なぜなら　　イ　しかし
ウ　つまり　　エ　おそらく

**問三**　空欄Ⅰ～Ⅱに入る語句として最も適当なものはどれか。次の中からそれぞれ選び、マークせよ。

Ⅰ　ア　受動　イ　能動　ウ　反抗　エ　保守
Ⅱ　ア　緊張　イ　開放　ウ　存在　エ　達成

**問四**　傍線部①の説明として最も適当なものはどれか。次の中から選び、マークせよ。

ア　強いリーダーが戦略を描き、一糸乱れず選手達を従わせるという強豪チームにしかできないやり方。
イ　選手ができなかった時実力を行使してでも無理やりに追い込むが、目標達成を一番には考えないやり方。
ウ　カリスマ的な指導者が、強力なリーダーシップを用いて無理やりにでも目標を達成させるやり方。
エ　リーダーが強引に選手を引っ張っていき、結果を残すことで映画化されることだけを目標とするやり方。

**問五**　傍線部②が生み出したこととして最も適当なものはどれか。次の中から選び、マークせよ。

ア　選手に自主性を持たせコミュニケーションの重要性を世間に広めたこと。
イ　高度経済成長期に日本を弱小国から世界一の国にまで押し上げたこと。
ウ　映画化したことで世界中から認められ選手が大きな自信をつけたこと。
エ　世界の中でも弱小国だった日本を強豪国の一つにまで押し上げたこと。

うとしないから、ある限度を超えると、もはやそれ以上の伸びしろがなくなってしまうのだ。

世界の「強豪国」に躍《おど》り出た日本が直面したのも、⑤同じ問題だった。

かつて日本製品が世界の市場を席巻《せっけん》※1できたのは、市場が未成熟だったということが無視できないだろう。東西冷戦の影響もあって、中国や韓国をはじめとするアジア諸国がまだ市場に参入していなかったから、そこそこの品質を備え、かつ安価な日本製品が世界中で称サンをもって受け入れられたのだ。いうなれば、量が質を凌駕《りょうが》※2できる時代だったのである。

⑥しかし、時代は変わった。市場が成熟し、アジア諸国が「世界の工場」となった現在は、これまでのようにそこそこの品質の製品を大量に安価で提供すればいいという状況ではなくなっている。そこで求められるのは質、すなわち⑦独創性の高い、オリジナリティにあふれた製品やサービスにほかならない。

そうしたモノやサービスを生み出すためには、主体性と創造性が必要不可欠なのだが、どうやら日本人にはそれが欠如《けつじょ》※3してしまったようなのだ。長らく支配型リーダーシップに慣らされてきたためである。リーダーがみずから先頭に立って、部下を駒のように動かしていくリーダーシップのあり方は、限界に達してしまったのだ。

そこで近年、それに代わるリーダーシップのあり方として⑧提唱されたのが、⑨「サーバント・リーダーシップ」と呼ばれるものだった。

これは、もともとは一九七〇年代後半にアメリカでいわれはじめたもので、ひとことでいえば、リーダーが組織のメンバーに奉シ d し、支援しながら目標達成に導くという「奉シ型」のリーダーシップをいう。リーダーがビジョン※4を提示したうえで、コミュニケーションや信頼関係を重視し、フォロワーが主体的に物事に取り組んでいくようにするのが特チョウ e だといえる。

日本でも、大手企業がこうしたやり方で成果をあげたことで話題となり、「これからのリーダーシップはこうあるべし」と称サンされ、ひところはサーバント・リーダーシップに関する本が多く出た。私自身もそうした考え方や方法論には首肯《しゅこう》※5する部分が多々あった。

こういうやり方は、かつてのようにリーダーから一方的に強制されるより、自由度が高く、快適だ。モチベーションも保ちやすい。ところが、どうもそれが行きすぎて、ともすれば馴《な》れ合いにつながってしまった。リーダーがフォロワーに近づきすぎてフラット化し、友だち同士のような関係になってしまった。その結果、［Ⅱ］感が失われ、組織が弱体化してしまったように私には見えるのである。

平尾誠二『求心力』

※1　席巻　　圧倒的な勢いで自分の勢力範囲に収めること。
※2　凌駕　　他のものをしのいでその上に出ること。
※3　欠如　　欠けていること。
※4　ビジョン　将来の構想、または将来を見通す力。
※5　首肯　　もっともだと納得すること。

**問一**　二重傍線部a～eの漢字と同じ漢字を使うのはどれか。次の中からそれぞれ選びマークせよ。

a　ア　有名な企業から協サン金をいただく。
　　イ　外気に触れストレスを発サンさせる。

## 【国　語】（四五分）〈満点：一〇〇点〉

**一　次の文章を読んで、後の問いに答えよ。**

日本のスポーツの強豪チームでは、競技の種類にかかわらず、一種のカリスマ的指導者が強力なリーダーシップを発動して、強引に選手を引っ張っていくというやり方が長らく主流だった。できないときには、実力を行使してでも無理やり追い込んで、目標を達成させるというやり方があたりまえだった。

一九六四年の東京オリンピックで、バレーボール全日本女子チームを金メダルに導いた大松博文《だいまつひろぶみ》監督がその典型といえるだろう。大松監督は「おれについてこい！」と言って、徹底したスパルタ式で選手たちを鍛《きた》え上げ、「東洋の魔女」と呼ばれるまでにした。こうした大松監督のリーダーシップは大いに称サン[a]され、「おれについてこい！」は大松監督の著書のタイトルにもなったばかりか、映画化もされた。

実際、①そういうやり方は、短期間でそれなりの結果が出るのである。とくに弱いチームを一気に強くするのには最適で、たとえば一〇〇番目くらいのチームなら一〇番目くらいまでにはすぐさま引き上げることができる。成熟しきれていない組織や個人を、早急にあるレベルまで引き上げるには、強いリーダーが戦略を描き、フォロワーは一糸乱れず従うという方法が手っ取り早いのだ。

スポーツの世界にかぎらず、政治でも経済でも、②かつての日本におけるリーダーシップのあり方は、「支配型」もしくは「強権型」が主流だったように思う。［A］、リーダーがみずから先頭に立ち、トップダウン式に指示命令を徹底させ、部下はリーダーの指示にチュ[b]ウ実に動くことを求めるやり方である。

［B］、そういうやり方は日本人の資質にも合っているらしく、とりわけ「欧米に追いつけ追い越せ」と国が③一丸となっていた高度経済成長期には大いに機能した。一定の品質を備えた製品やサービスを、大量かつ安価に確実に送り出すには最適のやり方だったからだ。その結果、いわば「弱小チーム」だった日本は、「強豪チーム」の仲間入りをしただけでなく、トップをうかがうまでになった。

競技を問わず、強豪チームのなかにはいまでも指導者がこうした支配型リーダーシップ、強権型リーダーシップのもとで選手たちを鍛えるやり方をとっているところがある。私自身、成長カ[c]程の一時期には、そういうやり方が選手にとっても必要だと感じている。そのなかでそれなりの成果が出れば喜びを見出せるし、大きな自信になるからだ。

［C］、そういうやり方一辺倒では、一〇番にはなれても、一番には絶対になれない。断言してもいい。なれたとすれば、それは「市場」が未成熟だったからだ。つまり、それほど多くのチームが参入していなくて、戦略や戦術もそれほど研究が進んでおらず、情報も乏《とぼ》しく、練習にも科学的視点が欠けている、というような状況である。そうであれば、④支配型、強権型リーダーシップで鍛えれば一番になる可能性はある。

けれども、「市場」が成熟してしまえば、そういう監督のもとで一番になることは不可能だ。［D］、支配型・強権型のリーダーシップは、フォロワーが自主的に考え、判断し、行動する機会を奪うことにもつながるからである。選手が自主的に考え、［I］的に行動しよ

MEMO

大切なことはメモしておこうネ！

# 2021年度

# 解　答　と　解　説

《2021年度の配点は解答欄に掲載してあります。》

## ＜数学解答＞

1　(1)　ア　2　イ　6　(2)　ウ　9　エ　3　オ　4
(3)　カ　7　キ　9　ク　2　(4)　ケ　2　コ　4　(5)　サ　3　シ　9
(6)　ス　4　(7)　セ　4　ソ　7　(8)　タ　5　チ　4　(9)　ツ　2　テ　1

2　(10)　ア　1[2]　イ　2[1]

3　(11)　ア　7　(12)　イ　1　ウ　5　(13)　エ　3　オ　4

4　(14)　ア　2　(15)　イ　2　(16)　ウ　2

5　(17)　4　(18)　イ　8　ウ　4　(19)　エ　5　オ　7　カ　3

○配点○

各5点×20　計100点

## ＜数学解説＞

基本　1　（数・式の計算，平方根の計算，連立方程式，1次関数，平方根の大小，方程式の応用問題，角度）

(1)　$1-2^3\times4+5=1-8\times4+5=1-32+5=-26$

(2)　$-a^5b^4\times(12a^2b)^2\div(-4a^3b)^2=-a^5b^4\times144a^4b^2\times\frac{1}{16a^6b^2}=-9a^3b^4$

(3)　$(\sqrt{6}-\sqrt{3})^2-\sqrt{2}(\sqrt{2}+3)=6-2\sqrt{18}+3-2-3\sqrt{2}=6-6\sqrt{2}+3-2-3\sqrt{2}=7-9\sqrt{2}$

(4)　$7x-3y=2$…①　$y=-5x+14$…②　②を①に代入して，$7x-3(-5x+14)=2$　$7x+15x-42=2$　$22x=44$　$x=2$　これを②に代入して，$y=-5\times2+14=4$

(5)　$y=-2x+7$…①　①に$x=-1$，2を代入して，$y=-2\times(-1)+7=9$，$y=-2\times2+7=3$　よって，$3\leqq y\leqq9$

(6)　$2.1<\sqrt{a}<3$　$4.41<a<9$　この不等式が成り立つ自然数$a$は，5，6，7，8の4個

(7)　もとの数の十の位の数を$x$とすると，一の位の数は$x+3$　$10(x+3)+x=2(10x+x+3)-20$から，$10x+30+x=22x+6-20$　$11x=44$　$x=4$　$4+3=7$　よって，もとの2けたの数は47

(8)　$\angle DCB=180°-130°=50°$　$50°-14°=36°$　$130°-40°=90°$　三角形の内角の和の関係から，$\angle x=180°-(36°+90°)=180°-126°=54°$

(9)　三角形の内角と外角の関係と内角の和の関係から，$50°+(31°+56°)+(x+22°)=180°$　$x=180°-159°=21°$

2　（統計）

80点以上とった生徒の人数の割合は，$\frac{7+4}{20}\times100=55$より，55％である。

メジアンのある階級は，80点以上90点未満である。

50点以上60点未満の階級の相対度数は，$\frac{3}{20}=0.15$より，0.15である。

モードは，階級80点以上90点未満の階級値の85点である。

よって，①と②が正しい。

## 3 （確率）

基本 (11)　得点が最高点になるのは，1回目に白が出て，2回目に青が出る場合である。よって，最高点は，$3+4=7$(点)

(12)　袋の中の球を赤，白1，白2，青2，青2とすると，球の取り出し方は全部で，$5\times4=20$(通り)　そのうち，1回目に白，2回目に青が出る場合は，(白1，青1)，(白1，青2)，(白2，青1)，(白2，青2)の4通り　よって，求める確率は，$\frac{4}{20}=\frac{1}{5}$

重要 (13)　得点が0点になる場合は，(白1，赤)，(白2，赤)，(青1，赤)，(青1，白1)，(青1，白2)，(青2，赤)，(青2，白1)，(青2，白2)の8通り　そのうち，青球が取り出されているのは，6通りだから，求める確率は，$\frac{6}{8}=\frac{3}{4}$

## 4 （図形と関数・グラフの融合問題）

基本 (14)　C$(-1,\ 1)$　BO＝AC＝$1-(-1)=2$　よって，B$(0,\ 2)$

基本 (15)　(四角形OABC)＝AC×BO÷2＝$2\times2\div2=2$

重要 (16)　$y=x^2$…①　直線OAの傾きは，$\frac{1}{1}=1$　BC//AOから，直線BCの傾きも1になるので，直線BCの式は，$y=x+2$…②　①と②から$y$を消去すると，$x^2=x+2$　$x^2-x-2=0$　$(x+1)(x-2)=0$　$x=-1,\ 2$　①と②の交点のうち，$x>0$の方をDとすると，△OAD＝△OAB＝(四角形ABCD)×$\frac{1}{2}$　よって，点Dの$x$座標は2

## 5 （空間図形の計量問題―ねじれの位置，表面積，三平方の定理，体積）

基本 (17)　辺ABとねじれの位置にある辺は，DH，CG，EH，FGの4本

重要 (18)　側面の二等辺三角形の等辺の長さは，$\sqrt{4^2+(6\div2)^2}=\sqrt{25}=5$　底辺は6だから，高さは，$\sqrt{5^2-\left(\frac{6}{2}\right)^2}=\sqrt{16}=4$　よって，表面積は，$6\times6+\frac{1}{2}\times6\times4\times4=36+48=84$

(19)　正四角すいの体積は，$\frac{1}{3}\times6\times6\times\sqrt{7}=12\sqrt{7}$　求める立方体の高さを$h$とすると，$6\times6\times h=12\sqrt{7}\times5$　$h=\frac{60\sqrt{7}}{36}=\frac{5\sqrt{7}}{3}$

★ワンポイントアドバイス★

5の図2の投影図の立面図の三角形は，側面を表しているわけではないので注意しよう。$\sqrt{7}$は正四角すいの高さを表している。

## ＜英語解答＞

1　1 ウ　2 イ　3 イ　4 エ　5 ア

2　1 エ　2 イ　3 ア　4 イ　5 ウ

3　1 エ　2 ア　3 イ　4 ウ　5 ウ　6 エ　7 エ　8 ア　9 イ　10 ア

4　1 ウ　2 エ　3 ア　4 ウ　5 イ

5　1 ウ　2 エ　3 ア　4 ア　5 イ

6　1 エ　2 ウ　3 エ　4 イ　5 ウ

7　(1) イ　(2) ウ　(3) ア　(4) エ　(5) ウ

8　問1 エ　問2 ウ　問3 イ　問4 エ　問5 ア　問6 ウ　問7 エ　問8 ア　問9 イ　問10 ウ

○配点○

各2点×50　計100点

## ＜英語解説＞

1　(アクセント問題)

1 ア [èndʒəníər]　イ [vɑ̀ləntír]　ウ [fəmíljər]　エ [intrədúːs]

2 ア [pɑ́pjələr]　イ [diskʌ́vər]　ウ [dífərənt]　エ [bjúːtəfl]

3 ア [bǽskitbɔ̀l]　イ [dilíʃəs]　ウ [pǽsəndʒər]　エ [kǽləndər]

4 ア [fətɑ́grəfər]　イ [ikspíəriəns]　ウ [ispéʃəli]　エ [kʌ́mftəbl]

5 ア [houtél]　イ [vílidʒ]　ウ [mésidʒ]　エ [lǽŋgwidʒ]

2　(発音問題)

1 [igzíst]　ア [ikspléin]　イ [ikskjúːz]　ウ [éksərsàiz]　エ [igzǽmpl]

2 [brɔːt]　ア [roud]　イ [əbrɔ́ːd]　ウ [θróu]　エ [sóul]

3 [stéik]　ア [stréindʒ]　イ [héd]　ウ [déd]　エ [séd]

4 [kʌp]　ア [hɑːt]　イ [hʌ́ŋgri]　ウ [pɑ́rk]　エ [dɑ́rk]

5 [bóuθ]　ア [ʌ́ðər]　イ [ðǽt]　ウ [θǽŋk]　エ [brʌ́ðər]

3　(語句選択問題：動詞，形容詞，現在完了，接続詞，比較，副詞，動名詞，進行形，疑問詞)

1 「この花を英語で何と呼びますか。」〈call A B〉で「AをBと呼ぶ」という意味を表す。この文ではBが what になり，文頭に置かれている。

2 「ケンはゲームをするのに時間を使い過ぎました。彼は宿題をする時間がありませんでした。」文意からウやエは不適切。また，「時間」は数えられないものなのでイは不適切。

3 「彼女は今外出しています。彼女は市場へ行ってしまいました。」〈have gone to ～〉で「～へ行ってしまった(もういない)」という意味を表す。

4 「サラは奈良にいる間に，多くの寺や神社を訪ねました。」 while は「～の間に」という意味を表す。文意からアやエは不適切。イの during は後に名詞を従えるので不適切。

5 「このボトルはいっぱいですが，他のボトルは空です。」 複数あるものについて説明するときは，〈one ～, the other ～〉という表現を用いる。アは単数の場合なので不適切。イは後に名詞を置けないので不適切。エは「他の」という意味を持たないので不適切。

6 「私は他のどの季節より夏が好きです。」〈～ er than any other …〉で「他のどんな…よりも～」という意味を表す。

基本 7 「私は明日早く起きなければなりません。」 時刻が「早い」と言う時は early を用いる。

8 「ケンは私にさようならを言わずに去りました。」〈without ～ing〉で「～することなしに」という意味を表す。

9 「私たちは今学校のカフェテリアで昼食を食べているところです。」 現在進行形の文だと判断する。アは主語に合わないので，不適切。ウとエは「今」に合わないので，不適切。

10 A「金閣寺はどうですか。」 B「すばらしいです。」〈how do you like ～〉は「～はいかがですか」という意味を表す。

**4** （語句整序問題：不定詞，現在完了，受動態，助動詞）

1 (She) is rich enough to buy a piano(.) 〈～ enough to …〉で「…するくらい～だ」という意味になる。

2 (He) taught me how to play that game(.) 〈how to ～〉で「～する方法(仕方)」という意味を表す。

3 I wanted my son to be a soccer player(.) 〈want A to ～〉で「Aに～してほしい」という意味を表す。

4 (I) have been interested in history (since I was a child.) 「ずっと～している」という意味は，現在完了の継続用法で表す。また，〈be interested in ～〉で「～に興味を持つ」という意味を表す。

基本 5 Would you like another glass of juice(?) 〈would like to ～〉で「～したい」という意味を表す。また，水やジュースなどを数える時は〈… glass of ～〉という表現を用いる。

**5** （書き換え問題：分詞，現在完了，前置詞，比較，助動詞）

1 「その少年は私の兄です。彼は向こうに立っています。」→「向こうに立っている少年は私の兄です。」 現在分詞は「～している」という意味を表す。ここでは standing over there が boy を修飾している。

2 「私の家族は10年前に埼玉に引っ越しました。私の家族は今も埼玉に住んでいます。」→「私の家族は埼玉に10年間住んでいます。」「ずっと～している」という意味は，現在完了の継続用法で表す。

3 「私は姉の誕生日にはいつもプレゼントをあげます。」→「私は姉の誕生日にはいつも彼女にプレゼントをあげます。」〈give A B〉で「AにBを与える」という意味になる。この形を書き換えると〈give B to A〉となる。

4 「デイビッドはクラスの中で一番背が高い生徒です。」→「クラスの他のどの生徒もデイビッドほど背が高くありません。」〈no other ～ is as … as —〉で「どの～も—ほど…ではない」という意味を表す。

5 「あなたはそれについて心配する必要はありません。」〈need to ～〉で「～する必要がある」という意味を表す。否定は〈need not to ～〉とする。

**6** （正誤問題：現在完了，受動態，代名詞，冠詞）

1 現在完了の疑問文において「もう～しましたか」という意味を表す時は yet を使う。

2 〈be known to ～〉で「～に知られる」という意味を表す。

3 「～の」という意味は〈of ＋所有代名詞〉で表す。

4 疑問文や否定文では anything を使う。

5 「～につき」という意味は，the ではなく a で表す。

**7** （会話文問題：語句補充）

タロウ：こんにちは，ボブ。

ボブ　：こんにちは，タロウ。元気ですか。
タロウ：(1)元気です，ありがとう。今日タクミを見ましたか。
ボブ　：いいえ，見ませんでした。
タロウ：(2)彼は今日なぜ学校に来なかったんだろう。
ボブ　：昨日サッカーをしていたとき脚を折ったからです。
タロウ：(3)ああ，それは気の毒に。
ボブ　：今日の午後彼を訪ねましょうか。
タロウ：(4)明日のほうがいいと思う。今日は宿題がたくさんあります。
ボブ　：わかりました。(5)彼に何か持っていきましょう。
タロウ：本はどうですか。彼はいつも本を読んでいます。
ボブ　：それはいいですね。

(1)　ア「いいえ，けっこうです。」，ウ「はい，そうします。」，エ「ああ，わかりました。」

(2)　ア「あなたは明日何をしますか。」，イ「あなたはどこでサッカーをしましたか。」，エ「彼は何歳ですか。」

(3)　イ「それはよかったです。」，ウ「もちろん。」，エ「私は幸せです。」

(4)　ア「はい，一緒に勉強しましょう。」，イ「はい，どうぞ。」，ウ「私はそれを知っています。」

(5)　ア「いらっしゃいませ。」，イ「後で会いましょう。」，エ「それは本当にきれいでした。」

**8**　**（長文読解問題・説明文：語句補充，指示語，不定詞，内容吟味，語句整序）**

（全訳）　ボランティア活動を①したことはありますか。ボランティア活動では，報酬なしに困っている人々を助けます。多くの学生が休暇中にボランティア活動に参加し，多くの労働者は土曜日や日曜日に②そうします。ボランティア団体にお金を寄付する人々もいます。

カンボジアでは，きれいな水を得られない③ために多くの人々が病気になっています。汚れた水を飲まねばならないので多くの子どもたちが病気です。その水には細菌がいます。より多くのきれいな水を④得るために，彼らにはもっと多くの井戸が必要です⑤が，井戸を掘るのに必要なお金や技術がありません。

日本のボランティア団体はカンボジアで，彼らが井戸を⑥掘るのを手伝っています。彼らは最新の井戸掘り技術を使い，貧しい村々で多くの井戸を掘っています。とても暑く，その機械を使っている人は多くないので，⑦これは重労働です。

日本の多くの人々がこの活動を寄付によって助けています。10万円で1つの井戸を掘ることができます。その場所で多くの命を救うことができるので，こうするのはあまりに高価すぎるとは言えません。多くの裕福な人々や会社は，高価な車⑧よりも貧しい人々のためにお金を使うことを選びます。もちろん，あなたはボランティアになるためにこのような多くのお金を使う必要はありません。もし多くの人々が寄付を行えば10円でも十分役に立ちます。

⑨ボランティア活動を始めるのは難しいと思わないでください。いつでも，どこでもそれを始められます。

問1　現在完了の文なので，〈have ＋過去分詞〉の形になる。

問2　直前の部分にある「ボランティア活動に参加し」という内容を指している。

問3　後の部分が前の部分の理由を表しているので，イが答え。

問4　目的を表す副詞的用法のものを選ぶ。アとイは名詞的用法，ウは形容詞的用法。

問5　前後の部分の内容が対立しているので，アが答え。

問6　〈help A to ～〉で「Aが～するのを手伝う」という意味を表す。

問7　直前の文の内容を指しているので，エが答え。

重要 問8　〈rather than ～〉で「～よりもむしろ」という意味を表す。

問9　並べ替えると（Don't think）it's difficult to start a volunteer activity（.）となる。〈it is ～ to …〉で「…することは～である」という意味になる。

問10　ア「ボランティア活動のために誰も寄付をしない。」 第4段落の第1文の内容に合わないので，誤り。　イ「裕福な人々はみな高価な車を買いたい。」 第4段落の第4文の内容に合わないので，誤り。　ウ「カンボジアの人々はきれいな水を得るために十分な井戸を持っていない。」 第2段落の第4文の内容に合うので，答え。　エ「10円の寄付は役に立たない。」 第4段落の最後の文の内容に合わないので，誤り。

★ワンポイントアドバイス★

[3]の3では，〈have gone to ～〉が使われている。関連する表現として〈have been to ～〉があり，「～へ行ったことがある」という意味で，経験を表す。また〈have been in ～〉は「～にずっといる」という意味で，継続を表す。

## ＜国語解答＞

[一]　問一　a　ア　b　ア　c　ウ　d　エ　e　ア　問二　A　ウ　B　エ　C　イ　D　ア　問三　Ⅰ　イ　Ⅱ　ア　問四　ウ　問五　エ　問六　③　エ　⑧　イ　問七　ア　問八　イ　問九　イ　問十　ア　問十一　ウ

[二]　1　イ　2　イ　3　ア　4　ア　5　イ

[三]　問一　a　イ　b　エ　c　ア　問二　ウ　問三　①　イ　③　ア　問四　②　ア　④　ウ　⑨　イ　問五　ウ　問六　エ　問七　ウ　問八　ア　問九　イ　問十　ウ

[四]　問一　1　ア　2　エ　3　オ　問二　エ　問三　イ

[五]　問一　1　イ　2　ア　問二　1　イ　2　ウ　問三　ア

○配点○

各2点×50　計100点

## ＜国語解説＞

[一]　（評論－漢字の読み書き，接続語の問題，脱文・脱語補充，文脈把握，語句の意味，同義語・対義語）

問一　a「称賛」は「ほめたたえること」。イ「発散」，ウ「山積」，エ「清算」。エの「清算」は「後始末をつけること」であり，「金額などを計算して結果を出す」という意味の「精算」とは異なるので注意。　b「忠実」は「まごころをもってつとめること，間違いなくその通りにすること」。イ「抽出」，ウ「常駐」，エ「宙返り」。　c「過程」は「進行の段階」。ア「佳境」，イ「課税」，エ「雑貨」。　d「奉仕」は「私心を捨てて尽くすこと」。ア「大志」，イ「主旨」，ウ「実施」。　e「特徴」は「他と比べて特に目立ったり，他との区別に役立ったりする点」。「特長」はその中でも良い点のみを指す言葉である。イ「重複」，ウ「落丁」，エ「帳尻」。

問二　A　空欄A直後の「リーダーが…求めるやり方」が空欄A直前の「『支配型』もしくは『強権型』」の説明となっているのでウが適当。　B　空欄B直後の「らしく」につながるものはエのみである。　C　空欄Cまでは「支配型リーダーシップ」，「強権型リーダーシップ」について肯定的な記述があるが，空欄Cの後では「一番には絶対になれない」と後ろ向きな記述があるため，イが適当。　D　空欄Dを含む一文の文末「からである」につながるものはアのみである。

問三　I　空欄I直前の「自主的」の類義語であるイが適当。　II　空欄II直前の「リーダーが…なってしまった」ということから，アを選択する。ウとも迷うが，空欄II直後では「組織が弱体化してしまった」と組織全体のことについて述べているため不適当。

基本　問四　ア「強豪チームにしかできない」が傍線部①直後「とくに弱いチームを一気に強くするのは最適」と矛盾するため不適当。　イ「目標達成を一番には考えない」は，第一段落「実力を…達成させる」と矛盾するため不適当。　エ「映画化されることだけを目標とする」が不適当。大松監督の著書が映画化されたのはあくまでも大松監督自身のリーダーシップが称賛された結果，二次的に生まれたことである。

重要　問五　ア「選手に自主性を持たせ」が第四段落「トップダウン式に指示命令を徹底させ」と矛盾するため不適当。　イ　迷うところだが，高度経済成長期については第五段落で「とりわけ」と説明されているためあくまで一例であり，高度経済成長期に限った話ではないため不適当。
ウ　問四の解説同様，映画に関してはあくまでも二次的なものであるため不適当。

問六　③「一丸となる」は丸のように一つのまとまりになるということから，エの意味。
⑧「提唱」は「ていしょう」と読み，意見や主張を解くときに使われる熟語である。

やや難　問七　傍線部④直前の「そうであれば」の「そう」が指す内容をもとに解答する。第七段落「つまり…状況である」に合致するアが適当。エは「高度経済成長期であることが最低条件」が不適当。問五の解説の通り，高度経済成長期はあくまで「とりわけ」効果が発揮された時期にすぎない。

問八　傍線部⑤以前で問題として挙げられていることを探して解答する。すると第六段落までは支配型リーダーシップ，強権型リーダーシップに肯定的だが，第七・第八段落で一番にはなれないという後ろ向きな面について述べられており，第八段落ではその原因が説明されているので，その内容に合致するイが適当。

問九　第十一段落全体の内容をもとに解答する。アジア諸国について言及のあるイ・エに絞られるが，エは「アジア諸国が…見直すようになった」根拠がない。支配型リーダーシップを採用していたと断言できるのは日本のみであり，アジア諸国が採用していた根拠もない。

問十「独創」とは「独自の考えでものごとをつくり出すこと」，言うなれば「オリジナル」と似たような意味である。したがって，対義語としては「独自ではなく，他者の考え」という要素のある「模倣」が適当。

問十一　第十三・十五段落全体の内容をもとに解答する。ア「リーダー自身の自由度が高く」ではなく，フォロワーつまり組織のメンバーが主体的に取り組めることを重視したものなので不適当。　イ　これは現在のアジア諸国の特徴であり，リーダーシップのとりかたとは無関係なので不適当。　エ「必ず上下関係がなくなり」とまでする根拠は本文中にないため不適当。

二　（評論―内容吟味）

1「今までになかった現象」は，第二段落「国境を越えて…ありません」と矛盾する。　2「今以上の…言い切ることができる」は，第三段落「またわれわれは…分かります」と矛盾する。
3　第三段落に根拠あり。　4　第六段落に根拠あり。　5「世界中の全ての国が現代社会へと近づいていった」とする根拠は本文中にないため不適当。現在の状況を考えても，アジアやアフリカには未発展の国があるほか，所謂「未開の地」とされる場所があることは広く知られている。

三　（古文―仮名遣い，品詞・用法，語句の意味，文脈把握，口語訳，内容吟味）

〈口語訳〉　今となっては昔のことだが，人のもとに宮仕えをする，若く身分も低い侍がいた。することがないので，清水寺へ，人のまねをして千日詣でを二度した。その後まもなく，主人のもとにいた同じような侍と，双六を打ったのだが，ひどく負けて，(勝った相手に)渡すようなものがなかったところ，(勝った相手が)ひどく責めたので，思い悩んで「私は，持っている物がない。ただ今たくわえている物としては，清水寺に二千回参詣したことのみである。それを渡そう」と言ったところ，そばで聞いていた人は，(負けた侍が勝った侍を)騙しているのだと，ばからしく思って笑ったのだが，この勝った侍は「大変よいことである。渡すのならばもらおう」と言って，「いや，このままでは受け取ることができない。三日経って，このあらましを申し上げて，私に渡すという旨の文を書いて渡すのならば，受け取ろう」と言ったので，(負けた侍は)「いいだろう」と約束して，その日から(勝った侍は)身を清めて不浄を避け，三日経った日，「では，さあ清水寺へ」と言ったので，この負けた侍は，この(ような)ばか者に(私は)会ったことだ(なあ)と，おかしく思って，喜んで，連れて参詣した。(勝った侍が)言う通りに文を書いて，(仏像の)御前で，師の僧を読んで，(勝った侍に)事のあらましを(仏に)申し上げさせて，「(負けた侍が)二千度参詣したことを，私に双六の戦利品として納めた」と書き取らせたので，(その文を)受け取り，喜んで，ひれ伏して拝み，(清水寺から)退出した。その後，程なくして，この負けた侍は，思いがけないことで捕まって，牢屋にいた。勝った侍は，思いがけずしっかりとした家柄の妻をもうけて，大変富を築き，官職などに就いて，立派になった。「目に見えないものだが，誠の心でもって受け取ったので，仏は，慈悲深くお思いになったようだ」と，人は言った。

問一　a「初詣」の「もうで」と考えるとよい。　b「契る」は「ちぎる」と読み，古語では「約束をする，夫婦の約束をする」という意味がある。特に男女が「契る」場合，「夫婦の約束をする」という意味で解釈することが圧倒的に多い。　c「精進」は現代語でも同じ読み方をし，古語では「仏道修行に励むこと，身を清めて不浄を避けること，菜食すること」という意味がある。

問二　係助詞「ぞ」の結びは連体形である。アは未然形だが見かけることはまずない。イは終止形，エは已然形である。

問三　①「いくばく」は漢字では「幾許」あるいは「幾何」と書き，「どのくらい」という意味を持つが，下に「ず」や「なく」など打消や否定の語を伴うと「たいして〜ない」という意味になる。　③「謀る」は「はかる」と読み，「工夫する，だます」という意味。

重要　問四　②「いたく責めければ」は受け身の助動詞などがないことから能動態であり，「渡すものなかりけるに，いたく責めければ」なので，負けた侍が何も持っていないことを責めるのは勝った侍である。　④「をこに思ひて笑ひける」のはなぜかというと「謀るなり」と考えたからであり，その主語は「傍らにて聞く人は」と記述がある。　⑨「をかしく思ひて，喜びて」なので，「をかしく思」ったのも，「喜」んだのも同じ人物である。すると，「をかしく思」った内容について「このしれ者に会ひたる」と「この負け侍」が思ったという記述がある。

問五　渡すということについて，傍線部⑤の少し前に「『それを渡さん』」という発言があり，「それ」の内容は「清水に二千度参りたること」である。

問六　「じ」は「〜ないだろう」という打消推量の意味と，「〜するつもりはない」という打消意志の意味がある。打消の要素が見られるのはア・エだが，アの「受け取ったことはあるまい」は自分のことではなく相手のことについての発言であり，傍線部⑥は勝った侍が清水寺に二千回参詣したことを負けた侍から受け取ることを決めた場面での発言なので不適当。

問七　「三日して，このよしを申して」であることに注目して解答する。三日の間精進したこと，清水寺では「師の僧」をわざわざ呼んだことから，きちんと儀式的に受け取りを行う心構えがあったことがわかる。儀式というのは神仏や高貴なものに失礼のないように行うものであるので，ウが正答。ア　乗り物を準備するのであれば三日もいらないため不適当。　イ　夜になることを避けるだけならば三日もいらないため不適当。　エ　この後も双六で遊んだという記述はないため不適当。

問八　傍線部⑧はその前の「『三日して…受け取らめ』」を受けての発言である。イ「二人の侍」である根拠はない。実際に三日間精進した根拠があるのも勝った侍だけである。　ウ「清水に行くことはめったにない」根拠はない。　エ「双六を楽しもう」とは言っていない。今ではなく，三日後にあらましを書いた文をもって受け取るという話である。

やや難　問九　ア　負けた侍が書いたのではなく，「『それがしに双六に打ち入れつ』」という文なので勝った侍が書いたのである。　ウ「あはれ」は「しみじみとした趣き，寂しさ，情け」などの意味があるが，「罰」に関連するような意味はない。　エ　ア同様，証文は勝った侍が書いたので不適当。

基本　問十　ア　負けた侍は「思ひかけぬことにて」捕まったのであり，双六に負けたからという記述はない。そもそも注釈にある通り双六は単なる遊戯なので，負けたからといって捕まることはない。イ　師の僧は清水寺にいる人物であり，清水寺へは証文を交わしに行ったので双六で遊んではいない。　エ　証文は文書であり，目に見えるものなので不適当。

## 四　（品詞・用法，敬語・その他）

問一　1「～になる」は下に打消の「ない」を伴うと「ならない」であり，五段活用動詞である。2「にこにこ」は「可愛い」という形容詞を修飾するものである。名詞(＝体言)以外のものを修飾するものを副詞と言う。　3「小さな」は「魚」という名詞(＝体言)に連なっているので，連体詞。

問二「うかがう」は「尋ねる」「聞く」の謙譲語なので，「お客様」に対して使う語としては不適切である。今回は「尋ねる」意味であり，客には尊敬語を使うのが通常なので，「お尋ねになった」が正しい。

問三　下に「て」が続く場合，活用形は連用形となる。

## 五　（熟語，筆順・画数・部首）

問一　1「抱擁」は「抱きしめること」。ア「包容」は「包み入れること」，ウは「抱容」という熟語はない。エ「法用」は「葬儀などのために行う仏教儀式」。　2「軌跡」は「たどってきた道筋」。イ「記跡」・ウ「期跡」という熟語はない。エ「奇跡」は「通常ではありえないような不思議な出来事」。

問二　1「時期尚早」とは「事を行うにはまだ早すぎること」。　2「温故知新」とは「古いものをたずね求めて新しいことを知ること」。

問三　イ・ウ・エはいずれも口部が部首だが，アは土部が部首である。土部を部首に持つ漢字は他に「在」，「地」などがある。

★ワンポイントアドバイス★

論説文は，指示語の指示内容やキーワードについての説明，逆説の接続語の後に述べられている内容に注目して筆者の考えや主張をとらえよう。古文は，助動詞の有無や意味をおさえながら，全体の内容を正確に読み取ることを心がけよう。

MEMO

大切なことはメモしておこうネ！

# 2020年度

★★★★★★★★★★★★★★★★★★★★★★★

# 入　試　問　題

## 2020年度

# 浦和学院高等学校入試問題

**【数　学】**（45分）〈満点：100点〉

**1**　**次の問いの答えとして□内の記号に入る適当な数を選びマークせよ。**

1　$(-4)^2-5\times3$ を計算すると $\boxed{ア}$ である。

2　$-a^3b^4\times(-3ab)^3\div12ab^2$ を計算すると $\dfrac{\boxed{イ}}{\boxed{ウ}}a^{\boxed{エ}}b^{\boxed{オ}}$ である。

3　$\sqrt{24}\times\dfrac{4}{\sqrt{2}}\div2\sqrt{2}$ を計算すると $\boxed{カ}\sqrt{\boxed{キ}}$ である。

4　連立方程式 $\begin{cases}3x-y=8\\-5x+4y=3\end{cases}$ を解くと，$x=\boxed{ク}$，$y=\boxed{ケ}$ である。

5　91の正の約数は全部で4個あり，1，$\boxed{コ}$，$\boxed{サシ}$，91である。

6　2次方程式 $(x-3)^2-5=0$ を解くと，$x=\boxed{ス}\pm\sqrt{\boxed{セ}}$ である。

7　$y$ は $x-2$ に比例し，$x=-1$ のとき $y=6$ である。このとき，$x=2$ ならば $y=\boxed{ソ}$ である。

8　28，24，29，32，33，33，31の7個の数の平均値は $\boxed{タチ}$ である。

9　4けたの整数ABCDにおいて，次の筆算が成り立っているとする。このとき，A＝$\boxed{ツ}$，B＝$\boxed{テ}$，C＝$\boxed{ト}$，D＝$\boxed{ナ}$ である。

$$\begin{array}{r}\mathrm{ABCD}\\ \times\quad\ 4\\ \hline \mathrm{DCBA}\end{array}$$

10　右図のようなAB＝ACである二等辺三角形ABCがある。辺AC上に，BC＝BDとなるような点Dがあるとき，$x=\boxed{ニヌ}°$ である。

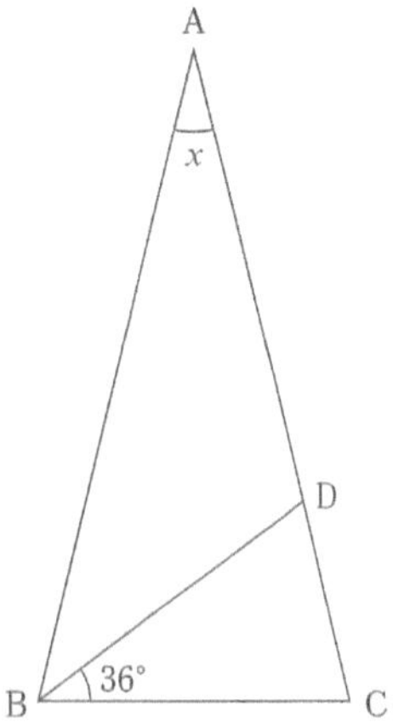


11　右図のような直角三角形ABCがある。このとき，黒く塗られた部分の面積は $\boxed{ネ}$ である。

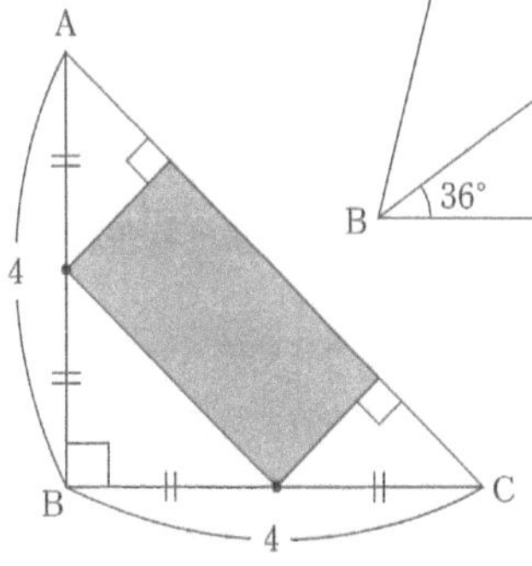

**[2] 次の問いの答えとして□内の記号に入る適当な数を選びマークせよ。**

同じ製品を作る工場が2つある。100個の製品を作るとき，A工場では不良品が5個発生し，B工場では不良品が8個発生する。このとき，次の問いに答えよ。

[12] A工場で不良品が発生する確率は$\dfrac{\boxed{ア}}{\boxed{イウ}}$である。

[13] B工場で不良品が発生しない確率は$\dfrac{\boxed{エオ}}{\boxed{カキ}}$である。

[14] A工場で600個，B工場で300個の製品を作り，それらをすべて混ぜ合わせる。そこから取り出した1つの製品が不良品であったとき，その製品がA工場で作られたものである確率は$\dfrac{\boxed{ク}}{\boxed{ケ}}$である。

**[3] 次の問いの答えとして□内の記号に入る適当な数を選びマークせよ。**

放物線$y=x^2$上に，$x$座標が－2の点Aと，$x$座標が2より大きい点Bがある。このとき，次の問いに答えよ。

[15] 点Aの座標は(－2，$\boxed{ア}$)である。

[16] 点Bの$x$座標が3のとき，直線ABの式は$y=x+\boxed{イ}$である。

[17] 直線ABと$x$軸との交点をCとする。また，点Bを通り$y$軸と平行な直線と$x$軸との交点をD，点Aを通り$y$軸と垂直な直線と直線BDとの交点をEとする。△BCDの面積が△BAEの面積の4倍であるとき，点Bの$x$座標は$\boxed{ウ}\sqrt{\boxed{エ}}$である。

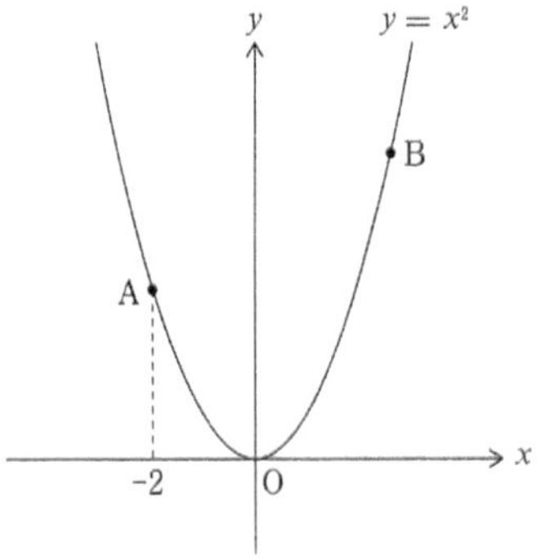


**[4] 次の問いの答えとして□内の記号に入る適当な数を選びマークせよ。**

右図のように，立方体の各頂点と各面の中心に同種の粒子が配列された形を「面心立方格子構造」という。面ABCDにおいて，円とそれぞれのおうぎ形は接しており，4つのおうぎ形を合わせるとこの円に合同な図形となる。このとき，次の問いに答えよ。

[18] この立方体の内部にある粒子を合わせると，球が$\boxed{ア}$個分できる。

[19] 面ABCD上にある円の半径を1とすると，AC＝$\boxed{イ}$である。

[20] 面ABCD上にある円の半径が1のとき，この立方体から，内部にある粒子をすべて除いた図形の体積は$\boxed{ウエ}\sqrt{\boxed{オ}}-\dfrac{\boxed{カキ}}{\boxed{ク}}\pi$である。ただし，円周率を$\pi$とする。

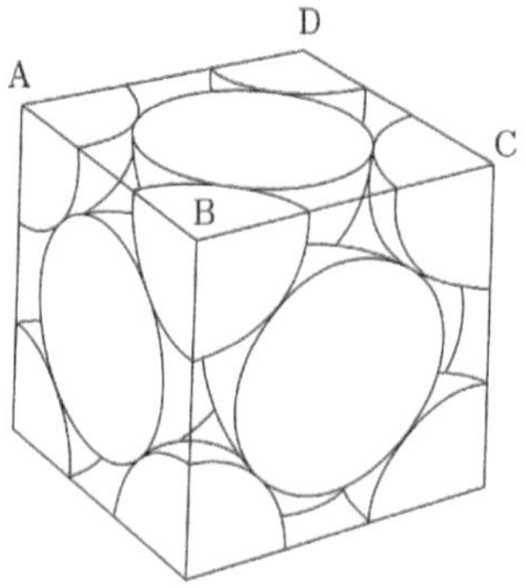

**【英　語】**（45分）〈満点：100点〉

**1　次の各組の語について，最も強く発音される部分が他のものと異なるものを選び，その記号をマークしなさい。**

1. ア en-joy　イ thir-teen　ウ for-get　エ home-work
2. ア moun-tain　イ be-come　ウ in-vite　エ a-round
3. ア use-ful　イ Sun-day　ウ sur-prise　エ vis-it
4. ア De-cem-ber　イ tel-e-phone　ウ u-ni-form　エ beau-ti-ful
5. ア an-oth-er　イ dif-fi-cult　ウ an-i-mal　エ dif-fer-ent

**2　次の各組の語について，見出しの語の下線部の発音を含むものを選び，その記号をマークしなさい。**

1. group　ア enough　イ thought　ウ soup　エ should
2. build　ア juice　イ guide　ウ gone　エ women
3. early　ア wear　イ heard　ウ bear　エ hear
4. helped　ア studied　イ excited　ウ answered　エ talked
5. said　ア rain　イ breakfast　ウ evening　エ game

**3　次の各英文を途中で一回区切って読むとき，適切な位置の記号をマークしなさい。**

1. My friend /(ア) Lucy /(イ) says /(ウ) she /(エ) doesn't know how to wash the sweater.
2. Come /(ア) to Japan /(イ) if /(ウ) you are interested in /(エ) Japanese culture!
3. You must wash /(ア) your hands /(イ) with a soap /(ウ) before /(エ) you eat lunch.
4. The young men /(ア) invited /(イ) to the ceremony /(ウ) are /(エ) Tom, Jack and Ben.
5. The boy /(ア) Betty likes /(イ) very much /(ウ) will go to France /(エ) to study French.

**4　次の各文中（　　）内に入る適切なものを選び，その記号をマークしなさい。**

1. Jack, Betty and I (　　　　　) on the same team.
   ア was　イ am　ウ is　エ are
2. These rackets are (　　　　　).
   ア ours　イ we　ウ us　エ our
3. Barbara skies very (　　　　　).
   ア well　イ snow　ウ good　エ winter
4. (　　　　　) four seasons in Japan.
   ア There is　イ There are　ウ Japan had　エ Spring, summer, autumn and winter
5. (　　　　　) English in Australia.
   ア They speak　イ People talk　ウ Is spoken　エ Is speaking

6. Most of the members (　　　　) in Saitama for ten years.
ア live　　イ are living　　ウ is living　　エ have lived

7. Mr. Sato told (　　　　) a funny story in his class.
ア for us　　イ to us　　ウ on us　　エ us

8. All the students were (　　　　) tired to walk in the summer sun.
ア much　　イ so　　ウ too　　エ very

9. Those women (　　　　) in the rice field want to finish their work very soon.
ア are working　　イ worked　　ウ work　　エ working

10. Jack wasn't going to try that new attraction, (　　　　)?
ア did Jack　　イ was Jack　　ウ did he　　エ was he

**5** 次の各英文が説明しているものを選び，その記号をマークしなさい。

1. a box in the street where you put letters that you want to send
ア vending machine　　イ postbox　　ウ traffic sign　　エ garbage can

2. a book that tells a story about people and things that are not real
ア novel　　イ notebook　　ウ textbook　　エ dictionary

3. a thing with a round end that you use for eating, serving or mixing food
ア fork　　イ chopstick　　ウ straw　　エ spoon

4. to move earth and make a hole in the ground
ア dig　　イ advance　　ウ scroll　　エ climb

5. with a lot of things that you must do
ア important　　イ useful　　ウ busy　　エ sad

**6** 次の各日本文の意味になるように(　)内の語句を並べかえたとき，(　)内で３番目と５番目にくる組み合わせとして正しいものを選び，その記号をマークしなさい。ただし，文頭にくるものも小文字で示してあります。

1. 琵琶湖は日本で一番大きな湖です。
Lake Biwa is (①than　②any　③larger　④lake　⑤in Japan　⑥other).
ア ②-⑤　　イ ②-④　　ウ ①-⑥　　エ ①-②

2. 娘に電話をしたいので，電話を貸してください。
(①use　②to　③your　④may　⑤phone　⑥I) call my daughter?
ア ①-⑤　　イ ①-②　　ウ ⑥-③　　エ ⑥-①

3. ベティーは昨日なくした本を探しています。
Betty is (①looking　②book　③lost　④she　⑤the　⑥for) yesterday.
ア ④-①　　イ ⑤-④　　ウ ①-⑥　　エ ①-②

4. 駅までタクシーで20分かかるでしょう。
It will (①the station　②me　③20 minutes　④to　⑤take　⑥get to) by taxi.
ア ⑥-④　　イ ⑥-②　　ウ ③-⑥　　エ ③-①

5. 彼の乗った飛行機がいつ離陸するのか，彼はあなたに言いましたか。
   Did he (①when ②takes ③tell ④plane ⑤you ⑥his) off?
   ア ①-④ イ ①-② ウ ④-① エ ④-⑤

**7** 次の英語の会話文が成り立つように，(　)内に入るべきものを選び，その記号をマークしなさい。

Mike：This restaurant is very good. (　1　) good food.
Lucy：It was a good idea to come to this restaurant. Thank you very much for inviting me.
Mike：Inviting you? I thought (　2　).
Lucy：If you say so, who is going to pay? I'm sorry but I'm broke.
Mike：You don't have any money? (　3　). I thought you were going to treat me. You are rich, aren't you?
Lucy：What are we going to do?
Mike：(　4　). I will call my friend, Ben. I think he will lend me a little money.
Lucy：(　5　).

(1) ア This restaurant orders イ He ate ウ She makes エ They serve
(2) ア you invited me イ I invited you ウ I will invite you エ who invited me
(3) ア I do, too イ I am, too ウ I don't, either エ I won't, either
(4) ア Don't forget イ Don't go away ウ Don't worry エ Don't mention it
(5) ア I'm not イ I mean it ウ I hope not エ I hope so

**8** 次の英文を読んで各問に答えなさい。

①Most of us use salt every day. We use it when we cook our food. But we think nothing of it because we can get it at a store or a supermarket at any time we like. It is there, and we use it without ②(　　　　) where it comes from .

But many many years ago, salt was not so common (　A　) it is today. It was not so easy to get it, especially (　B　) ③the people who lived far from sea. Most people used no salt in their food at that time. Only rich people could use it because it was too expensive for poor people.

④Salt was once so hard to get that it was used as money. Roman workers were once paid all or part of their wages in salt. The English word *salary* comes from the Latin word *solarium*. It means "salt money."

In old China, salt was almost as valuable as gold. In Europe before iceboxes were invented, salt was used to keep meat or fish from going bad. In some parts of Africa salt is taken to market in blocks. These blocks are as large as your textbook. At the market the blocks are broken into mall pieces for sale. In some parts of the world there are still people who have never seen or tasted salt.

1. 下線部①を受動態に言い換えたとき，正しいものを選び，その記号をマークしなさい。
   ア Salt is used by most of us every day. イ Salt is used every day by most of us.
   ウ Salt was used by most of us every day. エ Salt was used every day by most of us.

2. 下線部②に入るべきものを選び，その記号をマークしなさい。

ア to know　イ knows　ウ knowing　エ known

3. 下線部③を日本語に訳すとき適切なものを選び，その記号をマークしなさい。

ア 人々は海の近くに住んでいた

イ 人々は海から遠くに住んでいた

ウ 海の近くに住んでいた人々

エ 海から遠くに住んでいた人々

4. 下線部④を日本語に訳すとき適切なものを選び，その記号をマークしなさい。

ア 塩はお金として使われたので，かつて私たちはそれを手に入れにくかった。

イ 塩はかつてとてもかたく，お金として使うには適していた。

ウ 塩はかつてお金として使われたけれども，なかなか手に入れにくかった。

エ 塩はかつてとても手に入れにくかったので，お金として使われた。

5. 本文の内容に合うように［ ］内に入るものをア～エから選び，その記号をマークしなさい。

(1) 古代中国では［ ］と同じくらい価値があった。

ア アイスボックス　イ ブロック　ウ 金　エ 銅

(2) ［ ］では肉や魚が腐るのを防ぐため塩が使われた。

ア アフリカ　イ 古代ギリシャ　ウ 古代ローマ　エ ヨーロッパ

(3) アフリカのいくつかの地域では，塩は［ ］で市場に運ばれる。

ア かたまり　イ トラック　ウ キロ単位　エ 専用道路

6. （ A ）と（ B ）に入るものの正しい組み合わせを選び，その記号をマークしなさい。

ア (A) as-(B) for　イ (A) as-(B) to

ウ (A) when-(B) for　エ (A) when-(B) to

7. 本文を読んで次の問いに答えるとき，正しいものを選び，その記号をマークしなさい。

Are there still people who have never seen or tasted salt in some parts of the world?

ア Yes, they are.　イ No, they don't.

ウ Yes, there are.　エ No, there arent.

8. この文章のタイトルとして適切なものを選び，その記号をマークしなさい。

ア SALT IS IMPORTANT　イ HOW IS SALT USED IN THE WORLD?

ウ SALARY AND SALT　エ LIFE WITHOUT SALT

た。

ア　動詞　　イ　形容詞　　ウ　形容動詞　　エ　助動詞

**問二**　次の傍線部の品詞が他と異なるものはどれか。次の中から選び、マークせよ。

ア　心配事があるらしく、いかにもさびしそうな表情だった。

イ　そうか。これがおばけ屋敷の入り口だね。

ウ　雨が降ってきそうなどんよりとした空模様だ。

エ　この夏、すっかり日焼けしたね。みるからに健康そうだよ。

**問三**　敬語の使い方として正しい文はどれか。次の中から選び、マークせよ。

ア　子供服売り場の場所は案内所でうかがっていただけますか。

イ　お客様がいただいたイタリア料理は、自慢のメニューです。

ウ　先日の書道展のお礼を母が申しておりました。

エ　先生はドキュメンタリー映画を拝見しましたか。

**問四**　次の文に形容詞がいくつ含まれるか。その数を次の中から選び、マークせよ。

> 不安で不確かな時代に生きる人は物事に正確な答えを求め、コントロールしようとする。決して迷わないように、道を間違うことがないようにするのだ。現代を生きる私達が生きづらいことや息苦しいことの原因はそんなところにあると思われる。

ア　2　　イ　3　　ウ　4　　エ　5

## 五　次の問いに答えよ。

**問一**　次の傍線部の漢字を直したものとして適当なものはどれか。次の中からそれぞれ選び、マークせよ。

1　入院中の弟の病気が徐々にカイ方に向かっている。

ア　快　　イ　解　　ウ　介　　エ　開

2　彼はキセイ概念に縛られず、夢を持った挑戦をした。

ア　規制　　イ　期成　　ウ　既成　　エ　既製

**問二**　次の中で部首が違う漢字はどれか。次の中から選び、マークせよ。

ア　業　　イ　案　　ウ　村　　エ　想

**問三**　次の熟語の対義語をそれぞれ漢字で書いたとき、全く使用しない漢字はどれか。次の中から選び、マークせよ。

> 実践　　鈍感　　自立　　供給

ア　存　　イ　利　　ウ　鋭　　エ　要

**問四**　「取らぬ狸の皮算用」と似たことわざはどれか。次の中から選び、マークせよ。

ア　渡る世間に鬼はない　　イ　絵に描いた餅

ウ　弘法も筆の誤り　　エ　馬の耳に念仏

闇もなほ、蛍の飛びちがひたる。

問六　傍線部⑧の解釈として最も適当なものはどれか。次の中から選び、マークせよ。

ア　筋の通らない言いがかりであるなあ
イ　残念なことをしてしまったなあ
ウ　定められた運命だったのだなあ
エ　素晴らしい心遣いをしてくれたのだなあ

問七　空欄［Ｉ］に入れる言葉として最も適当なものはどれか。次の中から選び、マークせよ。

ア　辛く　　イ　嬉しく
ウ　をかしく　　エ　おぼつかなく

問八　本文中の和歌「勅なれば」について１・２の各問いに答えよ。

１　込められている思いとして最も適当なものはどれか。次の中から選び、マークせよ。

ア　雲の上の存在である帝に対して昔と変わらぬ忠誠を誓い、大切にしていたうぐいすをも手放す覚悟であることを強く訴える気持ち。
イ　親の形見である梅の木を取られてしまうばかりでなく、かわいがっていたうぐいすまでも失ってしまうことを嘆き悲しむ気持ち。
ウ　うぐいすを気づかう愛情を歌っているように見せながら、風流からかけ離れた帝の無理難題をやんわりと批判しようとする気持ち。
エ　蔵人と夏山繁樹をめぐる政治的な駆け引きに巻き込まれるよりも、身の回りの自然をいつくしむほうが大切だという気持ち。

２　用いられている修辞法として最も適当なものはどれか。次の中から選び、マークせよ。

ア　枕詞　　イ　擬人法　　ウ　序詞　　エ　体言止め

問九　本文からうかがえるこの文章が書かれた時代の説明として最も適当なものはどれか。次の中から選び、マークせよ。

ア　「梅の木の枯れたりしかば、求めさせたまひし」という記述からうかがえるように、当時「梅」は高貴な花として珍重され、天皇家の象徴でもあったが、絶滅の危機にひんしていた。
イ　「勅なれば」の和歌からうかがえるように、当時の和歌は高度なコミュニケーションツールとして発達を遂げており、場合によっては支配階級の地位をおびやかす働きも果たした。
ウ　「何者の家ぞ」という帝の発言からうかがえるように、当時の和歌は人々の間で盛んに詠まれてはいたものの歌人の社会的地位は低く、生活は困窮するほどであった。
エ　「衣かづけられたりし」という記述からうかがえるように、当時手柄のあった者に対してはその功績をたたえるために目上の者から衣服が与えられるという習慣があった。

## ［四］　次の問いに答えよ。

問一　次の傍線部の品詞は何か。次の中からそれぞれ選び、マークせよ。

１　甲子園の応援に行って、楽しい思い出ができた。
２　兄は、修学旅行でアメリカ合衆国に行き、良かったと言ってい

※4　様体　　姿、かっこう
※5　勅　　天皇の命令
※6　辱号　　恥ずかしく感じる自分の評判
※7　さるは　　とはいえ、だが

**問一**　二重傍線部a～cの読み方（現代仮名遣い）として、最も適当なものはどれか。次の中からそれぞれ選び、マークせよ。

a　ア　おおどき　イ　ごとき
　ウ　おんじ　エ　おおんとき
b　ア　くろうど　イ　くらびと
　ウ　くらじん　エ　ぞううど
c　ア　まてり　イ　はべり
　ウ　たてまつり　エ　さむらいり

**問二**　傍線部①・⑥の現代語訳として、最も適当なものはどれか。次の中からそれぞれ選び、マークせよ。

①　ア　ばかばかしくて残念で
　イ　変わっていることで風情があって
　ウ　かわいらしくて興味深くて
　エ　おもしろくてしみじみと感慨深くて
⑥　ア　めずらしい衣をご着用になって
　イ　疑問にお思いになって
　ウ　粗末な衣をご着用になって
　エ　不気味にお思いになって

**問三**　傍線部②・③・④の主語（動作の主体）は誰か。次の中からそれぞれ選び、マークせよ。（同じ記号を何度使っても可。）

ア　帝　イ　蔵人　ウ　蔵人にお仕えする若者
エ　貫之の娘　オ　夏山繁樹

**問四**　傍線部⑤「かしこし」は現代でも使われている。本文の意味と合致する最も適当なものはどれか。次の中から選び、マークせよ。

ア　チンパンジーは犬よりも多くのことができるかしこい動物である。
イ　かしこまりました。すぐにコーヒーをご用意いたします。
ウ　引退試合での監督の言葉が心に響き、かしこまって聞いていた。
エ　遊園地のここかしこにゴミ箱が設置されているため便利だ。

**問五**　傍線部⑦「貫之」とは「紀貫之」のことである。代表的な作品の冒頭文として最も適当なものはどれか。次の中から選び、マークせよ。

ア　男もすなる日記といふものを女もしてみむとてするなり。それの年の十二月の二十日あまり一日の戌の時に門出す。そのよしいささかにものに書きつく。
イ　祇園精舎の鐘の声、諸行無常の響きあり。沙羅双樹の花の色、盛者必衰の理をあらはす。おごれる人も久しからず。ただ春の夜の夢のごとし。
ウ　月日は百代の過客にして、行き交ふ年もまた旅人なり。舟の上に生涯を浮かべ、馬の口とらえて老いを迎ふる者は、日々旅にして旅をすみかとす。
エ　春はあけぼの。やうやう白くなりゆく山際、少し明かりて、紫立ちたる雲の細くたなびきたる。夏は夜。月のころはさらなり、はあまりふさわしくないということになります。「五歳児のチコちゃんに叱られちゃってさ」のような言い方が、何となくユーモラス[※8]に感じられるのは、本来の用法から少しずれているからなのでしょう。

関根健一「いさめられても、叱らないで」

※1　平清盛　平安時代末期の武将。
※2　重盛　平安時代末期の武将。平清盛の子。
※3　諫言　いさめることやその言葉のこと。
※4　諫死　死んで目上の人をいさめること。また、死を覚悟していさめること。
※5　諫止　いさめて思いとどまらせること。
※6　長　多くの人の上に立ち、統率する人。
※7　念を押して　重ねて注意して。注意して確かめて。
※8　ユーモラス　おかしみのあるさまのこと。

**問**　次の記述は、この文章の内容に合致しているか。合致しているものには「ア」を、合致していないものには「イ」をそれぞれマークせよ。

1　「上から下をいさめる」用法の背景には、部下のほうが実力者である場合が常に存在する。
2　「五歳児のチコちゃんに叱られちゃってさ」のユーモラスな点は、五歳児が「叱る」という言葉を知っているところにある。
3　こんなことをしてはいけないと教えておきたいときには、「いましめる」を用いるとよい。
4　たいていの国語辞書には、「いさめる」はどんなときも目上の人に対して用いなければならないと記してある。
5　「釘を刺す」に、「畏れ多いけれど勇気を出して」といった熱い思いを感じる人もいる。

**三**　**次の文章は夏山繁樹という老人が集まった人々に自分の過去の体験を語った部分である。文章を読んで後の問いに答えよ。**

①いとをかしうあはれに侍りしことは、この天暦[※1]の御時[a]に、清涼殿《せいりやうでん》[※2]の御前の梅の木の枯れたりしかば、求めさせたまひしに、なにがしぬしの蔵人[b]にていますがりし時、うけたまはりて、「若き者どもはえ見知らじ。きむぢ求めよ[※3]」と②のたまひしかば、③一京《ひときゃう》まかり歩《あり》きしかども、侍らざりしに、西京《にしのきゃう》のそこそこなる家に、色《いろ》濃《こ》く咲きたる木の、様体《やうだい》[※4]うつくしきが侍りしを、掘りとりしかば、家あるじの、「木にこれ結《ゆ》ひつけて持《も》てまゐれ」と④いはせたまひしかば、あるやうこそはとて、持てまゐりてさぶらひしを、「なにぞ」とて御覧《ごらん》じければ、女の手にて書きて侍りける、

勅《ちょく》[※5]なれば⑤いともかしこしうぐひすの宿はと問はばいかが答へむ

とありけるに、⑥あやしく思《おぼ》し召《め》して、「何者《なにもの》の家ぞ」とたづねさせたまひければ、⑦貫之《つらゆき》のぬしの御女《みむすめ》の住む所なりけり。⑧「遺恨《ゐこん》のわざをもしたりけるかな」とて、あまえおはしましける。繁樹今生の辱号《ぞくがう》[※6]は、これや侍り[c]けむ。さるは、「思ふやうなる木持てまゐりたり」とて、衣《きぬ》かづけられたりしも、[ Ⅰ ]なりにきとて、こまやかに笑ふ。

（大鏡）

※1　天暦　村上天皇の御代の年号
※2　清涼殿　天皇の住居
※3　きむぢ求めよ　お前が探してこい

痛を受けてしまったから。

イ　筆者の働くことに対する考え方に触れることが、編集者たちが自身の生き方を見直すきっかけになったから。

ウ　仕事で本を読むようになると、本を読むことが苦痛になり二度と本に関わりたくないと思うようになったから。

エ　筆者に生きることと働くことに対する持論を熱く語られ、編集者たちが自身の働くことへの意義を見失ってしまったから。

**問九**　本文の内容に合致しないものはどれか。次の中から選び、マークせよ。

ア　読書をして幸せが感じられない時は、読む本を変えるべきだ。

イ　読書は、生きる営みの中の一つと捉えられるべきである。

ウ　日常生活で自分で少しも考えようとしない人は、本を読む時も自分で考えようとしない。

エ　読書の前後で生き方が変わらなければ、時間をかけて本を読むべきではない。

**二**　**次の文章を読んで、後の問いに答えよ。**

上司は部下をいさめてはいけません——最近の若者は傷つきやすいから、ではなく、「いさめる」は部下から上司へ向けられる行為だからです。

古くは「神のいさむる道」（伊勢物語）など、禁止を表す例もあり、この場合には「下から上へ」の方向性は含まれてはいません。ただ、指摘して改めさせる意味では、目上の人（上位者）の欠点・悪事を見かね、目下の人（下位者）が意を決して口を開くといったときに多く使われ、「諫《かん》」の字が当てられてきました。

「家に諫むる子あればその家必ず正し」（平家物語）は、父・平清盛[※1]の横暴な行為に苦悩する重盛[※2]を評した一節です。熟語「諫言《かんげん》」[※3]「諫死《かんし》」[※4]「諫止《かんし》」[※5]のイメージも相まって、「畏れ多いけれど勇気を出して」「不利益を被ることを恐れずに」といった熱い思いを感じるという人もいるのでは。最近のニュースでは「首相をいさめる議員がいないのは問題」「抗議の意味合いから辞任を決意した国防長官が大統領をいさめる」といった使用例がありました。

目下の人に向かって発するなら「叱る」です。「店長が働かない店員を～」「監督が練習しない選手を～」だったら、遠慮しないで叱りとばせばいいのです。「いやあ、このご時世、そうもいかないからなあ」——ごもっとも、「長」[※6]の肩書はあれど何の権威もない、部下のほうが実力者、といった状況はありがちですね。「上から下をいさめる」用法の背景には、そんな実情があるのかもしれません。たいていの国語辞書は「多く（主に）目上の人に」としていて、目下にも用いることを許容する余地を残しています。とはいえ、あまり使用範囲を広げるのもいかがなものでしょうか。

もっとも「叱る」の威圧感も気になるところです。穏やかに注意するのであれば「たしなめる」ではどうですか。こんなことをしてはいけないよと教えておきたいときには「いましめる」[※7]がいいかもしれません。しでかしそうな失敗を予測して、前もって念を押しておくなら「釘を刺す」です。

となると、下位者から上位者に向かって言うときは、これらの表現

b　ア　コウ果的な勉強方法を考える。
　　イ　運動会当日の天コウを心配する。
　　ウ　テストの失敗をコウ悔する。
　　エ　部活動のコウ式戦に向け練習する。

c　ア　映画のゲン作を読む。
　　イ　ゲン語学に興味がある。
　　ウ　我慢のゲン界に達する。
　　エ　体重がゲン少する。

d　ア　キュウ激な大雨に驚いた。
　　イ　選挙で学キュウ委員に選ばれる。
　　ウ　どこまでも深く真理を追キュウする。
　　エ　キュウ日に家族と出かける。

e　ア　この機械はタン純な設計だ。
　　イ　彼女の言い方はいつも極タンだ。
　　ウ　あまりの事実に悲タンの声を漏らす。
　　エ　アマゾンの奥地をタン検する。

**問二**　空欄A～Dに入る語句として最も適当なものはどれか。次の中からそれぞれ選び、マークせよ。

ア　また　　イ　もちろん　　ウ　なぜなら　　エ　もしも

**問三**　空欄1・2・4には「どんな」か「どのように」のいずれかが入る。「どんな」はア、「どのように」はイをそれぞれマークせよ。

**問四**　空欄3に共通して入る語として最も適当なものはどれか。次の中から選び、マークせよ。

ア　値　　イ　害　　ウ　額　　エ　楽

**問五**　傍線部①・④・⑤の意味として最も適当なものはどれか。次の中からそれぞれ選び、マークせよ。

①　ア　疑いの目を向けること　　イ　十分理解せず受け入れること
　　ウ　軽くあしらうこと　　エ　熱心に議論すること

④　ア　なつかしむこと　　イ　反省しあらためること
　　ウ　肯定的にとらえること　　エ　詳しく確かめ調べること

⑤　ア　ためらうこと　　イ　快く引き受けること
　　ウ　不審に思うこと　　エ　すぐにやめてしまうこと

**問六**　傍線部②に最も意味が近い語句はどれか。次の中から選び、マークせよ。

ア　一意専心　　イ　一知半解　　ウ　一所懸命　　エ　一心同体

**問七**　傍線部③で筆者が主張したいこととして最も適当なものはどれか。次の中から選び、マークせよ。

ア　著者以外の人物が著者の考えを正確に理解し伝えることは不可能なので、本を用いて文章で正確に伝えるべきだということ。

イ　著者によっては説得力のある人物とそうでない人物がいるため、著者の考えの信ぴょう性を常に疑うことが必要だということ。

ウ　本を読むことは生きることと離すことはできないので、読書を通じて自身の生き方を見直さなければ意味がないということ。

エ　読書を通して自身の生き方を必ず変えなければならないため、著者の考えを批判的に考える必要があるということ。

**問八**　傍線部⑥の理由として最も適当なものはどれか。次の中から選び、マークせよ。

ア　筆者に章立て案を一週間以内に作るよう要求され、精神的な苦りになかったので引き受けることを⑤躊躇《ちゅうちょ》したのですが、このテーマについては長く考えていたので引き受けることにしました。

担当の編集者の前で、働くことについて二時間ほど話しました。その話を元に本の章立て[※2]案を作ってもらえないかと頼んだら、一週間後、章立て案がメールで送られてきました。

驚いたことに、そのメールには、編集者が会社を辞めることにしたと書いてありました。私はその編集者に、人は働くために生きているのではなく、生きるために働いているという話を熱く語りましたから、私の話が編集者が自分の生き方を考え直すきっかけになったようでした。

［C］私はその人が会社を辞めることを止めるわけにはいきませんでしたが、これから本を書いて出版するわけですから、担当の編集者がいないわけにはいきません。そこで、すぐに[b]コウ任の編集者が決まりました。

数ヵ月後、その編集者の力を借りながら[c]ゲン稿を書き上げました。[※3]見本刷を持って、編集者がやってきました。

「実は、私も会社を辞めることにしました。」

新しい編集者がこのようにいうことを実はまったく予感していなかったわけではないのですが、さすがに⑥二人が立て続けに辞めることになったことに私は驚かないわけにいきませんでした。

その編集者がいうには、本が好きで出版社に入ったのに、仕事で本を読むようになってからは、あれほど本が好きだったのに本を読むことが苦痛になってしまったということでした。

その後、その人は、フリーの編集者として自分が作りたいと思う本の編集だけを手がけるようになりました。

仕事のために（私の場合は研[d]キュウのために、ということになりますが）本を読むことはいつも面白いというわけではありません。［D］、本を読むこと自体が目的になってしまっても、それはそれでつまらないことです。

本を読むこと自体が目的ではなく、限られた目的のために本を読むのでもありません。ちょうど人は働くために生きているわけではなく、生きるために働いているように、本を読むことも生きる営みの一つだと見なさなければなりません。何かの目的、仕事や気晴らしのために読むものでもありません。生きることから切り離された、あるいは限られた目的のためにだけ本を読むことは本来おかしいのです。

本を読むことの目的は、[e]タン的に言えば幸せです。本を読んでいる時に幸せを感じられなければ、読書の仕方を見直す必要があるでしょう。

岸見一郎「本をどう読むか」

※1　乱読　手当たり次第に書物を読むこと。
※2　章立て　文章を構成する章の立て方や並べ方のこと。
※3　見本刷　見本として印刷した印刷物のこと。

**問一**　二重傍線部a〜eの漢字と同じ漢字を使うものはどれか。次の中からそれぞれ選び、マークせよ。

a　ア　自宅のイ間で夕食をとる。
　　イ　クリーニング店にイ類を預ける。
　　ウ　警察に捜査をイ頼する。
　　エ　イ腸炎の薬を飲む。

## 【国　語】（四五分）〈満点：一〇〇点〉

**一　次の文章を読んで、後の問いに答えよ。**

　本を読むことは自分の生き方と離して考えることはできません。人がどのように本を読んでいるかを見れば、その人がどんな生き方をしているかがわかるといってもいいくらいです。

　ここで「［1］」本を読んでいるかではなく「［2］」本を読んでいるかを見ればその人の生き方がわかると書いたのは、何を読んでいるかはその人の生き方とはあまり関係がないからです。

　［A］、本当に本を読むのが好きな人であれば、どんな本でも読みますし、乱読[※1]するからです。その中には「いい本」もあればそうでない本もあるかもしれませんが、そのようなことがわかるためには、誰かに薦められてではなく、自分で選んで本を読むという経験を重ねていかなければなりません。

　本を読んでいるうちに、どんな本が面白いとか、読むに［3］するとか、あるいは、反対につまらないとか、時間をかけて読むに［3］しないというようなことが少しずつわかってきます。

「［4］」本を読めばこのようなことがわかるようになったかという話を聞けば、その人がどんな生き方をしてきたかがわかります。

　［B］自分で本を読んでどんな本を読めばいいかということを知ろうとするのではなく、いつも人から本を薦められてばかりの人がいれば、その人の生き方もまたそのようである、つまり人にイ[a]存して生きているということができます。

　例えば、本に書いてあることが正しいとは限らないなどというのは当たり前のことだと思いますが、日常生活で自分では少しも考えないで、いつも誰かの考えに従おうとする人は、本を読む時も自分では考えないで、著者の考えを①鵜呑《うの》みにするでしょう。

　もちろん、説得力のある本であれば、常に自分で考える人であっても、著者の考え方に同意するということは当然ありますが、だからこそ、余計に自分で考えるよう努めなければならないのです。

②「道聴途説《どうちょうとせつ》」という言葉があります。人から聞いたことを自分では理解しないで、そのまま他の人に伝えるということです。ある人の考えを聞き、なるほどその通りだと深く納得しても、他の人から違うことを聞けば、今度はそれを鵜呑みにして人に伝えるのです。

　③本を読む時も、著者の考えをそのまま無批判に受け入れ、その内容について自分では考えないで他の人に伝えるのでは本を読む意味はありません。

　大切なことは、④読書を通じて、自分のそれまで持っていた考え方や生き方を振り返って吟味し、さらには、自分の生き方を見直すということです。

　本をどう読むかは生き方そのものを表しますが、本の読み方が変われば、生き方も変わってきます。

　本を読む前と後で少しでも自分の生き方が変わらないようでは時間をかけて本を読んでもあまり意味がありませんが、本を読めば変わらないといけないのかということも含めて、読書と生き方について考えてみましょう。

　働くことについて本を書いたことがあります。出版までの日があま

# 2020年度

# 解　答　と　解　説

《2020年度の配点は解答欄に掲載してあります。》

## ＜数学解答＞

**1**　1 ア 1　2 イ 9　ウ 4　エ 5　オ 5　3 カ 2　キ 6
4 ク 5　ケ 7　5 コ 7　サ 1　シ 3　6 ス 3　セ 5
7 ソ 0　8 タ 3　チ 0　9 ツ 2　テ 1　ト 7　ナ 8
10 ニ 3　ヌ 6　11 ネ 4

**2**　12 ア 1　イ 2　ウ 0　13 エ 2　オ 3　カ 2　キ 5
14 ク 5　ケ 9

**3**　15 ア 4　16 イ 6　17 ウ 2　エ 2

**4**　18 ア 4　19 イ 4　20 ウ 1　エ 6　オ 2　カ 1　キ 6　ク 3

○配点○
各5点×20　　計100点

## ＜数学解説＞

基本 **1**　（数・式の計算，平方根，連立方程式，数の性質，2次方程式，比例関数，統計，角度，面積）

1　$(-4)^2-5\times3=16-15=1$

2　$-a^3b^4\times(-3ab)^3\div12ab^2=-a^3b^4\times(-27a^3b^3)\times\frac{1}{12ab^2}=\frac{9}{4}a^5b^5$

3　$\sqrt{24}\times\frac{4}{\sqrt{2}}\div2\sqrt{2}=2\sqrt{6}\times2\sqrt{2}\times\frac{1}{2\sqrt{2}}=2\sqrt{6}$

4　$3x-y=8$…①　$-5x+4y=3$…②　①×4＋②から，$7x=35$　$x=5$　これを①に代入して，$3\times5-y=8$　$y=7$

5　$91=7\times13$　よって，91の正の約数は，1，7，13，91の4個である。

6　$(x-3)^2-5=0$　$(x-3)^2=5$　$x-3=\pm\sqrt{5}$　$x=3\pm\sqrt{5}$

7　$y=a(x-2)$に$x=-1$，$y=6$を代入して，$6=a(-1-2)=-3a$　$a=-2$　$y=-2(x-2)$に$x=2$を代入して，$y=-2(2-2)=-2\times0=0$

8　$\frac{28+24+29+32+33+33+31}{7}=\frac{210}{7}=30$

9　4をかけて4桁になることと一の位の数は偶数になることから，A＝2　D×4で一の位が2になることから，D＝8　千の位に繰り上がりがないことから，Bは1か2　B＝1のとき，C×4＋3の一の位が1になることから，Cは2か7　C＝2のときは成り立たないが，C＝7のときは成り立つ。よって，A＝2，B＝1，C＝7，D＝8

10　△BCDは二等辺三角形だから，$\angle\mathrm{BCD}=\frac{180^\circ-36^\circ}{2}=\frac{144^\circ}{2}=72^\circ$　△ABCも二等辺三角形だから，$x=180^\circ-72^\circ\times2=180^\circ-144^\circ=36^\circ$

11　$\mathrm{AC}=2\sqrt{2}$　斜辺が2の直角二等辺三角形の他の2辺の長さは，$\frac{2}{\sqrt{2}}=\frac{2\sqrt{2}}{2}=\sqrt{2}$　黒く塗ら

れた部分は長方形だから，$\sqrt{2}\times(4\sqrt{2}-\sqrt{2}\times2)=\sqrt{2}\times2\sqrt{2}=4$

## [2] （確率）

基本 [12] $\frac{5}{100}=\frac{1}{20}$

基本 [13] $\frac{100-8}{100}=\frac{92}{100}=\frac{23}{25}$

[14] $5\times6=30$　　$8\times3=24$　　$\frac{30}{30+24}=\frac{30}{54}=\frac{5}{9}$

## [3] （図形と関数・グラフの融合問題）

基本 [15] $y=x^2\cdots$①　①に$x=-2$を代入すると，$y=(-2)^2=4$　よって，点Aの座標は$(-2,\ 4)$

[16] ①に$x=3$を代入すると，$y=3^2=9$　よって，B$(3,\ 9)$　直線ABの式を$y=ax+b$として点A，Bの座標を代入すると，$4=-2a+b\cdots$②　$9=3a+b\cdots$③　③－②から，$5=5a$　$a=1$　これを②に代入して，$4=-2\times1+b$　$b=6$　よって，直線ABの式は，$y=x+6$

重要 [17] 点Bの$x$座標を$b$とすると，B$(b,\ b^2)$，E$(b,\ 4)$，D$(b,\ 0)$　△BCD∽△BAEで，△BCD：△BAE＝4：1から，BD：BE＝2：1　$b^2:(b^2-4)=2:1$　$2(b^2-4)=b^2$　$2b^2-b^2=8$　$b^2=8$　$b>0$から，$b=\sqrt{8}=2\sqrt{2}$

## [4] （空間図形の計量問題－球，三平方の定理，体積）

基本 [18] 半球が6個，$\frac{1}{8}$球が8個あるので，$\frac{1}{2}\times6+\frac{1}{8}\times8=4$(個)

基本 [19] AC＝1＋2＋1＝4

[20] 立方体の1辺の長さは，$\frac{4}{\sqrt{2}}=\frac{4\sqrt{2}}{2}=2\sqrt{2}$　求める体積は，立方体の体積から，半径1の球4個分の体積をひいたものだから，$(2\sqrt{2})^3-\frac{4}{3}\pi\times1^3\times4=16\sqrt{2}-\frac{16}{3}\pi$

★ワンポイントアドバイス★

[1] [10]は，△ABCと△BCDは底角が等しい二等辺三角形なので，頂角も等しくなることから求めてもよい。

## ＜英語解答＞

[1] 1 エ　2 ア　3 ウ　4 ア　5 ア
[2] 1 ウ　2 エ　3 イ　4 エ　5 イ
[3] 1 ウ　2 イ　3 ウ　4 ウ　5 ウ
[4] 1 エ　2 ア　3 ア　4 イ　5 ア　6 エ　7 エ　8 ウ　9 エ　10 エ
[5] 1 イ　2 ア　3 エ　4 ア　5 ウ
[6] 1 イ　2 ア　3 イ　4 ウ　5 ア
[7] (1) エ　(2) ア　(3) ウ　(4) ウ　(5) エ
[8] 1 ア　2 ウ　3 エ　4 エ　5 (1) ウ　(2) エ　(3) ア　6 ア　7 ウ　8 イ

○配点○

各2点×50　計100点

## ＜英語解説＞

### 1 （アクセント問題）

1 ア [indʒɔ́i]　イ [θə̀:rtí:n]　ウ [fərgét]　エ [hóumwə̀:rk]

2 ア [máuntn]　イ [bikʌ́m]　ウ [inváit]　エ [əráund]

3 ア [jú:sfl]　イ [sʌ́ndei]　ウ [sərpráiz]　エ [vízət]

4 ア [disémbər]　イ [téləfòun]　ウ [jú:nəfɔ́:rm]　エ [bjú:təfl]

5 ア [ənʌ́ðər]　イ [dífikʌ̀lt]　ウ [ǽnəməl]　エ [dífərənt]

### 2 （発音問題）

1 [grú:p]　ア [inʌ́f]　イ [θɔ́:t]　ウ [sú:p]　エ [ʃúd]

2 [bíld]　ア [dʒú:s]　イ [gáid]　ウ [gɔ́(:)n]　エ [wímin]

3 [ə́:rli]　ア [wɛ́ər]　イ [hə́:rd]　ウ [bɛ́ər]　エ [híər]

4 [hélpt]　ア [stʌ́did]　イ [iksáitid]　ウ [ǽnsərd]　エ [tɔ́:kt]

5 [séd]　ア [réin]　イ [brékfəst]　ウ [í:vniŋ]　エ [géim]

### 3 （区切り問題：接続詞，分詞，関係代名詞）

1 「私の友達のルーシーはセーターの洗い方を知らないと言います。」 says の後には接続詞の that があるが省略されているので，ウで区切る。

2 「もし日本の文化に興味があるなら，日本に来てください。」 接続詞の if の直前で区切る。

基本 3 「昼食を食べる前には，石鹸で手を洗わねばなりません。」 接続詞の before の直前で区切る。

4 「セレモニーに招待された若い男たちはトム，ジャックそしてベンです。」 ceremony までが主語である。

5 「ベティが大好きな男の子はフランス語を学ぶためにフランスに行くだろう。」 much までが主語である。

### 4 （語句選択問題：動詞，代名詞，副詞，there is ～，現在完了，SVOO，慣用句，分詞，付加疑問文）

基本 1 「ジャック，ベティそして私は同じチームにいます。」 主語が複数なので，エを選ぶ。

2 「これらのラケットは私たちのものです。」「～のもの」という意味になるので，所有代名詞を選ぶ。

3 「バーバラはとても上手にスキーをします。」 well は「上手に」という意味を表す。

4 「日本には四季があります。」 〈there is (are) ～〉は「～がある」という意味を表す。

5 「オーストラリアでは英語を話します。」 一般的な人々を表す時には they を使う。また，言語を「話す」ことを表す時には speak を使う。

6 「メンバーのほとんどは10年埼玉に住んでいます。」「ずっと～している」という意味は，現在完了の継続用法で表す。

7 「佐藤先生は授業中に，私たちに面白い話をしました。」「私たちに」という意味になるので，目的格を選ぶ。

8 「生徒たちはみな夏の太陽の中で歩くには疲れすぎていました。」 〈too ～ to …〉で「…するには～すぎる」という意味を表す。

9 「田んぼで働いているあの女性たちは，とても早く仕事を終えたいと思っています。」 working

in the rice field が women を修飾している。

10 「ジャックは新しいアトラクションを試してみませんでしたね。」 付加疑問の部分に用いる動詞は，主文が否定であれば肯定に，主文が肯定であれば否定にして用いる。

**5** （語彙問題：名詞，動詞，形容詞）

1 「送りたい時に手紙を入れる，通りにある箱」 ア「自動販売機」，イ「ポスト」，ウ「信号機」，エ「ゴミ箱」

2 「実物ではない人々や物について語る本」 ア「小説」，イ「ノート」，ウ「教科書」，エ「辞書」

3 「食べ物を食べたり，給仕したり，かき混ぜたりするのに用いられる，縁が丸い物」 ア「フォーク」，イ「箸」，ウ「ストロー」，エ「スプーン」

4 「土を動かして，地面に穴を作ること」 ア「掘る」，イ「進む」，ウ「スクロールする」，エ「登る」

5 「しなければいけない多くのことがある」 ア「大切な」，イ「役に立つ」，ウ「忙しい」，エ「悲しい」

**6** （並べ替え問題：比較，助動詞，不定詞，関係代名詞）

1 (Lake Biwa is) larger than any other lake in Japan(.) 〈～ er than any other …〉で「他のどんな…よりも～」という意味を表す。

2 May I use your phone to (call my daughter?) 不定詞の副詞的用法は「～するために」という意味で目的を表す。

3 (Betty is) looking for the book she lost (yesterday.) she の直前には目的格の関係代名詞があるが，省略されている。

4 (It will) take 20 minutes to get to the station (by taxi.) 〈it takes O ～ to …〉で「Oが…するのに～かかる」という意味を表す。

5 (Did he) tell you when his plane takes (off?) 間接疑問文なので，〈疑問詞＋主語＋動詞〉の形になる。

**7** （会話文問題：語句補充）

マイク　：このレストランはとてもいいです。よい料理を(1)出してくれます。

ルーシー：このレストランに来るというのはいい考えでしたね。私を招待してくれてありがとう。

マイク　：あなたを招待？ (2)あなたがぼくを招待したと思っていました。

ルーシー：もしそう言うなら，誰が支払いをするのですか。すみませんが，私はお金がありません。

マイク　：あなたはお金を持っていないのですか。(3)ぼくも持っていません。あなたが面倒をみてくれると思っていました。あなたはお金持ちですよね。

ルーシー：どうしましょうか。

マイク　：(4)心配しないでください。友達のベンを呼びます。彼はぼくに少しお金を貸してくれると思います。

ルーシー：(5)そう願います。

**8** （長文読解問題・説明文：受動態，動名詞，英文和訳，語句補充，内容吟味）

（全訳） ①私たちのほとんどは毎日塩を使います。私たちは，私たちの食べ物を調理するときにそれを使用しています。しかし，私たちはいつでも好きな店やスーパーマーケットでそれを手に入れることができるので，私たちはそれについて何も考えません。それはそこにあり，私たちはそれがどこから来ているのか②知ることなしにそれを使用します。

しかし，昔は，塩は今日(A)のように一般的ではありませんでした。特に③海から遠く離れたところに住んでいた人々(B)にとって，それを得ることはそれほど簡単ではありませんでした。ほとんどの人は当時，食べ物に塩を使っていませんでした。貧しい人には高すぎたので，金持ちだけがそれを使うことができました。

④塩はかつて手に入れるのが難しかったので，お金として使われました。ローマの労働者はかつて賃金の全部または一部を塩で支払われました。英語の単語の「給料」は，ラテン語の「サラリウム」から来ています。それは塩のお金を意味します。

古い中国では，塩は金とほぼ同じくらい貴重でした。アイスボックスが発明される前のヨーロッパでは，肉や魚が悪くならないように塩が使われました。アフリカの一部の地域では，塩はかたまりで市場に運ばれます。これらのかたまりは，あなたの教科書と同じくらいの大きさです。市場では，かたまりは販売用に小さな部分に分割されます。世界の一部の地域では，塩を見たことも味わったりしたことがない人がまだいます。

1　受動態の文なので〈be動詞＋過去分詞〉という形にする。現在の文であることに注意する。

2　〈without ~ing〉で「～することなしに」という意味を表す。

3　who 以下が people を修飾している。

4　〈so ~ that …〉で「とても～なので…」という意味になる。

5　(1)　第4段落の第1文の内容からウを選ぶ。　(2)　第4段落の第2文の内容からエを選ぶ。
(3)　第4段落の第3文の内容からアを選ぶ。

6　A〈as ~〉は「～のように」という意味を表す。　B〈for ~〉は「～にとって」という意味を表す。

7　「世界の一部には，いまだに塩を見たり味わったりしたことがない人々がいるか。」最後の文の内容からウを選ぶ。

重要　8　塩がどのように用いられてきたかについて書いた文章なので，イを選ぶ。ア「塩は大切である」，イ「塩は世界でどのように使われるか」，ウ「サラリーと塩」，エ「塩のない人生」

★ワンポイントアドバイス★

[4]の4では，〈there is (are) ~〉が使われている。これは have を使って書き換えることができる。(例) There is a park in our town. (私たちの町には公園があります。) = Our town has a park. (私たちの町は公園を持っています。)

## <国語解答>

[一]　問一　a　ウ　b　ウ　c　ア　d　ウ　e　イ　問二　A　ウ　B　エ　C　イ　D　ア　問三　1　ア　2　イ　4　イ　問四　ア　問五　①　イ　④　エ　⑤　ア　問六　イ　問七　ウ　問八　イ　問九　ア

[二]　1　イ　2　イ　3　ア　4　イ　5　イ

[三]　問一　a　エ　b　ア　c　イ　問二　①　エ　⑥　イ　問三　②　イ　③　オ　④　エ　問四　ウ　問五　ア　問六　イ　問七　ア　問八　1　ウ　2　イ　問九　エ

[四]　問一　1　ア　2　イ　問二　イ　問三　ウ　問四　イ

[五]　問一　1　ア　2　ウ　問二　エ　問三　イ　問四　イ

○配点○
各2点×50　　計100点

## ＜国語解説＞

一　(論説文―大意・要旨，内容吟味，文脈把握，接続語の問題，脱文・脱語補充，漢字の読み書き，語句の意味，熟語)

問一　a　依存　ア　居間　イ　衣類　ウ　依頼　エ　胃腸炎
b　後任　ア　効果的　イ　天候　ウ　後悔　エ　公式戦
c　原稿　ア　原作　イ　言語学　ウ　限界　エ　減少
d　研究　ア　急激　イ　学級委員　ウ　追究　エ　休日
e　端的　ア　単純　イ　極端　ウ　悲嘆　エ　探検

問二　A　前の「何を読んでいるかはその人の生き方とはあまり関係がない」とする理由を，後で「本当に本を読むのが好きな人であれば……乱読するから」と述べているので，理由の意味を表す語句が入る。　B　後に「いつも人から本を薦められてばかりの人がいれば」とある。仮定の意味を表す語句が入る。　C　前の「私の話が編集者が自分の生き方を考え直すきっかけになった」という前に対して，後で「私はその人が会社を辞めることを止めるわけにはいきませんでしたが」と当然予想される内容を述べているので，言うまでもなく，無論という意味を表す語句が入る。　D「仕事のために……本を読むことはいつも面白いというわけではありません」という前に，後で「本を読むこと自体が目的になってしまっても，それはそれでつまらない」と付け加えているので，添加の意味を表す語句が入る。

基本　問三　1「本」を読むと言うと，一般的に聞かれるのは「『どんな』本を読んでいるか」である。2　直前の段落に「人がどのように本を読んでいるかを見れば，その人がどんな生き方をしているかがわかる」とある。　4　同じ文に「その人がどんな生き方をしてきたかがわかる」とある。「生き方」がわかるのは，「どのように」本を読むかによる。

問四　「～に値(あたい)する」で，それをするだけの価値があるという意味になる。

問五　①　鵜という鳥が魚をまるのみにすることからできた言葉。　④　読みは「ぎんみ」。詩歌を吟じて味わうことからできた言葉。　⑤　前の「出版までの日があまりになかったので引き受けることを」に続く部分であることからも意味を推察できる。

問六　傍線部②「道聴塗説」の意味を，直後の文で「人から聞いたことを自分では理解しないで，そのまま他の人に伝えるということ」と説明している。少し知っているだけで十分に理解していないという意味の「一知半解(いっちはんかい)」が最も意味が近い。

重要　問七　直後の段落で「大切なことは，読書を通じて，自分のそれまで持っていた考え方や生き方を振り返って吟味し……自分の生き方を見直すということ」と筆者の主張を述べている。

問八　二人の編集者が会社を辞める理由を述べている部分に注目する。一人目の編集者について「驚いたことに」で始まる段落に「人は働くために生きているのではなく，生きるために働いているという話を熱く語りましたから，私の話が編集者が自分の生き方を考え直すきっかけになった」とあり，二人目の編集者については，「その編集者がいうには」で始まる段落に「本が好きで出版社に入ったのに……本を読むことが苦痛になってしまった」とある。二人の編集者に共通するのは，筆者の考えに触れ自身の生き方を見直そうとしていることである。

やや難　問九　最終段落の「本を読んでいる時に幸せを感じられなければ，読書の仕方を見直す必要がある」に着目する。「読む本を変えるべき」とは言っていないので，合致しないものはア。

二 （論説文―内容吟味）

1 「『上から下をいさめる』用法」で始まる段落に「目下にも用いることを許容する」とあるので，合致していない。 2 最終段落の「『五歳児のチコちゃんに叱られちゃってさ』のような言い方が，何となくユーモラスに感じられるのは，本来の用法から少しずれているから」とあるので，合致していない。 3 「もっとも」で始まる段落の内容に合致している。 4 「『上から下をいさめる』用法」で始まる段落に「たいていの国語辞書は『多く(主に)目上の人に』」とあるので，合致していない。 5 「『家に諌むる」で始まる段落の「畏れ多いけれど勇気を出して」は「いさめる」という表現に対して用いているので，合致していない。

三 （古文―情景・心情，内容吟味，脱文・脱語補充，語句の意味，文と文節，仮名遣い，口語訳，表現技法，文学史）

〈口語訳〉 たいそうおもしろく趣深くございましたことに，この村上天皇の御世に，清涼殿の前の梅の木が枯れてしまったのを，(代わりの梅の木を帝が)お求めになられたのを，どこそこの主が蔵人でいらっしゃった時に，承って，「若い者どもには(どのような梅の木がよいのか)見分けがつけられない。お前が探してこい」とおっしゃったので，京都全部に出かけ歩いたが，(適当な木が)ありませんでしたが，京都の西のどこそこの家に，色が濃く咲いている木で，姿が立派でありましたのを，掘り取ったのだが，家の主が，「木にこれを結びつけて持っていきなさい」と(使いに)言わせなさって，(何か意味が)あるのだろうと，(使いが)持ってきましたのを，(帝が)「何だ」と御覧になったところ，女の筆跡で(手紙が)書いてありました。

勅なればいともかしこしうぐいすの宿はと問はばいかが答へむ(天皇のご命令なのでおそれおおくこの梅の木は献上いたしますが，毎年この梅の木に訪れるうぐいすに宿はどこにあると問われたらどのように答えましょう)

とあったのを，(帝は)不思議にお思いになられて，「どのような者の家か」とお尋ねなさったところ，紀貫之の娘の住む所であった。「残念なことをしてしまったなあ」と，(帝は)恥じていらっしゃった。(私)繁樹(にとって)恥ずべきことは，このことになりましょう，とはいえ，「思い通りの木を持ってまいりました」と，(褒美の)衣を与えられたのも，辛いこととなってしまった，と(繁樹＝夏山繁樹)はにこやかに笑う。

問一 a 帝の治められている時代を表すときは「おほんとき」と書いて，「おおんとき」と読む。 b 「蔵人」は帝の秘書役。「くらうど」と書いて，「くろうど」と読む。 c ここでの「侍り」は，ございますという意味で用いられている。

問二 ① 「をかし」は興味深い，風情がある，「あはれ」はしみじみと心が動かされる様子。 ⑥ 「あやし」には，不思議だ，身分が低い，粗末だ，という意味がある。直後の「『何者の家ぞ』とたづねさせたまひければ」にふさわしい意味を選ぶ。

やや難 問三 ② 帝から梅の木を探すように言われて，「夏山繁樹」に「きむぢ求めよ」と言ったのは，「なにがしぬしの蔵人」。 ③ 「なにがしぬしの蔵人」に命令されて，良い梅の木がないか京都中を歩き回ったのは，語り手である「夏山繁樹」。 ④ 「木にこれ結ひつけて持てまゐれ」と言ったのは「家あるじ」。後で「家あるじ」は，「貫之のぬしの御女」と明かされている。

問四 直前の「勅なれば」は，帝の命令なのでという意味。したがって，本文の「かしこし」は，身分や地位の高い人を前にしておそれ多く感じているという意味を表している。

基本 問五 紀貫之の『土佐日記』の冒頭文はア。イは『平家物語』ウは『奥の細道』エは『枕草子』の冒頭文。

問六 貫之の娘の家から梅の木を掘り取ってきてしまい，うぐいすの宿をなくしてしまったことを帝は「遺恨のわざ」としている。

問七　貫之の娘の家から梅の木を掘り取ってきてしまったことを「辱号」としていたのに，帝から「思ふやうなる木持てまゐりたり」と褒美をもらってしまったときの繁樹の心情を想像する。

重要　問八　1　帝のご命令なのでおそれおおくこの梅の木は献上いたしますが，毎年この梅の木に訪れるうぐいすに宿はどこにあると問われたらどのように答えましょうという歌の意味から判断する。　2　うぐいすに問われたら，と言っているので「擬人法」が用いられている。

やや難　問九　本文の最後「『思ふやうなる木持てまゐりたり』とて，衣かづけられたりしも」から，エの習慣がうかがえる。

**四**　（品詞・用法，敬語・その他）

問一　1　自立語で活用があり，言い切りの形がウ段で終わるので，動詞。　2　自立語で活用があり，言い切りの形が「良い」となるので形容詞。

問二　イの「そう」は感動詞の一部。他はすべて「そうだ」という助動詞の一部。

問三　正しくは，アは「お尋ねいただけますか」「お聞きになっていただけますか」，イは「召し上がった」，エは「ご覧になりましたか」。

重要　問四　「ない」「生きづらい」「息苦しい」の三つの形容詞が含まれる。

**五**　（漢字の読み書き，筆順・画数・部首，同義語・対義語，ことわざ・慣用句）

問一　1　訓読みは「こころよ(い)」。「カイ方」は，病気や怪我がだんだんよくなっていくこと。　2　すでにできあがっていて世に認められていること。「既」の訓読みは「すで(に)」。

やや難　問二　エの部首は「心」で，他はすべて「木」。

問三　「実践」の対義語は「理論」，「鈍感」の対義語は「鋭敏」，「自立」の対義語は「依存」，「供給」の対義語は「需要」。

基本　問四　「取らぬ狸の皮算用」は手に入るかどうかわからないものを当てにして計画を立てること。アは世の中には情け深い人もいる，イは実現の見込みのないもの，ウはすぐれた人物でも間違えることはある，エはいくら意見をしても効き目がないことをたとえている。

★ワンポイントアドバイス★

漢字の読み書きや知識問題の比率が多いので，ここでしっかりと得点を重ねたい。あやふやな知識はしっかりと確認しておくといった地道な学習が実を結ぶ。

# 2019年度

★★★★★★★★★★★★★★★★★★★★★★★★

# 入　試　問　題

## 2019年度

# 浦和学院高等学校入試問題

【数　学】（45分）〈満点：100点〉

**1　次の問いの答えとして $\boxed{\phantom{ア}}$ 内の記号に入る適当な数を選びマークせよ。**

1　$2^2-4^2\div2-(-3)^2$ を計算すると $-\boxed{\text{アイ}}$ である。

2　$x^5y^2\div x^2\times(3xy)^2$ を計算すると $\boxed{\text{ウ}}x^{\boxed{\text{エ}}}y^{\boxed{\text{オ}}}$ である。

3　比例式 $(x-1):(2x+1)=4:11$ を解くと $x=\boxed{\text{カ}}$ である。

4　$\frac{2}{\sqrt{3}}\times\frac{1}{\sqrt{2}}-\frac{\sqrt{24}}{9}$ を計算すると $\frac{\sqrt{\boxed{\text{キ}}}}{\boxed{\text{ク}}}$ である。

5　ノート3冊と消しゴム5個を買ったら合計が489円になった。ノート1冊の値段は消しゴム1個の値段の2倍より20円高い。このとき，ノート1冊の値段は $\boxed{\text{ケコ}}$ 円である。

6　2次方程式 $x^2+ax-27=0$ の解の1つが $-9$ である。このとき，$a=\boxed{\text{サ}}$ であり，もう1つの解は $x=\boxed{\text{シ}}$ である。

7　反比例の式 $y=\frac{a}{x}$（$a$ は定数）は，$x$ の変域が $2\leqq x\leqq 6$ のとき，$y$ の変域が $\frac{4}{3}\leqq y\leqq b$ である。このとき，$a$，$b$ の値を求めると $a=\boxed{\text{ス}}$，$b=\boxed{\text{セ}}$ である。

8　内角の和が $1440^\circ$ である多角形は $\boxed{\text{ソタ}}$ 角形である。

9　1から30までの自然数をかけ合わせると，1の位から0が $\boxed{\text{チ}}$ 個並ぶ。

10　右図は点 O を中心とする円である。円周上の各点が円周を12等分する点であるとき，$\angle x=\boxed{\text{ツテト}}^\circ$ である。

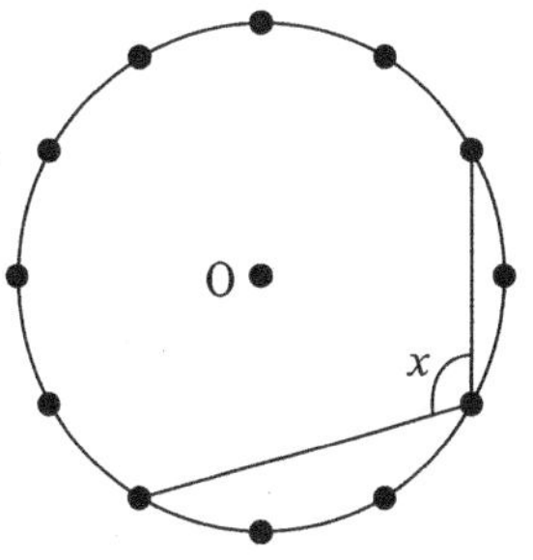


11　右図の立方体の線分 AB の長さは $\boxed{\text{ナ}}\sqrt{\boxed{\text{ニ}}}$ cm である。

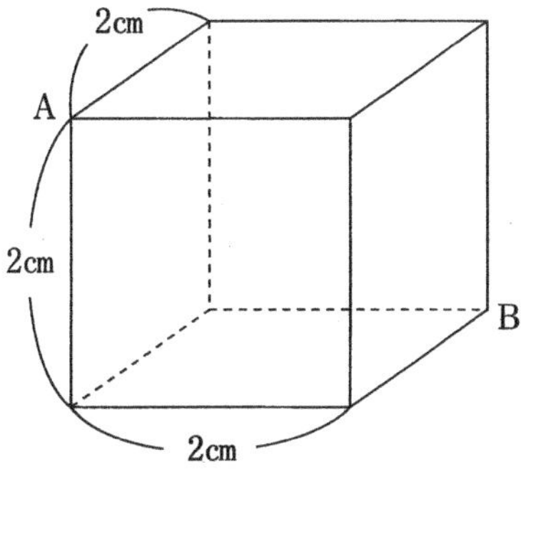

**[2] 次の問いの答えとして[　]内の記号に入る適当な数を選びマークせよ。**

大小 2 つのサイコロがある。このサイコロを同時に投げ，大きいサイコロの目を $a$，小さいサイコロの目を $b$ とするとき，次の問いに答えよ。ただし，どの目が出る確率も同様に確からしいとする。

[12] $a > b$ となる確率は $\frac{\boxed{ア}}{\boxed{イウ}}$ である。

[13] $10a+b$ が 3 の倍数となる確率は $\frac{\boxed{エ}}{\boxed{オ}}$ である。

[14] $a\times b$ が素数となる確率は $\frac{\boxed{カ}}{\boxed{キ}}$ である。

**[3] 次の問いの答えとして[　]内の記号に入る適当な数を選びマークせよ。**

放物線 $y=x^2$ と，2 直線 $x=1$，$x=-2$ がある。放物線と 2 直線，$x$ 軸との交点は右図のようになっている。次の問いに答えよ。ただし，円周率を $\pi$ とする。

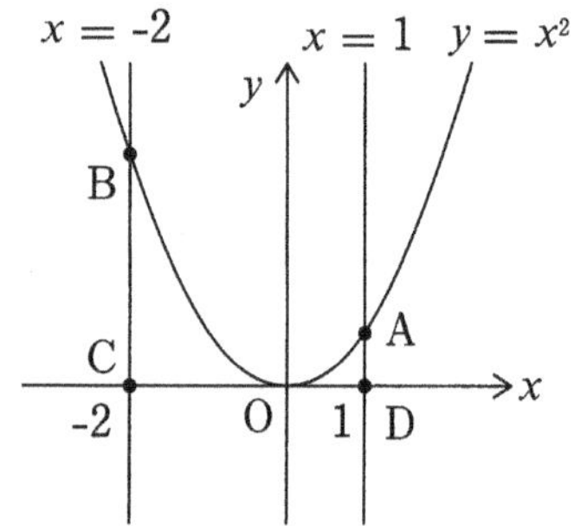


[15] 点 A の $y$ 座標は [ア] である。

[16] 2 点 A，B を結ぶ直線と $y$ 軸との交点の $y$ 座標は [イ] である。

[17] 四角形 ABCD を $y$ 軸で 1 回転したときにできる図形の体積は $\frac{\boxed{ウエ}}{\boxed{オ}}\pi$ である。

**[4] 次の問いの答えとして[　]内の記号に入る適当な数を選びマークせよ。**

右図は円すいの展開図で，OA＝2，OB＝3 とする。また円 O′の半径を 1 とするとき，次の問いに答えよ。ただし，円周率を $\pi$ とする。

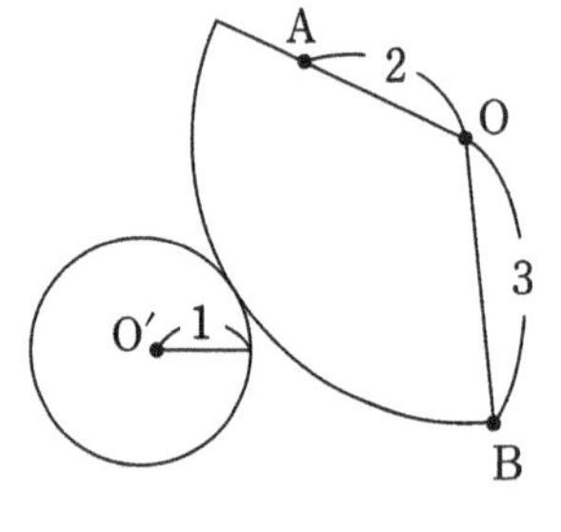


[18] おうぎ形の中心角は [アイウ]° である。

[19] 展開図を組み立てたとき，円すいの体積は $\frac{\boxed{エ}\sqrt{\boxed{オ}}}{\boxed{カ}}\pi$ である。

[20] 展開図を組み立てたとき，AO′の距離は $\frac{\boxed{キ}\sqrt{\boxed{ク}}}{\boxed{ケ}}$ である。

【英　語】（45分）〈満点：100点〉

1　各組の語の中で，最も強く発音される部分が，他と異なるものを一つ選び，その記号をマークしなさい。

1. ア. se・ri・ous　イ. mu・se・um　ウ. per・son・al　エ. choc・o・late
2. ア. thir・teen　イ. mo・ment　ウ. fa・mous　エ. crys・tal
3. ア. be・gin　イ. po・lice　ウ. be・cause　エ. doc・tor
4. ア. af・ter・noon　イ. Jap・a・nese　ウ. in・ter・est　エ. dis・ap・pear
5. ア. ex・pen・sive　イ. re・mem・ber　ウ. yes・ter・day　エ. com・pu・ter

2　各文の中に[　]内の語を補うとき，最も適切な箇所を（ア）～（エ）より一つ選び，その記号をマークしなさい。

1. My mother（ア）told（イ）me（ウ）to（エ）make a noise.　[not]
2. You don't（ア）have（イ）eat（ウ）them（エ）all.　[to]
3. I（ア）have（イ）finished（ウ）my（エ）homework.　[already]
4. Russia is（ア）as（イ）large（ウ）as（エ）Brazil.　[twice]
5. Toronto（ア）the most beautiful（イ）city（ウ）I have（エ）ever visited.　[is]

3　正しい英文になるように，(　)内から最も適切なものを選び，その記号をマークしなさい。

1. I was (ア. took　イ. taken　ウ. taking　エ. take) pictures while traveling.
2. Who was (ア. invited　イ. invite　ウ. invites　エ. inviting) to the birthday party?
3. I met a man (ア. when　イ. whom　ウ. which　エ. whose) sister is a pianist.
4. Tom is (ア. more　イ. much　ウ. most　エ. many) taller than Mary.
5. The sun (ア. rise　イ. rising　ウ. rises　エ. risen) in the east.
6. I have (ア. lost　イ. loss　ウ. losing　エ. loses) my ring in the hotel.

4　日本語の意味に合うように，【　】内の語(句)を並べ替えたとき，【　】内で2番目と4番目に来る語の組み合わせとして正しいものを選び，その記号をマークしなさい。

1. リンゴ，いくつ食べた？

   How【①did　②apples　③eat　④many　⑤you】?

   ア. ②－①　イ. ②－⑤　ウ. ①－③　エ. ①－④

2. 私は深夜12時までに帰らなければいけない。

   I【①by　②must　③home　④get　⑤back】midnight.

   ア. ②－①　イ. ②－④　ウ. ④－③　エ. ④－⑤

3. 二度と遅刻しないと約束する。

   I【①be　②won't　③I　④promise　⑤late】again.

   ア. ②－①　イ. ②－④　ウ. ③－⑤　エ. ③－①

4. このエッセイについてどう思いますか。

   What【①you　②do　③this　④think　⑤about】essay?

   ア. ①－④　イ. ①－⑤　ウ. ⑤－④　エ. ⑤－①

5. 何か飲み物をいただいてもいいですか。

Can【①drink　②to　③I　④have　⑤something】?

ア. ④－②　イ. ④－⑤　ウ. ③－②　エ. ③－⑤

5 次の英文の(　　)内に入れるべき語(句)を一つ選び，その記号をマークしなさい。

1. Please tell (　　　) me today's paper.
   ア. her to bring　イ. her bring　ウ. to her bringing　エ. to her bring
2. Would you mind (　　　) me a pen if you have one?
   ア. to borrow　イ. borrowing　ウ. to lend　エ. lending
3. Mr. Green lent me a book (　　　) in easy English.
   ア. write　イ. writing　ウ. written　エ. wrote
4. There are a lot of DVDs in this rental shop (　　　) you will find interesting.
   ア. where　イ. and　ウ. them　エ. which
5. Mother will be angry soon, because I haven't washed the dishes (　　　).
   ア. still　イ. already　ウ. yet　エ. then
6. All the guests at the party enjoyed (　　　) until midnight.
   ア. to eating　イ. eating　ウ. to eat　エ. eats
7. (　　　) I was very tired, I finished all of my homework.
   ア. Though　イ. Because　ウ. But　エ. If
8. Lake Biwa is larger than (　　　) in Japan.
   ア. any other lakes　イ. any another lake　ウ. any other lake　エ. any another lakes
9. It is kind (　　　) you to help me.
   ア. for　イ. of　ウ. at　エ. in
10. There is a small stream (　　　) the park and my house.
   ア. among　イ. both　ウ. either　エ. between

6 次の会話文を読み，(1)～(5)に入る文として最も適切なものを語群より一つずつ選び，その記号をマークしなさい。

Anna : Hi, John! How are you?
John : Not so good because I have a terrible cold.
Anna : That's too bad! You should be in bed at home. It's really important to get a lot of rest.
John : Yeah, you're right. But I've been really busy with my work.
Anna : (　1　)
John : Not yet.
Anna : Um, you probably should go and see a doctor at once. Do you need a ride?
John : No, thanks. But would you mind me using your mobile phone now?
Anna : (　2　) Here you are.

*(A few minutes later)*

John　：I've just called the doctor near my house to make an appointment.
(　　3　　) So, I'll just go home and have some rest.

Anna　：(　　4　　)

John　：No, just me.

Anna　：Well, I can come with you and make special soup for you. It's garlic soup and it's helpful to eat it when you feel sick. (　　5　　) It really works!

John　：Thanks.

[語群]

ア. It's really easy to cook.

イ. Not at all.

ウ. Will there be anybody to take care of you at home?

エ. But I was told that he was fully booked.

オ. Have you taken any medicine for it?

7　次の英文を読み，各問に答えなさい。

I went to Australia with my family. I was very (　　A　　) because it was my first trip to a foreign country. Our guide Kate was waiting at the airport in Australia. She was a tall woman holding a sign with our family's name. She took us to our hotel by car.

In the car, Kate explained our trip in Japanese. She spoke very good Japanese. I wanted to practice English, so I asked her, "Can I talk with you in English?" She agreed. I said to her, "Your Japanese is very good. Have you ever stayed in Japan?" Kate answered, "Oh, no. I've never been to Japan, but I've studied Japanese (　　B　　) many years in Australia." "I still don't understand why you speak Japanese so well. How do you study Japanese?" I asked. Kate said, "I often watch Japanese movies, and try to *imitate and remember some of my favorite actor's words. I think (1)that helps me a lot."

(　　C　　) I was talking with Kate, I realized something about Kate. She really knew a lot about Australia. She could answer all of my questions. I started to think that I should know more about Japan.

We had a great time on our trip. Kate showed us many interesting places, and she taught some useful things. At a wildlife park, Kate told us to watch koalas quietly. She explained, "Koalas usually sleep during the day. If you make noise, they will wake up. People should enjoy wildlife (2)without disturbing it. I'll give an example. People may like to hold koalas in their arms, but it *is banned in some areas for wildlife *preservation."

*imitate（まねる）　*is banned（禁止されている）　*preservation（保護）

問1. (A) に入る最も適切なものを一つ選び，その記号をマークしなさい。

ア. exciting　　イ. excited　　ウ. excites　　エ. to excite

問2. (B) に入る最も適切なものを一つ選び，その記号をマークしなさい。

ア. for　　イ. since　　ウ. from　　エ. in

問3. (C)に入る最も適切なものを一つ選び，その記号をマークしなさい。

ア. During　　イ. Because　　ウ. While　　エ. Though

問4. 下線部(1)の示す内容として，最も適するものを一つ選び，マークしなさい。

ア. 日本に何年も留学して，日本語だけでなく日本文化を学ぶ努力をすること。

イ. オーストラリアでのガイドを通じて，日本人から日本語を学ぶように努めること。

ウ. 日本に関する本をたくさん読み，機会をみつけては日本人にさまざまな質問するようにすること。

エ. 日本の映画をよく観て，好きな俳優のセリフをまねて覚えようとすること。

問5. 下線部(2)の示す内容として，最も適するものを一つ選び，マークしなさい。

ア. 音を立てないようにして，野生動物を起こさないようにする。

イ. 音を立てることで，野生動物を寝かせないようにする。

ウ. 音を立てることで，野生動物に自然とは違うことを認識させるようにする。

エ. 音を立てないようにして，野生動物から危険を回避するようにする。

**[8] 次の英文を読み，各問に答えなさい。**

There are a lot of people around us. Some people have the same ideas and other people have different ones. Is it difficult to be friends with people who have different ideas? Animals may have some answers to (1)this question.

People have been good friends with some animals for a long time. Some people have animals at home as their pets. A lot of children like to go to a zoo to see animals.

Some people say, "Animals sometimes look like people." Do you agree? Other people say, "Animals can feel sad and love other animals, too." Do you believe it? (　A　)

(　B　), a dog is happy and moves its tail fast when its owner comes home and is happy to see the dog. Have you ever seen a cat that comes to its owner and tried to cheer its owner up when the owner is crying? How about a dog that looks sad when its owner is sad? (2)These are some of the examples which show that animals share feelings with people.

The following story is one of the examples which shows a good relationship between two different kinds of animals. It is about a bear and a cat at a zoo.

The bear was born in the zoo and lived there throughout its life. One day, a cat came to the zoo. No one knew where the cat came from. The cat went into the bear's cage. When the cat and the bear saw each other, the cat walked to the bear. The cat wasn't afraid of the bear and the bear didn't attack the cat. They became friends. They ate the same food together. They slept together. (3)People were surprised to see the relationship between the big animal and the small animal. One of the workers at the zoo said, "It's not usual to see such a good relationship between two different kinds of animals. People who visit this zoo like watching them."

One day the bear was moved from its cage. The cage was old and the workers had to repair it. After the bear was moved to a place in a building, the cat walked around the cage and looked for the bear but it couldn't find (4) its friend. (　C　), the workers finished repairing the cage and they moved the bear to the new cage. The cat also came to the cage. The cat could go into the cage and go out it again. The bear and the cat had a good time together again, so they looked happy.

You may not believe that these two different kinds of animals became such good friends. We don't know why the bear and the cat had a happy time together without fighting, (　D　). Different kinds of animals can live happily together. So we can also live happily together with a lot of people in the world. You may think it is not easy because some people have different ideas and other people speak different languages. To have good relationships with them, we should try to understand each other and to share our ideas. I hope we can live happily like the bear and the cat.

問1. 下線部(1)が示している内容を一つ選び，その記号をマークしなさい。

ア. 同じ考えを持つ人々もいれば，異なる考えを持つ人々もいるでしょうか。

イ. 同じ考えを持つ人々と友達になることはとても容易でしょうか。

ウ. 異なる考えを持つ人々と友達になることは難しいでしょうか。

エ. 異なる考えを持つ人々と友達にはなろうとは考えないでしょうか。

問2. 下線部(2)の例として本文の内容と合わないものを一つ選び，その記号をマークしなさい。

ア. 飼い主が家に帰ってイヌに会えてうれしがっているとき，イヌはうれしくて尾を速くふること。

イ. 飼い主が泣いているとき，ネコがそばに来て飼い主を元気づけようとすること。

ウ. 飼い主が悲しんでいるとき，イヌも悲しそうに見えること。

エ. 飼い主が泣いているとき，イヌがそばに来て飼い主を元気づけようとすること。

問3. 下線部(3)の理由として最も適切なものを一つ選び，その記号をマークしなさい。

ア. クマとネコが同じおりの中で生まれ，生涯一緒に過ごしたから。

イ. ネコがおりに入ってきて，クマを追い出そうとしたから。

ウ. クマとネコが，一緒に食べたり寝たりしていたから。

エ. ネコが，クマがいなくなった後，二度と現れなくなったから。

問4. 下線部(4)が示している最も適切なものを一つ選び，その記号をマークしなさい。

ア. the bear　　イ. the cat　　ウ. the cage　　エ. the workers

問5. (A)に入る最も適切なものを一つ選び，その記号をマークしなさい。

ア. You may not believe it but there are some examples.

イ. You cannot believe it because there is no example.

ウ. You must not believe it because there is no example.

エ. You can believe it but there is no example.

問6. (B)に入る最も適切なものを一つ選び，その記号をマークしなさい。

ア. For example　　イ. However　　ウ. So　　エ. By the way

問7. (C)に入る最も適切なものを一つ選び，その記号をマークしなさい。

ア. Firstly　　イ. Accidentally　　ウ. Finally　　エ. Recently

問8. (D)に入る最も適切なものを一つ選び，その記号をマークしなさい。

ア. so it is exciting to try to give something to these animals.

イ. but it is bad to try to share something with animals.

ウ. so it is good to try to move something from a place to a new place.

エ. but it is important to try to learn something from these animals.

問9. 本文では，さまざまな人々とよい関係を持つためには，どうすべきだと述べられているか。最も適切なものを一つ選び，その記号をマークしなさい。

ア. 互いに理解し，考えを共有しようとすべきである。

イ. 動物からさまざまなヒントを見出し，活用すべきである。

ウ. 意見の異なる人々とはなるべく議論をさけるべきである。

エ. さまざまな考えを認めつつも，決して妥協するべきではない。

鼻を小さくしてあげようと試みた。

イ　内供は、信者が鼻の大きいことで悩んでいることに同情し、鼻を小さくしてあげようと試みた。

ウ　内供は、自分の鼻の大きいことに悩み、鼻を小さくしようと試みた。

エ　内供は、皇族の方が鼻の大きいことで悩んでいることに同情し、鼻を小さくしてあげようと試みた。

問十一　右の古文の出典である『宇治拾遺物語』の成立は鎌倉時代で、文学形態（＝ジャンル）は、説話である。次の各問いに答えよ。

1　次のうち成立が鎌倉時代であるものはどれか。次の中から選び、マークせよ。

ア　平家物語　イ　源氏物語　ウ　古事記　エ　奥の細道

2　次のうち形態が説話であるものはどれか。次の中から選び、マークせよ。

ア　今昔物語集　イ　大鏡　ウ　枕草子　エ　竹取物語

問十二　前のページの古文を題材にして小説を書いたのは誰か。文中に何度も用いられている語句を参考に、次の中から選び、マークせよ。

ア　川端康成　イ　夏目漱石　ウ　島崎藤村　エ　芥川龍之介

## 四　次の問いに答えよ。

問一　次の語句の中で品詞の違うものはどれか。次の中からそれぞれ選び、マークせよ。

1　ア　あらゆる　イ　なえる　ウ　いわゆる　エ　いかなる

2　ア　ゆえに　イ　ついに　ウ　それに　エ　しかも

3　ア　そうだ　イ　ようだ　ウ　らしい　エ　そんなだ

問二　次の各文の空欄に入る敬語は何か。次の中からそれぞれ選び、マークせよ。

1　そのワンピースの上にこちらを□と、お似合いだと思います。

ア　お召しになられる　イ　お召しになる

ウ　お召しされる　エ　お召し賜る

2　先生の作品を□ことになった。

ア　ご覧になる　イ　見せてもらう

ウ　拝見する　エ　見られる

問三　次のことわざと最も意味の近いものはどれか。後からそれぞれ選び、マークせよ。

1　前門の虎後門の狼

2　馬脚をあらわす

3　猫に小判

ア　とらぬ狸の皮算用　イ　飛んで火に入る夏の虫

ウ　しっぽを出す　エ　下手な鉄砲も数打てば当たる

オ　一難去ってまた一難　カ　豚に真珠

問四　次の四字熟語で正しいものはどれか。次の中からそれぞれ選び、マークせよ。

1　ア　百戦煉磨　イ　百戦錬磨

ウ　百戦鎌磨　エ　百戦簾磨

2　ア　五里務中　イ　五里無中

ウ　五里夢中　エ　五里霧中

だちてふくれたり。かゆがることかぎりなし。提《ひさげ》に湯をかへらかして、※4折《を》敷《しき》を鼻さしいるばかり②ゑり通して、火のほのほの顔にあたら3ぬやうにして、其《その》折敷の穴より鼻をさし出でて、提の湯にさしいれて、よくよくゆでて引きあげたれば、色はこき紫色4なり。それを、そばざまに臥《ふ》せて、したに物をあてて、人にふますれば、つぶだちたる孔《あな》ごとに、5煙のやうなる物6出づ。それを③いたくふめば、しろき蟲《むし》の、孔ごとに指し出づるを毛ぬきにてぬけば、7四分ばかりなる白き蟲を孔ごとにとり出だす。④其あとは、孔だにあきて見ゆ。それを、又同じ湯にいれて※5さらめかしわかすに、⑤ゆづれば鼻ちひさくしぼみあがりて、⑥ただの人の鼻のやうになりぬ。又、二三日になれば、さきのごとくに、大きになりぬ。

（『宇治拾遺物語』巻二の七）

※1　内供　宮中の道場（宮中で仏事を行う建物）で天皇に奉仕する高僧。
※2　寸　尺貫法の長さの単位、一寸＝三.〇三センチメートル。
※3　大柑子　夏みかん。
※4　折敷　食器を乗せる四角いお盆。
※5　さらめかし　音を立てるようにする。

問一　二重傍線部1・3・4の助動詞の意味の組み合わせとして最も適当なものはどれか。次の中から選び、マークせよ。

ア　過去・完了・断定　　イ　過去・打消・断定
ウ　過去・推量・伝聞　　エ　過去・尊敬・伝聞

問二　二重傍線部2は、係助詞「ぞ」の結びの語となっている。この活用形として正しいものはどれか。次の中から選び、マークせよ。

ア　未然形　　イ　連用形　　ウ　連体形　　エ　已然形

問三　二重傍線部5～7の読み方（現代仮名遣い）として最も適当なものはどれか。次の中からそれぞれ選び、マークせよ。

5　ア　えん　　イ　けむ　　ウ　けむり　　エ　けぶり
6　ア　で　　イ　い　　ウ　しゅ　　エ　も
7　ア　しぶ　　イ　しふん　　ウ　よぶ　　エ　よんぷん

問四　傍線部①は何か。次の中から選び、マークせよ。

ア　下あご　　イ　鼻　　ウ　ひたい　　エ　ほっぺた

問五　傍線部②の現代語訳として最もふさわしいのはどれか。次の中から選び、マークせよ。

ア　折って　　イ　曲げて　　ウ　くり抜いて　　エ　取って

問六　傍線部③の現代語訳として最もふさわしいのはどれか。次の中から選び、マークせよ。

ア　気持ちよく踏むと　　イ　気を付けながら踏むと
ウ　軽く踏むと　　エ　激しく踏むと

問七　傍線部④はどこをさしているか。次の中から選び、マークせよ。

ア　大柑子　　イ　提　　ウ　折敷　　エ　鼻

問八　傍線部⑤の現代語訳として最もふさわしいのはどれか。次の中から選び、マークせよ。

ア　たたけば　　イ　ゆでると　　ウ　ゆすれば　　エ　縮ませれば

問九　傍線部⑥とは、どんな人か。次の中から選び、マークせよ。

ア　鼻が大きい人　　イ　鼻が小さい人
ウ　鼻が普通の大きさの人　　エ　身分の低い僧

問十　本文の内容として最も適当なものはどれか。次の中から選び、マークせよ。

ア　内供は、弟子の僧が鼻の大きいことで悩んでいることに同情し、では、目がつぶれてしまいます。

大いそぎでちらとみることはできますが、地球と太陽のあいだの距離の大きさを考えれば、これは、じかにみた、つまり、手でふれることができるほどのところにみた、ということにならないのです。

手でふれるほど太陽に近づいてそれを肉眼でながめるということは人間にはまずできそうにない、ということは、ほかならぬ科学がおしえてくれることですが、もちろん、科学は太陽があることをみとめたうえで、そういうことをのべているわけです。

それだけではありません。科学は、遠いかなたにある天体で、望遠鏡を使ってもみることができないものが、無数にあると教えています。

原子や分子のような、たいへん小さなもののことを考えるということについては、すでにのべました。

こうして、いるとか、あるとかいうことをきめるのには、少なくとも二つのやり方があることがわかります。

一つは、じかに目でみたり、手でさわったりして、そのものがいること、あることをたしかめるやり方です。もう一つは、いろいろな証拠にもとづき、科学的な推論を重ねて、いるかいないか、あるかないかをおしはかるやり方です。

この第二のやり方で、いるとか、あるとかきめられたものの中には、いつかは第一のやり方でもそのことがたしかめられるようになる、つまり、じかにみたりふれたりすることができるようになる可能性のあるものもあります。

しかし、なかには、そういう可能性は、まったくないものもあるのです。

（吉田夏彦『なぜと問うのはなぜだろう』）

※1　ネッシー　スコットランドのネス湖に住むといわれる怪獣。
※2　雪男　ヒマラヤ山中に住むと伝えられる正体不明の動物。
※3　眉つばもの　正しいかどうか疑わしいもの。

問　次の記述は、この文章の内容に合致しているか。合致しているものには「ア」を、合致していないものには「イ」をそれぞれマークせよ。

1　じかに目にみえるもの、手でさわれるものしかないのだと考えている人たちと違い、科学はじかに目でみることは決してできないもののことも考える。

2　宇宙人に会ったという話を信じない人たちは、宇宙人のいる可能性も認めていないので、いることを信じてもらうためには実物をつれてくる必要がある。

3　さまざまな証拠をもとにして推しはかり、あることを認めても、じかに見たり触れたりすることができるようになる可能性のまったくないものもある。

4　科学はじかに目でみえるようになる可能性のあるものについて推論はするが、じかに目でみえるもの、手でさわれるものしかないのだと考えている。

5　いろいろな証拠にもとづき、科学的な推論を重ねて、いるかいないかを推しはかったものは、じかに目でみることのできないものしかない。

## 三　次の文章を読んで、後の問いに答えよ。

さて此内供《このないぐ》※1は、鼻長かり1けり。五六寸※2ばかりなりければ、①おとがいよりさがりてぞ見え2ける。色は赤紫にて、※3大柑子《おほかうじ》のはだのやうに、つぶ

できる。

イ　青年期になっても自分を好きな人もいるので、あまり気にしなくて良い。

ウ　「理想自己」はあくまで理想なので、「現実自己」が届くことはない。

エ　今の自分に納得がいかない「見ている自分」を否定せず、むしろ肯定するべきだ。

問十一　次の一文が入る最も適切な箇所はどこか。本文中の〈ア〉～〈エ〉から選び、マークせよ。

> このように、児童期には自分が好きで自分に満足していたのに、青年期になるにつれて、自分が嫌いという人が増え、自分に不満という人が急激に増えていく。

## 二　次の文章を読んで、後の問いに答えよ。

※1ネッシーや※2雪男は、ひょっとしたら、みつかるかも知れません。

つまり大都会につれてこられて、だれでもみたり、会ったりすることができるようになるかも知れないものです。

では、宇宙人のほうはどうかというと、これも、会ったという人たちの話がほんとうなら、世界じゅうの人が宇宙人に会える日がすぐくるのかも知れないのです。

しかし、さきにもいったように、宇宙人に会ったという話は※3眉つばものだといって信じない人がおおぜいいます。そうして、この信じない人の中に、ほかの天体、それも、地球からかなりはなれた星に、宇宙人のいる可能性はみとめている人がいるのです。

つまり、ここで、いるか、いないかの問題に答えを出すのに、二つのやり方があることがわかります。

一つは、ゴリラやネッシーや雪男の場合のように、だれにでもじかに目でみたり、手でさわったりできるようになることで、いるということに決着がつく場合には、とにかく実物をつれてくることが、答えを出すのに、一番たしかな方法です。

遠くの天体にいる宇宙人の場合には、直接地球につれてくることは、とうぶんのあいだ問題になりません。しかし、さまざまの証拠をもとにして、いるかいないかを、おしはかることができるわけです。

この時、科学者がどのような証拠と、どのような推論のすすめ方にもとづいて、答えをだすのかをくわしくしらべることは、興味のあることです。

そういうことをしらべることにより、科学について多くのことをまなぶことができるでしょう。

世の中には、じかに目にみえるもの、手でさわれるものしかないのだ、と考えている人がいます。

しかし、科学は、たとえば宇宙人のようなものを考えるのですから、こういう人たちよりは、もう少し広い立場でものを考えているのだといえるでしょう。

といっても宇宙人は、遠い将来、人間が出あう、つまり、じかに目でみるようになる可能性のあるものです。ところが、科学は、じかに目でみることは決してできないもののことも、考えます。

たとえば、太陽は、地球の上でさえ、その方向をまともにみていたの

問三　傍線部①の意味として最も適当なものはどれか。次の中から選び、マークせよ。

ア　やろうとして途中でやめること

イ　余計な口出しをすること

ウ　自分から積極的に行動できないこと

エ　一人でいるのが好きなこと

問四　傍線部②・⑤の対義語はどれか。次の中からそれぞれ選び、マークせよ。

②　ア　円熟　イ　発達　ウ　異常　エ　未熟

⑤　ア　不利　イ　曖昧　ウ　未知　エ　確実

問五　傍線部③の理由として最も適当なものはどれか。次の中から選び、マークせよ。

ア　青年期になると「理想自己」をもち、自分を厳しい目で見るようになるから。

イ　児童期になると「見られている自分」のダメなところが目立つようになるから。

ウ　児童期になると「こうありたい自分」を強く意識するようになるから。

エ　青年期になると「現実自己」というものを意識するようになるから。

問六　傍線部④に最も近い意味の語はどれか。次の中から選び、マークせよ。

ア　具象　イ　普遍　ウ　現実　エ　特殊

問七　傍線部⑥の説明として最も適当なものはどれか。次の中から選び、マークせよ。

ア　児童期のように「現実自己」をただひたすら生きること。

イ　「見られている自分」の現状に納得し、自分を好きになること。

ウ　「見ている自分」を中心に置いた自分に生まれ変わること。

エ　自分の思い描く、なりたい「理想自己」になること。

問八　空欄Ⅰ・Ⅱに入る語句として最も適当なものはどれか。次の中からそれぞれ選び、マークせよ。

Ⅰ　ア　倫理観　イ　無常観　ウ　価値観　エ　先入観

Ⅱ　ア　二重性　イ　可能性　ウ　人間性　エ　方向性

問九　傍線部⑦の理由として最も適当なものはどれか。次の中から選び、マークせよ。

ア　自分に納得いかない思いが込み上げるのは、だれにでもあることだから。

イ　自分がダメになったのではなく、「見られている自分」が成長した証拠だから。

ウ　自分に不満をもたなかった時より、向上心に満ちた自分だと言えるから。

エ　具体的な目標を見つけることができれば、達成のために頑張れるから。

問十　本文の内容に合致しているものはどれか。次の中から選び、マークせよ。

ア　具体的な目標を達成していけば、必ず「理想自己」になることがテストでもっと良い成績を取りたいなら、試験勉強をしっかりやればよい。すぐに報われるとは限らないが、地道に勉強することができれば、着実に成績は向上していくだろう。このように、具体的目標の場合は、そのために頑張るべき方向性は⑤明確だ。

　抽象的な目標の場合はどうだろう。もっと自分に自信がもてるようになるためには、いったいどうすべきなのか。タイ屈な日々から脱するために、できることって何だろう。生きているっていう実感を得るために、果たして何をすべきなのか。いくら考えても、なかなか答《こたえ》は見つからない。〈エ〉

　今の自分にどこか納得がいかない。でも、どうすればよいのかがわからない。ここに産みの苦しみがある。⑥第二の誕生という課[d]ダイを前にして、どんな自分になったら納得できるのかが見えてこない。そこで、ますます自分が気になってくる。

　そんな不全感を抱えた状態は、けっして気分の良いものではない。方向性を見つけて、こんな苦しい状態から何とか脱したい、早くスッキリしたいと思うかもしれない。でも、今の自分に納得がいかないからといって、⑦自分を否定する必要はない。

　自己の［Ⅱ］を思い出してみよう。「見られている自分」に対して納得のいかない「見ている自分」がいるわけだ。その「見ている自分」は、適当に流されている自分にも不満をもたなかった以前の自分と比べて、はるかに向上心に満ちた自分と言えるだろう。そんな自分は、けっして否定すべきものではない。［D］肯定し、応[e]エンすべきなのではないだろうか。

（榎本博明『〈自分らしさ〉って何だろう?』）

**問一**　二重傍線部a～eの漢字と同じ漢字を使うものはどれか。次の中からそれぞれ選び、マークせよ。

a
ア　大安の日に婚礼のギ式をとり行う。
イ　犯人は逃走中にギ名を使っていた。
ウ　最先端のギ術を学ぶために留学した。
エ　人はそれぞれ果たすべきギ務がある。

b
ア　姉の結婚ヒ露宴に参列した。
イ　今日ヒ公開の審査が行われた。
ウ　軽はずみな発言で周囲のヒ判を浴びた。
エ　この文章にはヒ喩が使われている。

c
ア　昨日恐ろしいタイ験をした。
イ　国際大会への出場を辞タイする。
ウ　人手不足解消のタイ策を立てる。
エ　夏休みはタイ惰な生活を送っていた。

d
ア　次ダイに台風が接近している。
イ　夏休みの宿ダイに早めに取り組む。
ウ　実家のダイ所をリフォームした。
エ　卒業生をダイ表して答辞を述べる。

e
ア　植物エンで珍しい植物をたくさん見た。
イ　茶柱が立ったので今日はエン起がいい。
ウ　荒天のため出発をエン期した。
エ　大学に進学する資金をエン助する。

**問二**　空欄A～Dに入る語句として最も適当なものはどれか。次の中からそれぞれ選び、マークせよ。

ア　ところが　　イ　むしろ　　ウ　もちろん　　エ　たとえば

【国　語】（四五分）〈満点：一〇〇点〉

一　次の文章を読んで、後の問いに答えよ。

「こんな自分、イヤだ」

そんな思いが込み上げてくることがあるだろう。だれにでもあることだ。今の自分に納得がいかない。

小さい頃は、そんなことはあまり思わなかったはずだ。[A]、苦手なことはあっただろう。たとえば、a球ギが苦手だなと思ったり、①引っ込み思案で友だちづきあいが下手な自分を意識したりすることもあっただろう。でも、自分が嫌いだとか、自分がイヤだなんて思うことはあまりなかった。それなのに、最近は、「自分がイヤだ」と思う。青年期になると、そんな思いを抱きがちだ。〈ア〉

自分がイヤだと思うようになるのは、自分がだらしなくなったとか、ダメになってきたということではない。言ってみれば、「見られている自分」がダメになってきたのではなくて、「見ている自分」が②成熟してきたのだ。自分自身を厳しい目で見るようになったために、自分の現状に納得できなくなったというわけだ。

ある意識調査によれば、小学五年生に「自分のことが好きか」と尋ねると、半数以上が「好き」と答える。「嫌い」というのは一割にも満たない。だが、中学三年生では、「好き」が三割程度に減り、「嫌い」が二割に増える。同じく小学五年生に「自分に満足か」と尋ねると、半数以上が「満足」と答え、「不満」というのは一割に満たない。[B]、中学三年生では、「満足」が二割と大幅に減り、「不満」が半数近くになる。〈イ〉

このことは、まさに自分を見る目が厳しくなってきたことの証拠といえる。③自分に対する要求水準が高まるため、なかなか自分の現状に納得できないのだ。

ただ何となく生きてきたのが児童期だとすると、青年期になると「こうありたい自分」というものを意識するようになる。それを「理想自己」という。現実の自分を「現実自己」という。児童期には現実自己をただひたすら生きていた。ところが、青年期になると、理想自己というものを思い描くようになり、現実自己を理想自己とbヒ較するようになる。そこで、理想自己にまだまだ届かない現実の自分を意識せざるを得ないため、自分に満足しにくくなるというわけだ。

理想自己の形成には、青年期になると④抽象的思考ができるようになることが関係している。そのため、具体的な行動と結びついた理想自己だけでなく、抽象的な[I]と結びついた理想自己ももつようになる。

[C]、「日曜日は野球をして遊びたい」「サッカーがもっと上手になりたい」「テストでもっと良い成績が取れるようになりたい」というような具体的な目標をもつだけでなく、「もっと自分に自信がもてるようになりたい」「こんなcタイ屈な日々から脱出したい」「自分が生きてるっていう実感がほしい」などといった抽象的な目標を意識するようになる。

具体的な目標と違って、このような抽象的な目標になると、その達成のためにどうしたらよいのかがわからない。〈ウ〉

日曜日に野球をして遊びたいというのであれば、ふだん野球を一緒にしている仲間に声をかければいい。サッカーがもっと上手になりたいのなら、時間をつくって練習に励めばいい。いきなり上手になるわけではないけれど、練習をすればするほど少しずつでも上達していくはずだ。

MEMO

大切なことはメモしておこうネ！

## 2019年度

# 解　答　と　解　説

《2019年度の配点は解答欄に掲載してあります。》

## ＜数学解答＞ 《学校からの正答の発表はありません。》

1　(1)　ア　1　イ　3　(2)　ウ　9　エ　5　オ　4　(3)　カ　5
(4)　キ　6　ク　9　(5)　ケ　9　コ　8　(6)　サ　6　シ　3
(7)　ス　8　セ　4　(8)　ソ　1　タ　0　(9)　チ　7
(10)　ツ　1　テ　0　ト　5　(11)　ナ　2　ニ　3

2　(12)　ア　5　イ　1　ウ　2　(13)　エ　1　オ　3　(14)　カ　1　キ　6

3　(15)　ア　1　(16)　イ　2　(17)　ウ　4　エ　0　オ　3

4　(18)　ア　1　イ　2　ウ　0　(19)　エ　2　オ　2　カ　3
(20)　キ　2　ク　3　ケ　3

○推定配点○
各5点×20　　計100点

## ＜数学解説＞

基本　1　(数・式の計算，比例式，平方根，1次方程式の応用問題，2次方程式，比例関数，多角形，数の性質，角度，空間図形)

(1)　$2^2-4^2\div2-(-3)^2=4-16\div2-9=4-8-9=-13$

(2)　$x^5y^2\div x^2\times(3xy)^2=x^5y^2\times\dfrac{1}{x^2}\times9x^2y^2=9x^5y^4$

(3)　$(x-1):(2x+1)=4:11$　　$11(x-1)=4(2x+1)$　　$11x-11=8x+4$　　$11x-8x=4+11$　　$3x=15$　　$x=5$

(4)　$\dfrac{2}{\sqrt{3}}\times\dfrac{1}{\sqrt{2}}-\dfrac{\sqrt{24}}{9}=\dfrac{2}{\sqrt{6}}-\dfrac{2\sqrt{6}}{9}=\dfrac{2\sqrt{6}}{6}-\dfrac{2\sqrt{6}}{9}=\dfrac{\sqrt{6}}{3}-\dfrac{2\sqrt{6}}{9}=\dfrac{3\sqrt{6}}{9}-\dfrac{2\sqrt{6}}{9}=\dfrac{\sqrt{6}}{9}$

(5)　消しゴム1個の値段を$x$円とすると，ノート1冊の値段は，$2x+20$　　$3(2x+20)+5x=489$　　$6x+60+5x=489$　　$11x=429$　　$x=39$　　よって，ノート1冊の値段は，$2\times39+20=98$(円)

(6)　$x^2+ax-27=0$…①　　①に$x=-9$を代入すると，$(-9)^2+a\times(-9)-27=0$　　$81-9a-27=0$　　$9a=54$　　$a=6$　　①に$a=6$を代入すると，$x^2+6x-27=0$　　$(x+9)(x-3)=0$　　$x=-9,\ 3$　　よって，もう一つの解は$x=3$

(7)　$x$と$y$の変域がともに正であることから，$a>0$　　よって，$x=6$のとき，$y=\dfrac{4}{3}$になるから，$a=6\times\dfrac{4}{3}=8$　　$x=2$のとき，$y=b$になるから，$b=\dfrac{8}{2}=4$

(8)　$180°\times(n-2)=1440°$　　$n-2=1440°\div180°=8$　　$n=8+2=10$　　よって，10角形

(9)　$5\times2=10$から，積の中に5がいくつあるかを考える。1から30までの自然数の中で5の倍数は，5，10，15，20，25，30の6個　　$25=5\times5$なので，0は7個並ぶ。

(10)　$360°\times\dfrac{7}{12}=210°$　　円周角の定理から，$\angle x=\dfrac{210°}{2}=105°$

(11)　$AB=\sqrt{2^2+2^2+2^2}=\sqrt{2^2\times3}=2\sqrt{3}$ (cm)

## 2 （確率）

基本　(12)　大小2つのサイコロの目の出方は全部で，$6\times6=36$(通り)　そのうち，$a>b$となるのは，$(a,\ b)=(2,\ 1)$，$(3,\ 1)$，$(3,\ 2)$，$(4,\ 1)$，$(4,\ 2)$，$(4,\ 3)$，$(5,\ 1)$，$(5,\ 2)$，$(5,\ 3)$，$(5,\ 4)$，$(6,\ 1)$，$(6,\ 2)$，$(6,\ 3)$，$(6,\ 4)$，$(6,\ 5)$の15通り　よって，求める確率は，$\dfrac{15}{36}=\dfrac{5}{12}$

(13)　$10a+b$が3の倍数となるのは，$(a,\ b)=(1,\ 2)$，$(1,\ 5)$，$(2,\ 1)$，$(2,\ 4)$，$(3,\ 3)$，$(3,\ 6)$，$(4,\ 2)$，$(4,\ 5)$，$(5,\ 1)$，$(5,\ 4)$，$(6,\ 3)$，$(6,\ 6)$の12通り　よって，求める確率は，$\dfrac{12}{36}=\dfrac{1}{3}$

(14)　$a\times b$が素数となるのは，$(a,\ b)=(1,\ 2)$，$(1,\ 3)$，$(1,\ 5)$，$(2,\ 1)$，$(3,\ 1)$，$(5,\ 1)$の6通り　よって，求める確率は，$\dfrac{6}{36}=\dfrac{1}{6}$

## 3 （図形と関数・グラフの融合問題－回転体の体積）

基本　(15)　$y=x^2$…①　①に$x=1$を代入すると，$y=1^2=1$　よって，点Aの$y$座標は1

(16)　①に$x=-2$を代入すると，$y=(-2)^2=4$　よって，$B(-2,\ 4)$　直線ABの式を$y=ax+b$として点A，Bの座標を代入すると，$1=a+b$…②　$4=-2a+b$…③　②－③から，$-3=3a$　$a=-1$　これを②に代入して，$1=-1+b$　$b=2$　よって，直線ABの式は，$y=-x+2$　したがって，求める$y$座標は2

重要　(17)　直線ABと$y$軸との交点をEとすると，$E(0,\ 2)$　点Bから$y$軸へ垂線BHを引くと，$HE=4-2=2$　求める体積は，底面が半径2の円で高さが4の円柱の体積から，底面が半径2の円で高さが2の円すいの体積をひいたものになるから，$\pi\times2^2\times4-\dfrac{1}{3}\times\pi\times2^2\times2=16\pi-\dfrac{8}{3}\pi=\dfrac{40}{3}\pi$

## 4 （立体図形の計量問題－角度，体積，三角形の相似，三平方の定理）

基本　(18)　$360^\circ\times\dfrac{2\pi\times1}{2\pi\times3}=120^\circ$

(19)　円すいの高さは，$\sqrt{3^2-1^2}=\sqrt{8}=2\sqrt{2}$　よって，円すいの体積は，$\dfrac{1}{3}\times\pi\times1^2\times2\sqrt{2}=\dfrac{2\sqrt{2}}{3}\pi$

重要　(20)　右の図は，円すいを△OBO′を含む面で切断したときの切断面の一部である。O′からOBへ垂線O′Hを引くと，2角が等しくなることから，△OBO′∽△O′BH　OB：BO′＝O′B：BHから，3：1＝1：BH　$BH=\dfrac{1}{3}$　OB：OO′＝O′B：O′H　$3:2\sqrt{2}=1:O'H$　$O'H=\dfrac{2\sqrt{2}}{3}$　$AH=1-\dfrac{1}{3}=\dfrac{2}{3}$　△AO′Hにおいて三平方の定理を用いると，$AO'=\sqrt{AH^2+O'H^2}=\sqrt{\left(\dfrac{2}{3}\right)^2+\left(\dfrac{2\sqrt{2}}{3}\right)^2}=\sqrt{\dfrac{4}{9}+\dfrac{8}{9}}=\sqrt{\dfrac{12}{9}}=\dfrac{2\sqrt{3}}{3}$

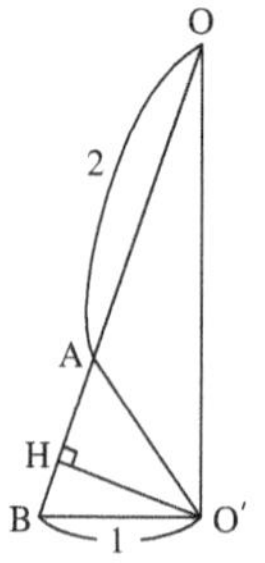


**★ワンポイントアドバイス★**

4の(20)は，O′からOBへ垂線を引いて相似な三角形を作ることが解法への道になっている。

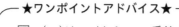

## ＜英語解答＞ 《学校からの正答の発表はありません。》

1　1 イ　2 ア　3 エ　4 ウ　5 ウ

2　1 ウ　2 イ　3 イ　4 ア　5 ア

3　1 ウ　2 ア　3 エ　4 イ　5 ウ　6 ア

4　1 イ　2 ウ　3 エ　4 イ　5 ア

5　1 ア　2 エ　3 ウ　4 エ　5 ウ　6 イ　7 ア　8 ウ　9 イ　10 エ

6　1 オ　2 イ　3 エ　4 ウ　5 ア

7　問1 イ　問2 ア　問3 ウ　問4 エ　問5 ア

8　問1 ウ　問2 エ　問3 ウ　問4 ア　問5 ア　問6 ア　問7 ウ　問8 エ　問9 ア

○推定配点○

各2点×50　計100点

## ＜英語解説＞

1　（アクセント問題）

1　ア　[síəriəs]　イ　[mju(:)zí:əm]　ウ　[pə́:rsənl]　エ　[tʃɑ́:klət]

2　ア　[θə:rtí:n]　イ　[móumənt]　ウ　[féiməs]　エ　[krístl]

3　ア　[bigín]　イ　[pəlí:s]　ウ　[bikʌ́z]　エ　[dɑ́ktər]

4　ア　[æ̀ftərnú:n]　イ　[dʒæpəní:z]　ウ　[íntərəst]　エ　[disəpíər]

5　ア　[ikspénsiv]　イ　[rimémbər]　ウ　[jéstərdei]　エ　[kəmpjú:tər]

2　（語句補充問題：不定詞，助動詞，現在完了，比較）

1 「私の母は私にうるさくしないように言いました。」〈tell A to ～〉で「Aに～するように言う」という意味になる。「～しないように」と言う場合は不定詞の直前に not を置く。

2 「あなたはそれらすべてを食べる必要はありません。」〈don't have to ～〉で「～する必要がない」という意味になる。

3 「私はすでに宿題を終えました。」 already は have と過去分詞の間に置く。

4 「ロシアはブラジルの2倍広いです。」 比較の文において倍数を表すときは〈～ times as … as A〉という形を用いる。「2倍」であるときは twice を用いる。

5 「トロントは私がかつて訪れた中で一番美しい都市です。」〈最上級＋ that S have ever ～〉で「Sがかつて…した中で一番～だ」という意味になる。

3　（語句補充問題：進行形，受動態，関係代名詞，比較，動詞，現在完了）

基本　1 「私は旅行をしている間写真を撮っていました。」 動詞が was になっているので，過去進行形だとわかる。従ってing形を選ぶ。

2 「誕生日のパーティーには誰が招待されましたか。」 受動態の文なので〈be動詞＋過去分詞〉という形にする。

3 「私は妹がピアニストである男性に会いました。」 sister 以下の部分が man を修飾しているので，所有格の関係代名詞を使う。

4 「トムはメアリーよりずっと背が高いです。」 比較級の意味を強めるときは much を使う。

5 「太陽は東から昇ります。」 三単現の文なので動詞に s をつける。

6 「私はホテルで指輪をなくしてしまいました。」 現在完了の文なので，〈have ＋過去分詞〉の形になる。

**4**（並べ替え問題：疑問詞，助動詞，接続詞，不定詞）

1 （How）many apples did you eat（?） 数をたずねるときは〈how many ＋複数形の名詞〉という表現を用いる。

2 （I）must get back home by（midnight.） must は「～しなければならない」という意味を表す。「～まで」と限度を表すときは by を使う。

3 （I）promise I won't be late（again.） 〈that S V〉という形のthat節は「～こと」という意味を表す

基本 4 （What）do you think about this（essay?） 疑問詞の後に疑問文の形を置く。

5 （Can）I have something to drink（?） 〈something to ～〉で「何か～する（べき）もの」という意味を表す。

**5**（語句補充問題：不定詞，動名詞，分詞，関係代名詞，現在完了，接続詞，比較，前置詞）

1 「彼女に今日の新聞を私のところに持って来るように言ってください。」〈tell A to ～〉で「Aに～するように言う」という意味になる。

2 「もし1本持っていたらペンを私に貸していただけませんか。」〈would you mind —ing〉は「～していただけませんか」という意味で，丁寧な依頼を表す。

3 「グリーンさんは簡単な英語で書かれた本を私に貸してくれました。」「英語で書かれた」という部分が「本」を修飾するので，過去分詞を使う。

4 「このレンタルショップにはあなたが面白いと思うDVDがたくさんあります。」「あなたが面白いと思う」という部分が「DVD」を修飾するので，目的格の関係代名詞を使う。

5 「私がまだ皿を洗っていないので，母はすぐに怒るでしょう。」 現在完了の文において「まだ（～していない）」という意味を表すときは yet を使う。

6 「パーティーにいるお客さん全員が真夜中まで食べることを楽しみました。」〈enjoy ～ ing〉で「～するのを楽しむ」という意味を表す。

7 「私はとても疲れていましたが，宿題を全部終えました。」〈though ～〉で「～にもかかわらず」という意味を表す。

8 「琵琶湖は日本の他のどの湖より大きいです。」〈比較級＋ than any other …〉で「他のどんな…よりも～」という意味を表す。

重要 9 「あなたは私を助けてくれて親切です。」〈it is ～ for S to …〉で「Sが…することは～である」という意味になる。「～」に入る語が S の性質を表すときには for ではなく of とする。

10 「公園と私の家の間には小さな川があります。」〈between A and B〉で「AとBの間」という意味を表す。

**6**（会話文問題：語句補充）

（全訳）

アンナ：やあ，ジョン。元気ですか？

ジョン：ひどい風邪をひいているので，あまりよくないよ。

アンナ：それは気の毒に！ 家でベッドにいるべきよ。しっかり休むのがとても大切よ。

ジョン：ああ，その通りだね。でも仕事でずっと忙しいんだ。

アンナ：(1)風邪の薬は何か飲んだの？

ジョン：まだだよ。

アンナ：ああ，たぶんすぐに医者に診てもらうべきよ。車で送りましょうか。

ジョン：いいよ，ありがとう。でも今，君の携帯電話を使ってもいいかな。

アンナ：(2)大丈夫よ。はい，どうぞ。
（数分後）
ジョン：家の近くのお医者さんに予約をするために電話したよ。(3)でも彼は予約でいっぱいだと言われたよ。だから，ぼくは家に帰って，休むよ。
アンナ：(4)家であなたの面倒を見る人は誰かいるの？
ジョン：いや，ぼくだけだよ。
アンナ：えっと，私が行って，あなたのために特別なスープを作ってあげられるわよ。ニンニクのスープで，具合が悪いときに食べやすいの。(5)調理するのもとても簡単よ。よく効くわよ！
ジョン：ありがとう。

**7**　（長文読解問題・物語文：語句補充，内容吟味，指示語）

（全訳）　私は家族とオーストラリアに行きました。初めての外国旅行だったので，とても(A)興奮しました。私たちのガイドのケイトはオーストラリアの空港で待っていました。彼女は背の高い女性で，私たちの家族の名前が書かれた標示物を持っていました。彼女は私たちをホテルまで車で連れて行ってくれました。

その車の中で，ケイトは私たちの旅行について日本語で説明しました。彼女はとてもいい日本語を話しました。私は英語の練習をしたかったので，「英語でお話ししてもいいですか？」とたずねました。彼女は了解しました。私は彼女に「あなたの日本語はとても上手です。あなたは日本に滞在したことがありますか。」と言いました。「私は日本には行ったことがありませんが，オーストラリアで何年もの(B)間日本語を勉強してきました。」と言いました。「あなたが日本語をこれほど上手に話す理由が私にはまだわかりません。あなたはどのように日本語を勉強しますか？」と私はたずねました。ケイトは「私はよく日本の映画を見て，好きな俳優の言葉をいくつか真似して覚えようとします。(1)それは大いに助けになっていると思います。」と言いました。

ケイトと話している(C)間に，ケイトについてあることに気づきました。彼女は本当にオーストラリアについてたくさん知っていました。彼女は私の質問のすべてに答えることができました。私は日本についてもっと知るべきだと思いました。

私たちは旅行で楽しい時間を過ごしました。ケイトは私たちに多くの興味深い場所を示し，いくつかの有用なことを教えてくれました。ワイルドライフ・パークで，ケイトは私たちにコアラを静かに見るように言いました。彼女は「コアラは通常日中に眠ります。音を立てると目が覚めます。人々はそれを(2)乱すことなく野生動物を楽しむべきです。例を挙げましょう。人々はコアラを腕に抱きたいと思うかもしれませんが，それは野生生物保護のためのいくつかの地域で禁止されています。」と説明しました。

問1　〈be excited〉で「興奮している」という意味を表す。
問2　現在完了の文において「～の間」という期間を表す時は〈for ～〉を用いる。
問3　while は「～の間に」という意味を表す。
問4　直前の文にある to imitate and remember some of my favorite actor's words を指す。
問5　直前の文の例に合うのはアである。

**8**　（長文読解問題・説明文：内容吟味，語句補充）

（全訳）　私たちの周りにはたくさんの人がいます。同じ考えを持っている人々もいれば，違う考えを持っている人々もいます。違う考えを持つ人々と友達になるのは難しいでしょうか。動物は(1)この質問に対する答えをいくつか持っているかもしれません。

人々は長い間，動物たちと良い友達でいます。ペットとして家で動物を飼っている人もいます。

多くの子供たちは動物を見るために動物園に行くのが好きです。

「動物は人のように見える」と言う人もいます。あなたは同意しますか。他の人々は「動物も悲しいと感じ，他の動物を愛することができる。」と言う人もいます。あなたはそれを信じますか。(A)あなたはそれを信じないかもしれませんが，いくつかの例があります。

(B)例えば，飼い主が家に帰ってきて，犬を見て幸せであるときに，犬は幸福でその尾を高速に動かします。飼い主が泣いているときに飼い主を元気づけようとして，飼い主のところに来るネコを見たことがありますか。飼い主が悲しいときに悲しそうな犬はどうでしょうか。(2)これらは，動物が人と感情を共有していることを示す例の一部です。

次の物語は，2つの異なる種類の動物の間における良い関係を示す例の1つです。動物園にいるクマとネコについてです。

クマは動物園で生まれ，その生涯を通じてそこに住んでいました。ある日，動物園にネコがやってきました。ネコがどこから来たのか誰も知りませんでした。ネコはクマのオリの中へ入って行きました。ネコとクマがお互いを見ると，ネコはクマの方へ歩いて行きました。ネコはクマを恐れず，クマはネコを攻撃しませんでした。彼らは友達になりました。彼らは一緒に同じ食べ物を食べました。彼らは一緒に寝ました。大きな動物と小さな動物の関係を見て(3)人々は驚きました。動物園の作業員の1人は，「2つの異なる種類の動物の間にこのような良い関係を見るのは普通ではありません。動物園を訪れる人々は彼らを見るのが好きです。」と言いました。

ある日，クマはオリから移されました。オリは古く，作業員たちはそれを修復しなければなりませんでした。クマが建物の中の場所に移された後，ネコはオリの周りを歩き，熊を探しましたが，(4)その友達を見つけることができませんでした。(C)最後に，作業員たちはオリの修理を終え，彼らはクマを新しいオリに移しました。ネコもオリに来ました。ネコはオリの中に入ってもう一度外に出ることができました。クマとネコはまた一緒に楽しい時を共にできて，幸せそうに見えました。

この2種類の動物がこんなに良い友達になったなんて信じられないかもしれません。なぜクマとネコが戦わずして幸せな時間を共にしたのかはわかりませんが，(D)これらの動物から何かを学ぼうとすることが重要です。さまざまな種類の動物は一緒に幸せに暮らすことができます。だから私たちも世界中の多くの人と一緒に楽しく暮らすことができます。人によっては異なる考えを持っていて，他の人は異なる言語を話すので，簡単ではないと思うかもしれません。彼らと良い関係を築くためには，互いに理解し合い，考えを共有していくことが必要です。私たちがクマやネコのように楽しく暮らせることを願っています。

問1　直前の文の内容を指しているので，ウが正しい。

問2　エは，ネコについての内容なので誤り。

問3　直前の3つ文の内容に合うので，ウが正しい。

問4　ネコが仲良くなったのはクマなので，アが正しい。

問5　後に続く段落にはネコとクマが友達になった例が書いてあるので，アが正しい。　ア「あなたはそれを信じないかもしれませんが，いくつかの例がある。」　イ「あなたは例がないので，それを信じられない。」　ウ「あなたは例がないので，それを信じてはならない。」　エ「あなたはそれを信じられるが，例がない。」

問6　〈for example〉で「例えば」という意味を表す。直後に続く部分には，ネコとクマの例が書かれている。

問7　作業員たちがクマのオリの修理をとうとう終えたことを表している。

問8　考えが違う人々とともに幸福に過ごすことについての例として動物の例が書いてあるので，エが正解。　ア「だからこれらの動物に何かを与えようとするのはわくわくする。」　イ「しかし動物と何かを分け合おうとするのはよくない。」 ウ 「だから何かをある場所から新しい場所へ動かそうとするのはよい。」 エ 「でも，これらの動物から何かを学ぼうとすることが重要だ。」
問9 最後から2つめの文の内容に合うので，アが正解。

**★ワンポイントアドバイス★**

2の5では〈最上級＋ that S have ever ～〉が使われている。これは現在完了の否定文と such を使って書き換えることができる。(例) I have never visited such a beautiful city like Toronto. (私はトロントのような美しい都市を訪れたことがない。)

## ＜国語解答＞ 《学校からの正答の発表はありません。》

一 問一 a ウ b エ c イ d イ e エ 問二 A ウ B ア C エ D イ 問三 ウ 問四 ② エ ⑤ イ 問五 ア 問六 イ 問七 エ 問八 Ⅰ ウ Ⅱ ア 問九 ウ 問十 エ 問十一 イ
二 問 1 ア 2 イ 3 ア 4 イ 5 イ
三 問一 イ 問二 ウ 問三 5 エ 6 イ 7 ア 問四 ア 問五 ウ 問六 エ 問七 エ 問八 イ 問九 ウ 問十 ウ 問十一 1 ア 2 ア 問十二 エ
四 問一 1 イ 2 イ 3 エ 問二 1 イ 2 ウ 問三 1 オ 2 ウ 3 カ 問四 1 イ 2 エ

○推定配点○
各2点×50 計100点

## ＜国語解説＞

一 (論説文－大意・要旨，内容吟味，文脈把握，接続語，脱文・脱語補充，漢字の書き取り，同義語・対義語)

基本 問一 a 「球技」 ア 「儀式」 イ 「偽名」 ウ 「技術」 エ 「義務」。 b 「比較」 ア 「披露宴」 イ 「非公開」 ウ 「批判」 エ 「比喩」。 c 「退屈」 ア 「体験」 イ 「辞退」 ウ 「対策」 エ 「怠惰」。 d 「課題」 ア 「次第」 イ 「宿題」 ウ 「台所」 エ 「代表」。 e 「応援」 ア 「植物園」 イ 「縁起」 ウ 「延期」 エ 「援助」。

問二 Aは「もちろん△△だ。でも○○だ」という形で△△を認めつつ○○であることを主張しているのでウ，Bは前後で相反する内容を述べているのでア，Cは直前の内容の具体例を直後で述べているのでエ，Dは直前の内容より直後の内容であることを主張して述べているのでイ，がそれぞれ適当。

問三 ①は内気で積極的に人前に出たり自分から行動を起こしたりできないことなので，ウが適当。

問四 十分に成長するという意味の②はまだ十分でないという意味のエ，はっきりと明らかなことという意味の⑤ははっきりしないことという意味のイ，がそれぞれ対義語である。

重要 問五 ③前後で③の理由として，青年期に「自分がイヤだ」と思うようになるのは自分自身を厳しい目で見るようになり，「理想自己」を現実自己と比較して自分に満足しにくくなるからであることを述べているので，アが適当。児童期の説明になっているイ，ウは不適当。エの「現実自己」も不適当。

問六　④は具体的ではなく一般化して思考するさまという意味なので，すべてのものに共通するという意味のイが近い。アは④の対義語。エはイの対義語。

重要　問七　⑥になる前は今の自分に納得がいかないがどうすればよいのかがわからない状態で，⑥前で自分の思い描く「理想自己」を目標とするが，どうしたらよいのかわからずなかなか答えが見つからないことが述べられているので，エが適当。⑥＝「理想自己」を形成することなので，他の選択肢は不適当。

やや難　問八　Ⅰは直後の段落で述べているように，自分がこうなりたいという「目標」なので，何に価値を認めるか個人それぞれの考え方という意味のウが適当。アは道徳的な考え方，イは永遠不変のものはないという考え方，エは前もって抱いている固定的な考え方。Ⅱは直後で述べているように「見られている自分」と「見ている自分」のことなので，アが適当。

重要　問九　⑦直後の最後の段落で，「見ている自分」は自分に不満をもたなかった以前の自分と比べて，はるかに向上心に満ちた自分と言えると述べているので，ウが適当。最後の段落内容を説明していない他の選択肢は不適当。

やや難　問十　具体的な目標と違って理想自己を形成する抽象的な目標は答えが見つからず苦しいことを述べているが，アは述べていないので合致していない。イの「あまり気にしなくて良い」，ウも述べていないので合致していない。エは最後の2段落で述べているので，合致する。

問十一　設問の一文では，「児童期」「青年期」それぞれで「自分が好き」と答えた人数を比較しているので，具体的な割合を説明している「ある意識調査」で始まる段落直後のイが適切。

重要　**二**　**（論説文－大意・要旨，内容吟味）**

問　本文の内容を整理すると，ネッシーや雪男，宇宙人がいるか，いないかの問題に答えを出すのに二つのやり方がある→ゴリラやネッシーや雪男の場合のように，実物をつれてくることが一番確かな方法である→宇宙人の場合は直接地球につれてくることは問題にならないが，さまざまの証拠をもとに，いるかいないかを推しはかることができる→科学者がどのような証拠と推論で答えを出すのか調べることで，科学について多くを学べる→世の中にはじかに目に見え手で触れるものしかないと考えている人がいるが，科学はじかに目でみることは決してできないもののことも考える(＝1)→いる，あるということを決めるのには，二つのやり方があることがわかる→一つはじかに目で見たり，手でさわったりして，たしかめるやり方，もう一つは科学的な推論を重ねているかいないか，あるかないかをおしはかるやり方である→第二のやり方はいつか第一のやり方でたしかめられるようになる可能性のあるものもあるが，そういう可能性はまったくないものもある(＝3)，となる。

1，3は述べているので合致する。2の「実物をつれてくる必要がある」，4の「(科学は)じかに目でみえるもの，手でさわれるものしかないのだと考えている」とは述べていないので合致していない。「いるかいないかを推しはかったもの」は「じかにみたりふれたりすることができるようになる可能性のあるものもあります」と述べているので，5も合致していない。

**三**　**（古文－大意・要旨，内容吟味，文脈把握，指示語，品詞・用法，仮名遣い，口語訳，文学史）**

〈口語訳〉　さてこの内供は，鼻が長かった。五六寸ほどだったので，下あごより下がって見えた。色は赤紫で，夏みかんの皮のように，ぶつぶつとしてふくれていた。痒がることこの上ない。容器に湯を張らせて，お盆を鼻を差し入れるためにくり抜いて，炎が顔に当たらないようにして，そのお盆の穴から鼻を差し出して，容器の湯に差し入れて，よくよくゆでて引き上げると，色は濃い紫色になる。それを，そばに横になって，下に物を当てて，人に踏ませると，ぶつぶつした穴ごとに，煙のようなものが出る。それを激しく踏むと，白い虫が，穴ごとに出てくるので毛ぬきで抜くと，四分ほどの白い虫を穴ごとに取り出す。(虫をぬいた鼻の)その跡は，穴が開いて見える。それを，また同じ湯に入れてさらさらと沸かして，ゆでると鼻は小さく縮みあがり，普通の人の鼻のようになる。(しかし)また，二三日すると，前のように，大きくなってしまう。

重要 問一　1は過去，3は未然形に接続しているので打消，4は断定なのでイが適当。

重要 問二　係助詞「ぞ」の結びは，係り結びの法則により「連体形」になる。

やや難 問三　5の「煙」は動詞「煙(けぶ)る」から「けぶり」，6は「い(づ)」と読む。「四」は時間や年齢などでは数字だけで「よつ」と読むが7は「し」と読み，「分」は長さの単位(約三ミリメートル)なので「ぶ」と読む。

問四　①は下あごのこと。ウは「ひたひ」，エは「ほほ」と表す。

問五　②の「ゑり(ゑる)は「くり抜く，穴をあける」という意味。

重要 問六　③の「いたく」は「ひどく，はなはだしく」という意味なので，エがふさわしい。

問七　④は「虫をぬいた鼻のその跡は」ということなので，エをさしている。

問八　⑤は前にある「ゆでて」と同じ意味なので，イがふさわしい。

問九　⑥は「普通の人の鼻のようになった」という文脈なので，ウが適当。

重要 問十　鼻が長かったのは内供なのでア，イ，エは不適当。鼻が長かった内供は，鼻をゆでたり人に踏ませたりして小さくしようとしたので，ウが適当。

基本 問十一　1　成立が鎌倉時代であるものはア。他の作品の成立は，イは平安時代，ウは奈良時代，エは江戸時代。　2　説話はア。他のジャンルは，イは歴史物語，ウは随筆，エは物語。

問十二　この古文をもとに『鼻』という小説を書いたのはエ。

**四**　**(四字熟語，ことわざ，品詞・用法，敬語)**

重要 問一　1はイのみ動詞，他は副詞。2はイのみ副詞，他は接続詞。3はエのみ形容動詞，他は助動詞。

問二　1は相手に対する尊敬語になるのでイが入る。二重敬語のア，「される」とあるウ，謙譲語の「賜る」があるエはいずれも誤り。2は先生に対する謙譲語になるのでウが入る。尊敬語のア，エ，敬語ではないイはいずれも誤り。

基本 問三　1は前門でこわい虎を防いだと思ったら後門におそろしい狼が現れることから，一つの災難を逃れたと思ったら新たな災難が降りかかるという意味なので，オが近い。2は芝居で馬の脚の役を演じる役者がうっかり自分の足を見せてしまうことから隠していた正体がばれてしまうという意味なので，化けた狐や狸がしっぽを出して正体を見破られることから正体がばれるという意味のウが近い。3は価値のわからない人に価値のあるものを与えてもむだであるという意味なので，カが近い。アはまだ手に入れていないのにあれこれと計画を立てること，イは自分から進んで危険や災いにかかわること，エは数多くやってみればまぐれ当たりすることがあるという意味。

やや難 問四　1はイが正しく，多くの戦いに出て武術を鍛え上げること。「練磨」は鍛錬して磨くこと。2はエが正しく，手がかりがなくて手段や見通しがまったく立たないこと。中国の張楷(ちょうかい)が道術によって五里四方に霧を発生させ，その霧の中ではだれも方角がわからなくなったという故事から。

★ワンポイントアドバイス★

論説文の要旨をとらえるには，具体的な説明で筆者が何を述べようとしているのかを読み取っていくことが重要だ。

MEMO

大切なことはメモしておこうネ！

# 解答用紙集

〇月×日　△曜日　天気（合格日和）

◆ご利用のみなさまへ

＊解答用紙の公表を行っていない学校につきましては、弊社の責任において、解答用紙を制作いたしました。

＊編集上の理由により一部縮小掲載した解答用紙がございます。

＊編集上の理由により一部実物と異なる形式の解答用紙がございます。

人間の最も偉大な力とは、その一番の弱点を克服したところから生まれてくるものである。――カール・ヒルティ――

東京学参株式会社

※ 122%に拡大していただくと，解答欄は実物大になります。

**1**

| | | |
|---|---|---|
| 1 | ア | ⓪ ① ② ③ ④ ⑤ ⑥ ⑦ ⑧ ⑨ |
| 2 | イ | ⓪ ① ② ③ ④ ⑤ ⑥ ⑦ ⑧ ⑨ |
| 3 | ウ | ⓪ ① ② ③ ④ ⑤ ⑥ ⑦ ⑧ ⑨ |
| | エ | ⓪ ① ② ③ ④ ⑤ ⑥ ⑦ ⑧ ⑨ |
| 4 | オ | ⓪ ① ② ③ ④ ⑤ ⑥ ⑦ ⑧ ⑨ |
| | カ | ⓪ ① ② ③ ④ ⑤ ⑥ ⑦ ⑧ ⑨ |
| 5 | キ | ⓪ ① ② ③ ④ ⑤ ⑥ ⑦ ⑧ ⑨ |
| | ク | ⓪ ① ② ③ ④ ⑤ ⑥ ⑦ ⑧ ⑨ |
| 6 | ケ | ⓪ ① ② ③ ④ ⑤ ⑥ ⑦ ⑧ ⑨ |
| 7 | コ | ⓪ ① ② ③ ④ ⑤ ⑥ ⑦ ⑧ ⑨ |
| | サ | ⓪ ① ② ③ ④ ⑤ ⑥ ⑦ ⑧ ⑨ |
| 8 | シ | ⓪ ① ② ③ ④ ⑤ ⑥ ⑦ ⑧ ⑨ |
| | ス | ⓪ ① ② ③ ④ ⑤ ⑥ ⑦ ⑧ ⑨ |
| 9 | セ | ⓪ ① ② ③ ④ ⑤ ⑥ ⑦ ⑧ ⑨ |
| | ソ | ⓪ ① ② ③ ④ ⑤ ⑥ ⑦ ⑧ ⑨ |

**2**

| | | |
|---|---|---|
| 10 | ア | ⓪ ① ② ③ |
| | イ | ⓪ ① ② ③ |

**3**

| | | |
|---|---|---|
| 11 | ア | ⓪ ① ② ③ ④ ⑤ ⑥ ⑦ ⑧ ⑨ |
| 12 | イ | ⓪ ① ② ③ ④ ⑤ ⑥ ⑦ ⑧ ⑨ |
| | ウ | ⓪ ① ② ③ ④ ⑤ ⑥ ⑦ ⑧ ⑨ |
| 13 | エ | ⓪ ① ② ③ ④ ⑤ ⑥ ⑦ ⑧ ⑨ |

**4**

| | | |
|---|---|---|
| 14 | ア | ⓪ ① ② ③ ④ ⑤ ⑥ ⑦ ⑧ ⑨ |
| 15 | イ | ⓪ ① ② ③ ④ ⑤ ⑥ ⑦ ⑧ ⑨ |
| | ウ | ⓪ ① ② ③ ④ ⑤ ⑥ ⑦ ⑧ ⑨ |
| | エ | ⓪ ① ② ③ ④ ⑤ ⑥ ⑦ ⑧ ⑨ |
| 16 | オ | ⓪ ① ② ③ ④ ⑤ ⑥ ⑦ ⑧ ⑨ |
| | カ | ⓪ ① ② ③ ④ ⑤ ⑥ ⑦ ⑧ ⑨ |

**5**

| | | |
|---|---|---|
| 17 | ア | ⓪ ① ② ③ ④ ⑤ ⑥ ⑦ ⑧ ⑨ |
| | イ | ⓪ ① ② ③ ④ ⑤ ⑥ ⑦ ⑧ ⑨ |
| 18 | ウ | ⓪ ① ② ③ ④ ⑤ ⑥ ⑦ ⑧ ⑨ |
| | エ | ⓪ ① ② ③ ④ ⑤ ⑥ ⑦ ⑧ ⑨ |
| 19 | オ | ⓪ ① ② ③ ④ ⑤ ⑥ ⑦ ⑧ ⑨ |
| | カ | ⓪ ① ② ③ ④ ⑤ ⑥ ⑦ ⑧ ⑨ |
| | キ | ⓪ ① ② ③ ④ ⑤ ⑥ ⑦ ⑧ ⑨ |

**(注意事項)**

1.受験番号は必ずマークせよ。

2.記入はすべて黒鉛筆（H・F・HBに限る）を使用せよ。

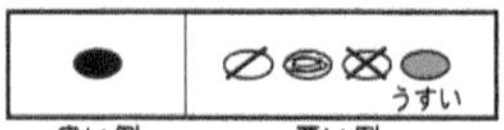


良い例　悪い例

3.一列につき一つだけマークせよ。

浦和学院高等学校　2024年度　　◇英語◇

※ 122%に拡大していただくと，解答欄は実物大になります。

**1**

| | |
|---|---|
| 1 | ㋐ ㋑ ㋒ ㋓ |
| 2 | ㋐ ㋑ ㋒ ㋓ |
| 3 | ㋐ ㋑ ㋒ ㋓ |
| 4 | ㋐ ㋑ ㋒ ㋓ |
| 5 | ㋐ ㋑ ㋒ ㋓ |
| 6 | ㋐ ㋑ ㋒ ㋓ |
| 7 | ㋐ ㋑ ㋒ ㋓ |
| 8 | ㋐ ㋑ ㋒ ㋓ |
| 9 | ㋐ ㋑ ㋒ ㋓ |
| 10 | ㋐ ㋑ ㋒ ㋓ |

**2**

| | |
|---|---|
| 1 | ㋐ ㋑ ㋒ ㋓ |
| 2 | ㋐ ㋑ ㋒ ㋓ |
| 3 | ㋐ ㋑ ㋒ ㋓ |
| 4 | ㋐ ㋑ ㋒ ㋓ |
| 5 | ㋐ ㋑ ㋒ ㋓ |

**3**

| | |
|---|---|
| 1 | ㋐ ㋑ ㋒ ㋓ |
| 2 | ㋐ ㋑ ㋒ ㋓ |
| 3 | ㋐ ㋑ ㋒ ㋓ |
| 4 | ㋐ ㋑ ㋒ ㋓ |
| 5 | ㋐ ㋑ ㋒ ㋓ |

**4**

| | |
|---|---|
| 1 | ㋐ ㋑ ㋒ ㋓ |
| 2 | ㋐ ㋑ ㋒ ㋓ |
| 3 | ㋐ ㋑ ㋒ ㋓ |
| 4 | ㋐ ㋑ ㋒ ㋓ |
| 5 | ㋐ ㋑ ㋒ ㋓ |

**5**

| | |
|---|---|
| 1 | ㋐ ㋑ ㋒ ㋓ |
| 2 | ㋐ ㋑ ㋒ ㋓ |
| 3 | ㋐ ㋑ ㋒ ㋓ |
| 4 | ㋐ ㋑ ㋒ ㋓ |

**6**

| | |
|---|---|
| 1 | ㋐ ㋑ ㋒ ㋓ ㋔ |
| 2 | ㋐ ㋑ ㋒ ㋓ ㋔ |
| 3 | ㋐ ㋑ ㋒ ㋓ ㋔ |
| 4 | ㋐ ㋑ ㋒ ㋓ ㋔ |
| 5 | ㋐ ㋑ ㋒ ㋓ ㋔ |

**7**

| | | |
|---|---|---|
| 1 | | ㋐ ㋑ ㋒ ㋓ |
| 2 | A | ㋐ ㋑ ㋒ ㋓ |
| | B | ㋐ ㋑ ㋒ ㋓ |
| | C | ㋐ ㋑ ㋒ ㋓ |
| 3 | | ㋐ ㋑ ㋒ ㋓ |
| 4 | | ㋐ ㋑ ㋒ ㋓ |

**(注意事項)**

1.受験番号は必ずマークせよ。

2.記入はすべて黒鉛筆（H・F・HBに限る）を使用せよ。

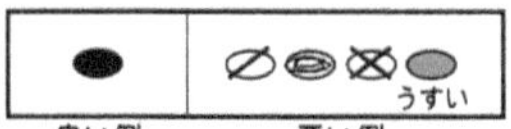


良い例　　悪い例

3.一列につき一つだけマークせよ。

浦和学院高等学校　2024年度

# ◇国語◇

※解答欄は実物大になります。

## 一

| | | |
|---|---|---|
| 問一 | a | ㋐ ㋑ ㋒ ㋓ |
| | b | ㋐ ㋑ ㋒ ㋓ |
| 問二 | A | ㋐ ㋑ ㋒ ㋓ |
| | B | ㋐ ㋑ ㋒ ㋓ |
| 問三 | | ㋐ ㋑ ㋒ ㋓ ㋔ |
| 問四 | | ㋐ ㋑ ㋒ ㋓ ㋔ |
| 問五 | | ㋐ ㋑ ㋒ ㋓ ㋔ |
| 問六 | | ㋐ ㋑ ㋒ ㋓ ㋔ |
| 問七 | 1 | ㋐ ㋑ |
| | 2 | ㋐ ㋑ |
| | 3 | ㋐ ㋑ |
| | 4 | ㋐ ㋑ |
| | 5 | ㋐ ㋑ |

## 二

| | | |
|---|---|---|
| 問一 | 1 | ㋐ ㋑ |
| | 2 | ㋐ ㋑ |
| | 3 | ㋐ ㋑ |
| | 4 | ㋐ ㋑ |
| | 5 | ㋐ ㋑ |
| | 6 | ㋐ ㋑ |
| 問二 | | ㋐ ㋑ ㋒ ㋓ ㋔ |

## 三

| | | |
|---|---|---|
| 問一 | a | ㋐ ㋑ ㋒ ㋓ |
| | b | ㋐ ㋑ ㋒ ㋓ |
| 問二 | | ㋐ ㋑ ㋒ ㋓ |
| 問三 | | ㋐ ㋑ ㋒ ㋓ ㋔ |
| 問四 | | ㋐ ㋑ ㋒ ㋓ ㋔ |
| 問五 | | ㋐ ㋑ ㋒ ㋓ ㋔ |
| 問六 | 1 | ㋐ ㋑ ㋒ ㋓ |
| | 2 | ㋐ ㋑ ㋒ ㋓ ㋔ |
| | 3 | ㋐ ㋑ ㋒ ㋓ ㋔ |

## 四

| | | |
|---|---|---|
| 問一 | 1 | ㋐ ㋑ ㋒ ㋓ |
| | 2 | ㋐ ㋑ ㋒ ㋓ |
| | 3 | ㋐ ㋑ ㋒ ㋓ |
| | 4 | ㋐ ㋑ ㋒ ㋓ |
| | 5 | ㋐ ㋑ ㋒ ㋓ |
| 問二 | 1 | ㋐ ㋑ ㋒ ㋓ |
| | 2 | ㋐ ㋑ ㋒ ㋓ |
| | 3 | ㋐ ㋑ ㋒ ㋓ |
| 問三 | | ㋐ ㋑ ㋒ |
| 問四 | | ㋐ ㋑ ㋒ ㋓ |

**(注意事項)**

1.受験番号は必ずマークせよ。

2.記入はすべて黒鉛筆（H・F・HBに限る）を使用せよ。

| 良い例 | 悪い例 |
|---|---|
| ● | ⌀ ⊖ ⊗ ●（うすい） |

3.一列につき一つだけマークせよ。

浦和学院高等学校　　2023年度

◇数学◇

※ 122％に拡大していただくと，解答欄は実物大になります。

**1**

| | | | | | | | | | | | |
|---|---|---|---|---|---|---|---|---|---|---|---|
| 1 | ア | 0 | 1 | 2 | 3 | 4 | 5 | 6 | 7 | 8 | 9 |
| | イ | 0 | 1 | 2 | 3 | 4 | 5 | 6 | 7 | 8 | 9 |
| | ウ | 0 | 1 | 2 | 3 | 4 | 5 | 6 | 7 | 8 | 9 |
| | エ | 0 | 1 | 2 | 3 | 4 | 5 | 6 | 7 | 8 | 9 |
| | オ | 0 | 1 | 2 | 3 | 4 | 5 | 6 | 7 | 8 | 9 |
| 2 | カ | 0 | 1 | 2 | 3 | 4 | 5 | 6 | 7 | 8 | 9 |
| | キ | 0 | 1 | 2 | 3 | 4 | 5 | 6 | 7 | 8 | 9 |
| 3 | ク | 0 | 1 | 2 | 3 | 4 | 5 | 6 | 7 | 8 | 9 |
| | ケ | 0 | 1 | 2 | 3 | 4 | 5 | 6 | 7 | 8 | 9 |
| | コ | 0 | 1 | 2 | 3 | 4 | 5 | 6 | 7 | 8 | 9 |
| | サ | 0 | 1 | 2 | 3 | 4 | 5 | 6 | 7 | 8 | 9 |
| | シ | 0 | 1 | 2 | 3 | 4 | 5 | 6 | 7 | 8 | 9 |
| | ス | 0 | 1 | 2 | 3 | 4 | 5 | 6 | 7 | 8 | 9 |
| 4 | セ | 0 | 1 | 2 | 3 | 4 | 5 | 6 | 7 | 8 | 9 |
| 5 | ソ | 0 | 1 | 2 | 3 | 4 | 5 | 6 | 7 | 8 | 9 |
| | タ | 0 | 1 | 2 | 3 | 4 | 5 | 6 | 7 | 8 | 9 |
| 6 | チ | 0 | 1 | 2 | 3 | 4 | 5 | 6 | 7 | 8 | 9 |
| | ツ | 0 | 1 | 2 | 3 | 4 | 5 | 6 | 7 | 8 | 9 |
| 7 | テ | 0 | 1 | 2 | 3 | 4 | 5 | 6 | 7 | 8 | 9 |
| | ト | 0 | 1 | 2 | 3 | 4 | 5 | 6 | 7 | 8 | 9 |
| | ナ | 0 | 1 | 2 | 3 | 4 | 5 | 6 | 7 | 8 | 9 |
| 8 | ニ | 0 | 1 | 2 | 3 | 4 | 5 | 6 | 7 | 8 | 9 |
| | ヌ | 0 | 1 | 2 | 3 | 4 | 5 | 6 | 7 | 8 | 9 |
| 9 | ネ | 0 | 1 | 2 | 3 | 4 | 5 | 6 | 7 | 8 | 9 |
| | ノ | 0 | 1 | 2 | 3 | 4 | 5 | 6 | 7 | 8 | 9 |
| | ハ | 0 | 1 | 2 | 3 | 4 | 5 | 6 | 7 | 8 | 9 |

**2**

| | | | | | | | | | | | |
|---|---|---|---|---|---|---|---|---|---|---|---|
| 10 | ア | 0 | 1 | 2 | 3 | 4 | 5 | 6 | 7 | 8 | 9 |
| | イ | 0 | 1 | 2 | 3 | 4 | 5 | 6 | 7 | 8 | 9 |

**3**

| | | | | | | | | | | | |
|---|---|---|---|---|---|---|---|---|---|---|---|
| 11 | ア | 0 | 1 | 2 | 3 | 4 | 5 | 6 | 7 | 8 | 9 |
| | イ | 0 | 1 | 2 | 3 | 4 | 5 | 6 | 7 | 8 | 9 |
| 12 | ウ | 0 | 1 | 2 | 3 | 4 | 5 | 6 | 7 | 8 | 9 |
| | エ | 0 | 1 | 2 | 3 | 4 | 5 | 6 | 7 | 8 | 9 |
| 13 | オ | 0 | 1 | 2 | 3 | 4 | 5 | 6 | 7 | 8 | 9 |
| | カ | 0 | 1 | 2 | 3 | 4 | 5 | 6 | 7 | 8 | 9 |
| | キ | 0 | 1 | 2 | 3 | 4 | 5 | 6 | 7 | 8 | 9 |
| | ク | 0 | 1 | 2 | 3 | 4 | 5 | 6 | 7 | 8 | 9 |

**4**

| | | | | | | | | | | | |
|---|---|---|---|---|---|---|---|---|---|---|---|
| 14 | ア | 0 | 1 | 2 | 3 | 4 | 5 | 6 | 7 | 8 | 9 |
| | イ | 0 | 1 | 2 | 3 | 4 | 5 | 6 | 7 | 8 | 9 |
| 15 | ウ | 0 | 1 | 2 | 3 | 4 | 5 | 6 | 7 | 8 | 9 |
| | エ | 0 | 1 | 2 | 3 | 4 | 5 | 6 | 7 | 8 | 9 |
| 16 | オ | 0 | 1 | 2 | 3 | 4 | 5 | 6 | 7 | 8 | 9 |
| | カ | 0 | 1 | 2 | 3 | 4 | 5 | 6 | 7 | 8 | 9 |

**5**

| | | | | | | | | | | | |
|---|---|---|---|---|---|---|---|---|---|---|---|
| 17 | ア | 0 | 1 | 2 | 3 | 4 | 5 | 6 | 7 | 8 | 9 |
| | イ | 0 | 1 | 2 | 3 | 4 | 5 | 6 | 7 | 8 | 9 |
| 18 | ウ | 0 | 1 | 2 | 3 | 4 | 5 | 6 | 7 | 8 | 9 |
| | エ | 0 | 1 | 2 | 3 | 4 | 5 | 6 | 7 | 8 | 9 |
| | オ | 0 | 1 | 2 | 3 | 4 | 5 | 6 | 7 | 8 | 9 |
| 19 | カ | 0 | 1 | 2 | 3 | 4 | 5 | 6 | 7 | 8 | 9 |
| | キ | 0 | 1 | 2 | 3 | 4 | 5 | 6 | 7 | 8 | 9 |

（注意事項）

1.受験番号は必ずマークせよ。

2.記入はすべて黒鉛筆（H・F・HBに限る）を使用せよ。

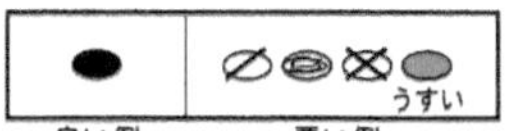


良い例　悪い例

3.一列につき一つだけマークせよ。

浦和学院高等学校　　2023年度　　　　　　◇英語◇

※ 122％に拡大していただくと，解答欄は実物大になります。

**1**

| | |
|---|---|
| 1 | ㋐ ㋑ ㋒ ㋓ |
| 2 | ㋐ ㋑ ㋒ ㋓ |
| 3 | ㋐ ㋑ ㋒ ㋓ |
| 4 | ㋐ ㋑ ㋒ ㋓ |
| 5 | ㋐ ㋑ ㋒ ㋓ |

**2**

| | |
|---|---|
| 1 | ㋐ ㋑ ㋒ ㋓ |
| 2 | ㋐ ㋑ ㋒ ㋓ |
| 3 | ㋐ ㋑ ㋒ ㋓ |
| 4 | ㋐ ㋑ ㋒ ㋓ |
| 5 | ㋐ ㋑ ㋒ ㋓ |

**3**

| | |
|---|---|
| 1 | ㋐ ㋑ ㋒ ㋓ |
| 2 | ㋐ ㋑ ㋒ ㋓ |
| 3 | ㋐ ㋑ ㋒ ㋓ |
| 4 | ㋐ ㋑ ㋒ ㋓ |
| 5 | ㋐ ㋑ ㋒ ㋓ |
| 6 | ㋐ ㋑ ㋒ ㋓ |
| 7 | ㋐ ㋑ ㋒ ㋓ |
| 8 | ㋐ ㋑ ㋒ ㋓ |
| 9 | ㋐ ㋑ ㋒ ㋓ |
| 10 | ㋐ ㋑ ㋒ ㋓ |

**4**

| | |
|---|---|
| 1 | ㋐ ㋑ ㋒ ㋓ |
| 2 | ㋐ ㋑ ㋒ ㋓ |
| 3 | ㋐ ㋑ ㋒ ㋓ |
| 4 | ㋐ ㋑ ㋒ ㋓ |
| 5 | ㋐ ㋑ ㋒ ㋓ |

**5**

| | |
|---|---|
| 1 | ㋐ ㋑ ㋒ ㋓ |
| 2 | ㋐ ㋑ ㋒ ㋓ |
| 3 | ㋐ ㋑ ㋒ ㋓ |
| 4 | ㋐ ㋑ ㋒ ㋓ |
| 5 | ㋐ ㋑ ㋒ ㋓ |

**6**

| | |
|---|---|
| 1 | ㋐ ㋑ ㋒ ㋓ |
| 2 | ㋐ ㋑ ㋒ ㋓ |
| 3 | ㋐ ㋑ ㋒ ㋓ |
| 4 | ㋐ ㋑ ㋒ ㋓ |
| 5 | ㋐ ㋑ ㋒ ㋓ |

**7**

| | | |
|---|---|---|
| 【A】 | 1 | ㋐ ㋑ ㋒ ㋓ |
| | 2 | ㋐ ㋑ ㋒ ㋓ |
| | 3 | ㋐ ㋑ ㋒ ㋓ |
| 【B】 | | ㋐ ㋑ ㋒ ㋓ |
| 【C】 | | ㋐ ㋑ ㋒ ㋓ |
| 【D】 | | ㋐ ㋑ ㋒ ㋓ |

**8**

| | |
|---|---|
| 1 | ㋐ ㋑ ㋒ ㋓ |
| 2 | ㋐ ㋑ ㋒ ㋓ |
| 3 | ㋐ ㋑ ㋒ ㋓ |
| 4 | ㋐ ㋑ ㋒ ㋓ |
| 5 | ㋐ ㋑ ㋒ ㋓ |
| 6 | ㋐ ㋑ ㋒ ㋓ |
| 7 | ㋐ ㋑ ㋒ ㋓ |
| 8 | ㋐ ㋑ ㋒ ㋓ |
| 9 | ㋐ ㋑ ㋒ ㋓ |

**(注意事項)**

1.受験番号は必ずマークせよ。

2.記入はすべて黒鉛筆（H・F・HBに限る）を使用せよ。

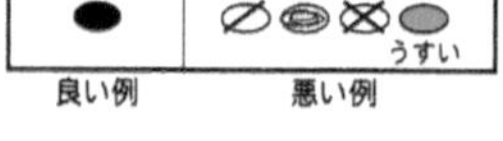


3.一列につき一つだけマークせよ。

浦和学院高等学校　2023年度

# ◇国語◇

※解答欄は実物大になります。

## 一

| | | |
|---|---|---|
| 問一 | a | ㋐ ㋑ ㋒ ㋓ |
| | b | ㋐ ㋑ ㋒ ㋓ |
| | c | ㋐ ㋑ ㋒ ㋓ |
| | d | ㋐ ㋑ ㋒ ㋓ |
| | e | ㋐ ㋑ ㋒ ㋓ |
| 問二 | A | ㋐ ㋑ ㋒ ㋓ |
| | B | ㋐ ㋑ ㋒ ㋓ |
| | C | ㋐ ㋑ ㋒ ㋓ |
| | D | ㋐ ㋑ ㋒ ㋓ |
| 問三 | ① | ㋐ ㋑ ㋒ ㋓ |
| | ⑥ | ㋐ ㋑ ㋒ ㋓ |
| | ⑨ | ㋐ ㋑ ㋒ ㋓ |
| 問四 | | ㋐ ㋑ ㋒ ㋓ |
| 問五 | | ㋐ ㋑ ㋒ ㋓ |
| 問六 | ④ | ㋐ ㋑ ㋒ ㋓ |
| | ⑤ | ㋐ ㋑ ㋒ ㋓ |
| 問七 | | ㋐ ㋑ ㋒ ㋓ |
| 問八 | | ㋐ ㋑ ㋒ ㋓ |
| 問九 | | ㋐ ㋑ ㋒ ㋓ |
| 問十 | | ㋐ ㋑ ㋒ ㋓ |

## 二

| | |
|---|---|
| 1 | ㋐ ㋑ |
| 2 | ㋐ ㋑ |
| 3 | ㋐ ㋑ |
| 4 | ㋐ ㋑ |
| 5 | ㋐ ㋑ |

## 三

| | | |
|---|---|---|
| 問一 | a | ㋐ ㋑ ㋒ ㋓ |
| | b | ㋐ ㋑ ㋒ ㋓ |
| | c | ㋐ ㋑ ㋒ ㋓ |
| 問二 | | ㋐ ㋑ ㋒ ㋓ |
| 問三 | ① | ㋐ ㋑ ㋒ ㋓ |
| | ⑦ | ㋐ ㋑ ㋒ ㋓ |
| 問四 | | ㋐ ㋑ ㋒ ㋓ |
| 問五 | ③ | ㋐ ㋑ ㋒ ㋓ |
| | ④ | ㋐ ㋑ ㋒ ㋓ |
| | ⑨ | ㋐ ㋑ ㋒ ㋓ |
| 問六 | | ㋐ ㋑ ㋒ ㋓ |
| 問七 | | ㋐ ㋑ ㋒ ㋓ |
| 問八 | | ㋐ ㋑ ㋒ ㋓ |
| 問九 | | ㋐ ㋑ ㋒ ㋓ |
| 問十 | | ㋐ ㋑ ㋒ ㋓ |

## 四

| | | |
|---|---|---|
| 問一 | 1 | ㋐ ㋑ ㋒ ㋓ ㋔ ㋕ |
| | 2 | ㋐ ㋑ ㋒ ㋓ ㋔ ㋕ |
| 問二 | | ㋐ ㋑ ㋒ ㋓ |
| 問三 | | ㋐ ㋑ ㋒ ㋓ |
| 問四 | | ㋐ ㋑ ㋒ |

## 五

| | | |
|---|---|---|
| 問一 | 1 | ㋐ ㋑ ㋒ ㋓ |
| | 2 | ㋐ ㋑ ㋒ ㋓ |
| 問二 | 1 | ㋐ ㋑ ㋒ ㋓ |
| | 2 | ㋐ ㋑ ㋒ ㋓ |
| 問三 | | ㋐ ㋑ ㋒ ㋓ |

**(注意事項)**

1.受験番号は必ずマークせよ。

2.記入はすべて黒鉛筆（H・F・HBに限る）を使用せよ。

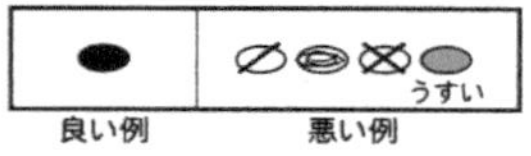


3.一列につき一つだけマークせよ。

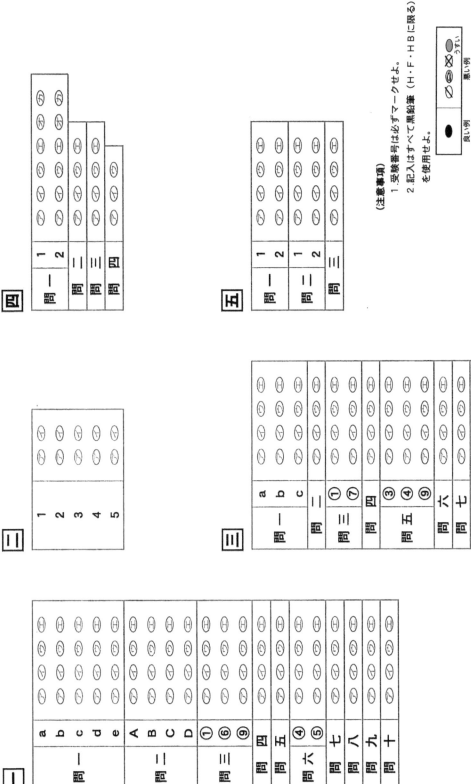

浦和学院高等学校　2022年度

# ◇数学◇

※ 122％に拡大していただくと，解答欄は実物大になります。

## 1

| | | | | | | | | | | | |
|---|---|---|---|---|---|---|---|---|---|---|---|
| 1 | ア | 0 | 1 | 2 | 3 | 4 | 5 | 6 | 7 | 8 | 9 |
| 2 | イ | 0 | 1 | 2 | 3 | 4 | 5 | 6 | 7 | 8 | 9 |
| | ウ | 0 | 1 | 2 | 3 | 4 | 5 | 6 | 7 | 8 | 9 |
| | エ | 0 | 1 | 2 | 3 | 4 | 5 | 6 | 7 | 8 | 9 |
| 3 | オ | 0 | 1 | 2 | 3 | 4 | 5 | 6 | 7 | 8 | 9 |
| | カ | 0 | 1 | 2 | 3 | 4 | 5 | 6 | 7 | 8 | 9 |
| | キ | 0 | 1 | 2 | 3 | 4 | 5 | 6 | 7 | 8 | 9 |
| 4 | ク | 0 | 1 | 2 | 3 | 4 | 5 | 6 | 7 | 8 | 9 |
| | ケ | 0 | 1 | 2 | 3 | 4 | 5 | 6 | 7 | 8 | 9 |
| 5 | コ | 0 | 1 | 2 | 3 | 4 | 5 | 6 | 7 | 8 | 9 |
| 6 | サ | 0 | 1 | 2 | 3 | 4 | 5 | 6 | 7 | 8 | 9 |
| 7 | シ | 0 | 1 | 2 | 3 | 4 | 5 | 6 | 7 | 8 | 9 |
| | ス | 0 | 1 | 2 | 3 | 4 | 5 | 6 | 7 | 8 | 9 |
| | セ | 0 | 1 | 2 | 3 | 4 | 5 | 6 | 7 | 8 | 9 |
| 8 | ソ | 0 | 1 | 2 | 3 | 4 | 5 | 6 | 7 | 8 | 9 |
| | タ | 0 | 1 | 2 | 3 | 4 | 5 | 6 | 7 | 8 | 9 |
| 9 | チ | 0 | 1 | 2 | 3 | 4 | 5 | 6 | 7 | 8 | 9 |

## 2

| | | | | | |
|---|---|---|---|---|---|
| 10 | ア | 0 | 1 | 2 | 3 |
| | イ | 0 | 1 | 2 | 3 |

## 3

| | | | | | | | | | | | |
|---|---|---|---|---|---|---|---|---|---|---|---|
| 11 | ア | 0 | 1 | 2 | 3 | 4 | 5 | 6 | 7 | 8 | 9 |
| 12 | イ | 0 | 1 | 2 | 3 | 4 | 5 | 6 | 7 | 8 | 9 |
| | ウ | 0 | 1 | 2 | 3 | 4 | 5 | 6 | 7 | 8 | 9 |
| 13 | エ | 0 | 1 | 2 | 3 | 4 | 5 | 6 | 7 | 8 | 9 |
| | オ | 0 | 1 | 2 | 3 | 4 | 5 | 6 | 7 | 8 | 9 |

## 4

| | | | | | | | | | | | |
|---|---|---|---|---|---|---|---|---|---|---|---|
| 14 | ア | 0 | 1 | 2 | 3 | 4 | 5 | 6 | 7 | 8 | 9 |
| 15 | イ | 0 | 1 | 2 | 3 | 4 | 5 | 6 | 7 | 8 | 9 |
| | ウ | 0 | 1 | 2 | 3 | 4 | 5 | 6 | 7 | 8 | 9 |
| 16 | エ | 0 | 1 | 2 | 3 | 4 | 5 | 6 | 7 | 8 | 9 |
| | オ | 0 | 1 | 2 | 3 | 4 | 5 | 6 | 7 | 8 | 9 |
| | カ | 0 | 1 | 2 | 3 | 4 | 5 | 6 | 7 | 8 | 9 |
| | キ | 0 | 1 | 2 | 3 | 4 | 5 | 6 | 7 | 8 | 9 |
| | ク | 0 | 1 | 2 | 3 | 4 | 5 | 6 | 7 | 8 | 9 |

## 5

| | | | | | | | | | | | |
|---|---|---|---|---|---|---|---|---|---|---|---|
| 17 | ア | 0 | 1 | 2 | 3 | 4 | 5 | 6 | 7 | 8 | 9 |
| | イ | 0 | 1 | 2 | 3 | 4 | 5 | 6 | 7 | 8 | 9 |
| 18 | ウ | 0 | 1 | 2 | 3 | 4 | 5 | 6 | 7 | 8 | 9 |
| | エ | 0 | 1 | 2 | 3 | 4 | 5 | 6 | 7 | 8 | 9 |
| 19 | オ | 0 | 1 | 2 | 3 | 4 | 5 | 6 | 7 | 8 | 9 |
| | カ | 0 | 1 | 2 | 3 | 4 | 5 | 6 | 7 | 8 | 9 |

（注意事項）

1.受験番号は必ずマークせよ。

2.記入はすべて黒鉛筆（H・F・HBに限る）を使用せよ。

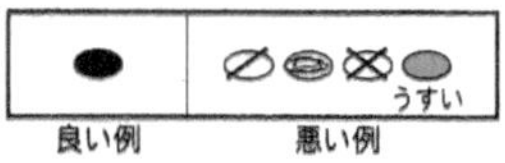


3.一列につき一つだけマークせよ。

浦和学院高等学校　2022年度

# ◇英語◇

※ 119%に拡大していただくと，解答欄は実物大になります。

## 1

| | |
|---|---|
| 1 | ㋐ ㋑ ㋒ ㋓ |
| 2 | ㋐ ㋑ ㋒ ㋓ |
| 3 | ㋐ ㋑ ㋒ ㋓ |
| 4 | ㋐ ㋑ ㋒ ㋓ |
| 5 | ㋐ ㋑ ㋒ ㋓ |

## 2

| | |
|---|---|
| 1 | ㋐ ㋑ ㋒ ㋓ |
| 2 | ㋐ ㋑ ㋒ ㋓ |
| 3 | ㋐ ㋑ ㋒ ㋓ |
| 4 | ㋐ ㋑ ㋒ ㋓ |
| 5 | ㋐ ㋑ ㋒ ㋓ |

## 3

| | |
|---|---|
| 1 | ㋐ ㋑ ㋒ ㋓ |
| 2 | ㋐ ㋑ ㋒ ㋓ |
| 3 | ㋐ ㋑ ㋒ ㋓ |
| 4 | ㋐ ㋑ ㋒ ㋓ |
| 5 | ㋐ ㋑ ㋒ ㋓ |

## 4

| | |
|---|---|
| 1 | ㋐ ㋑ ㋒ ㋓ |
| 2 | ㋐ ㋑ ㋒ ㋓ |
| 3 | ㋐ ㋑ ㋒ ㋓ |
| 4 | ㋐ ㋑ ㋒ ㋓ |
| 5 | ㋐ ㋑ ㋒ ㋓ |
| 6 | ㋐ ㋑ ㋒ ㋓ |
| 7 | ㋐ ㋑ ㋒ ㋓ |
| 8 | ㋐ ㋑ ㋒ ㋓ |
| 9 | ㋐ ㋑ ㋒ ㋓ |
| 10 | ㋐ ㋑ ㋒ ㋓ |

## 5

| | |
|---|---|
| 1 | ㋐ ㋑ ㋒ ㋓ |
| 2 | ㋐ ㋑ ㋒ ㋓ |
| 3 | ㋐ ㋑ ㋒ ㋓ |
| 4 | ㋐ ㋑ ㋒ ㋓ |
| 5 | ㋐ ㋑ ㋒ ㋓ |

## 6

| | |
|---|---|
| 1 | ㋐ ㋑ ㋒ ㋓ |
| 2 | ㋐ ㋑ ㋒ ㋓ |
| 3 | ㋐ ㋑ ㋒ ㋓ |
| 4 | ㋐ ㋑ ㋒ ㋓ |
| 5 | ㋐ ㋑ ㋒ ㋓ |

## 7

| | |
|---|---|
| 1 | ㋐ ㋑ ㋒ ㋓ |
| 2 | ㋐ ㋑ ㋒ ㋓ |
| 3 | ㋐ ㋑ ㋒ ㋓ |
| 4 | ㋐ ㋑ ㋒ ㋓ |
| 5 | ㋐ ㋑ ㋒ ㋓ |

## 8

| | |
|---|---|
| 問 1 | ㋐ ㋑ ㋒ ㋓ |
| 問 2 | ㋐ ㋑ ㋒ ㋓ |
| 問 3 | ㋐ ㋑ ㋒ ㋓ |
| 問 4 | ㋐ ㋑ ㋒ ㋓ |
| 問 5 | ㋐ ㋑ ㋒ ㋓ |
| 問 6 | ㋐ ㋑ ㋒ ㋓ |
| 問 7 | ㋐ ㋑ ㋒ ㋓ |
| 問 8 | ㋐ ㋑ ㋒ ㋓ |
| 問 9 | ㋐ ㋑ ㋒ ㋓ |
| 問 10 | ㋐ ㋑ ㋒ ㋓ |

**(注意事項)**

1.受験番号は必ずマークせよ。

2.記入はすべて黒鉛筆（H・F・HBに限る）を使用せよ。

| 良い例 | 悪い例 |
|---|---|
| ● | うすい |

3.一列につき一つだけマークせよ。

浦和学院高等学校　　2022年度

# ◇国語◇

※ 106％に拡大していただくと，解答欄は実物大になります。

## 一

| | | |
|---|---|---|
| 問一 | a | ㋐ ㋑ ㋒ ㋓ |
| | b | ㋐ ㋑ ㋒ ㋓ |
| | c | ㋐ ㋑ ㋒ ㋓ |
| | d | ㋐ ㋑ ㋒ ㋓ |
| | e | ㋐ ㋑ ㋒ ㋓ |
| 問二 | A | ㋐ ㋑ ㋒ ㋓ |
| | B | ㋐ ㋑ ㋒ ㋓ |
| | C | ㋐ ㋑ ㋒ ㋓ |
| | D | ㋐ ㋑ ㋒ ㋓ |
| 問三 | Ⅰ | ㋐ ㋑ ㋒ ㋓ |
| | Ⅱ | ㋐ ㋑ ㋒ ㋓ |
| 問四 | | ㋐ ㋑ ㋒ ㋓ |
| 問五 | ② | ㋐ ㋑ ㋒ ㋓ |
| | ⑥ | ㋐ ㋑ ㋒ ㋓ |
| 問六 | | ㋐ ㋑ ㋒ ㋓ |
| 問七 | | ㋐ ㋑ ㋒ ㋓ |
| 問八 | | ㋐ ㋑ ㋒ ㋓ |
| 問九 | | ㋐ ㋑ ㋒ ㋓ |
| 問十 | | ㋐ ㋑ ㋒ ㋓ |
| 問十一 | | ㋐ ㋑ ㋒ ㋓ |

## 二

| | |
|---|---|
| 1 | ㋐ ㋑ |
| 2 | ㋐ ㋑ |
| 3 | ㋐ ㋑ |
| 4 | ㋐ ㋑ |
| 5 | ㋐ ㋑ |

## 三

| | | |
|---|---|---|
| 問一 | a | ㋐ ㋑ ㋒ ㋓ |
| | b | ㋐ ㋑ ㋒ ㋓ |
| | c | ㋐ ㋑ ㋒ ㋓ |
| 問二 | ① | ㋐ ㋑ ㋒ ㋓ |
| | ③ | ㋐ ㋑ ㋒ ㋓ |
| | ⑨ | ㋐ ㋑ ㋒ ㋓ |
| 問三 | ② | ㋐ ㋑ ㋒ ㋓ |
| | ⑦ | ㋐ ㋑ ㋒ ㋓ |
| 問四 | | ㋐ ㋑ ㋒ ㋓ |
| 問五 | | ㋐ ㋑ ㋒ ㋓ ㋔ ㋕ |
| 問六 | | ㋐ ㋑ ㋒ ㋓ |
| 問七 | | ㋐ ㋑ ㋒ ㋓ |
| 問八 | | ㋐ ㋑ ㋒ ㋓ |
| 問九 | | ㋐ ㋑ ㋒ ㋓ |
| 問十 | | ㋐ ㋑ ㋒ ㋓ |

## 四

| | | |
|---|---|---|
| 問一 | | ㋐ ㋑ ㋒ ㋓ |
| 問二 | | ㋐ ㋑ ㋒ ㋓ |
| 問三 | 1 | ㋐ ㋑ ㋒ ㋓ ㋔ ㋕ |
| | 2 | ㋐ ㋑ ㋒ ㋓ ㋔ ㋕ |
| 問四 | | ㋐ ㋑ ㋒ ㋓ |

## 五

| | | |
|---|---|---|
| 問一 | 1 | ㋐ ㋑ ㋒ ㋓ |
| | 2 | ㋐ ㋑ ㋒ ㋓ |
| 問二 | 1 | ㋐ ㋑ ㋒ ㋓ |
| | 2 | ㋐ ㋑ ㋒ ㋓ |
| 問三 | | ㋐ ㋑ ㋒ ㋓ |

（注意事項）

1.受験番号は必ずマークせよ。

2.記入はすべて黒鉛筆（H・F・HBに限る）を使用せよ。

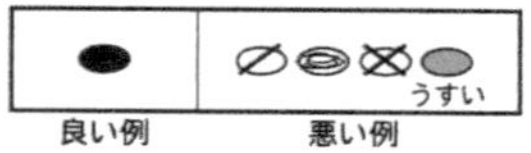


3.一列につき一つだけマークせよ。

※122％に拡大していただくと，解答欄は実物大になります。

**1**

| | | | | | | | | | | | |
|---|---|---|---|---|---|---|---|---|---|---|---|
| 1 | ア | 0 | 1 | 2 | 3 | 4 | 5 | 6 | 7 | 8 | 9 |
| | イ | 0 | 1 | 2 | 3 | 4 | 5 | 6 | 7 | 8 | 9 |
| 2 | ウ | 0 | 1 | 2 | 3 | 4 | 5 | 6 | 7 | 8 | 9 |
| | エ | 0 | 1 | 2 | 3 | 4 | 5 | 6 | 7 | 8 | 9 |
| | オ | 0 | 1 | 2 | 3 | 4 | 5 | 6 | 7 | 8 | 9 |
| 3 | カ | 0 | 1 | 2 | 3 | 4 | 5 | 6 | 7 | 8 | 9 |
| | キ | 0 | 1 | 2 | 3 | 4 | 5 | 6 | 7 | 8 | 9 |
| | ク | 0 | 1 | 2 | 3 | 4 | 5 | 6 | 7 | 8 | 9 |
| 4 | ケ | 0 | 1 | 2 | 3 | 4 | 5 | 6 | 7 | 8 | 9 |
| | コ | 0 | 1 | 2 | 3 | 4 | 5 | 6 | 7 | 8 | 9 |
| 5 | サ | 0 | 1 | 2 | 3 | 4 | 5 | 6 | 7 | 8 | 9 |
| | シ | 0 | 1 | 2 | 3 | 4 | 5 | 6 | 7 | 8 | 9 |
| 6 | ス | 0 | 1 | 2 | 3 | 4 | 5 | 6 | 7 | 8 | 9 |
| 7 | セ | 0 | 1 | 2 | 3 | 4 | 5 | 6 | 7 | 8 | 9 |
| | ソ | 0 | 1 | 2 | 3 | 4 | 5 | 6 | 7 | 8 | 9 |
| 8 | タ | 0 | 1 | 2 | 3 | 4 | 5 | 6 | 7 | 8 | 9 |
| | チ | 0 | 1 | 2 | 3 | 4 | 5 | 6 | 7 | 8 | 9 |
| 9 | ツ | 0 | 1 | 2 | 3 | 4 | 5 | 6 | 7 | 8 | 9 |
| | テ | 0 | 1 | 2 | 3 | 4 | 5 | 6 | 7 | 8 | 9 |

**2**

| | | | | | |
|---|---|---|---|---|---|
| 10 | ア | 0 | 1 | 2 | 3 |
| | イ | 0 | 1 | 2 | 3 |

**3**

| | | | | | | | | | | | |
|---|---|---|---|---|---|---|---|---|---|---|---|
| 11 | ア | 0 | 1 | 2 | 3 | 4 | 5 | 6 | 7 | 8 | 9 |
| 12 | イ | 0 | 1 | 2 | 3 | 4 | 5 | 6 | 7 | 8 | 9 |
| | ウ | 0 | 1 | 2 | 3 | 4 | 5 | 6 | 7 | 8 | 9 |
| 13 | エ | 0 | 1 | 2 | 3 | 4 | 5 | 6 | 7 | 8 | 9 |
| | オ | 0 | 1 | 2 | 3 | 4 | 5 | 6 | 7 | 8 | 9 |

**4**

| | | | | | | | | | | | |
|---|---|---|---|---|---|---|---|---|---|---|---|
| 14 | ア | 0 | 1 | 2 | 3 | 4 | 5 | 6 | 7 | 8 | 9 |
| 15 | イ | 0 | 1 | 2 | 3 | 4 | 5 | 6 | 7 | 8 | 9 |
| 16 | ウ | 0 | 1 | 2 | 3 | 4 | 5 | 6 | 7 | 8 | 9 |

**5**

| | | | | | | | | | | | |
|---|---|---|---|---|---|---|---|---|---|---|---|
| 17 | ア | 0 | 1 | 2 | 3 | 4 | 5 | 6 | 7 | 8 | 9 |
| 18 | イ | 0 | 1 | 2 | 3 | 4 | 5 | 6 | 7 | 8 | 9 |
| | ウ | 0 | 1 | 2 | 3 | 4 | 5 | 6 | 7 | 8 | 9 |
| 19 | エ | 0 | 1 | 2 | 3 | 4 | 5 | 6 | 7 | 8 | 9 |
| | オ | 0 | 1 | 2 | 3 | 4 | 5 | 6 | 7 | 8 | 9 |
| | カ | 0 | 1 | 2 | 3 | 4 | 5 | 6 | 7 | 8 | 9 |

**(注意事項)**

1.受験番号は必ずマークせよ。

2.記入はすべてＨＢの黒鉛筆を使用せよ。

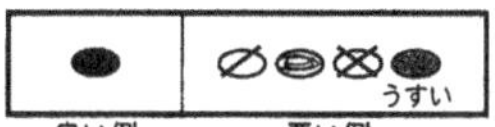


良い例　　悪い例

3.一列につき一つだけマークせよ。

浦和学院高等学校　2021年度

◇英語◇

※117%に拡大していただくと，解答欄は実物大になります。

**1**

| | |
|---|---|
| 1 | ㋐ ㋑ ㋒ ㋓ |
| 2 | ㋐ ㋑ ㋒ ㋓ |
| 3 | ㋐ ㋑ ㋒ ㋓ |
| 4 | ㋐ ㋑ ㋒ ㋓ |
| 5 | ㋐ ㋑ ㋒ ㋓ |

**2**

| | |
|---|---|
| 1 | ㋐ ㋑ ㋒ ㋓ |
| 2 | ㋐ ㋑ ㋒ ㋓ |
| 3 | ㋐ ㋑ ㋒ ㋓ |
| 4 | ㋐ ㋑ ㋒ ㋓ |
| 5 | ㋐ ㋑ ㋒ ㋓ |

**3**

| | |
|---|---|
| 1 | ㋐ ㋑ ㋒ ㋓ |
| 2 | ㋐ ㋑ ㋒ ㋓ |
| 3 | ㋐ ㋑ ㋒ ㋓ |
| 4 | ㋐ ㋑ ㋒ ㋓ |
| 5 | ㋐ ㋑ ㋒ ㋓ |
| 6 | ㋐ ㋑ ㋒ ㋓ |
| 7 | ㋐ ㋑ ㋒ ㋓ |
| 8 | ㋐ ㋑ ㋒ ㋓ |
| 9 | ㋐ ㋑ ㋒ ㋓ |
| 10 | ㋐ ㋑ ㋒ ㋓ |

**4**

| | |
|---|---|
| 1 | ㋐ ㋑ ㋒ ㋓ |
| 2 | ㋐ ㋑ ㋒ ㋓ |
| 3 | ㋐ ㋑ ㋒ ㋓ |
| 4 | ㋐ ㋑ ㋒ ㋓ |
| 5 | ㋐ ㋑ ㋒ ㋓ |

**5**

| | |
|---|---|
| 1 | ㋐ ㋑ ㋒ ㋓ |
| 2 | ㋐ ㋑ ㋒ ㋓ |
| 3 | ㋐ ㋑ ㋒ ㋓ |
| 4 | ㋐ ㋑ ㋒ ㋓ |
| 5 | ㋐ ㋑ ㋒ ㋓ |

**6**

| | |
|---|---|
| 1 | ㋐ ㋑ ㋒ ㋓ |
| 2 | ㋐ ㋑ ㋒ ㋓ |
| 3 | ㋐ ㋑ ㋒ ㋓ |
| 4 | ㋐ ㋑ ㋒ ㋓ |
| 5 | ㋐ ㋑ ㋒ ㋓ |

**7**

| | |
|---|---|
| (1) | ㋐ ㋑ ㋒ ㋓ |
| (2) | ㋐ ㋑ ㋒ ㋓ |
| (3) | ㋐ ㋑ ㋒ ㋓ |
| (4) | ㋐ ㋑ ㋒ ㋓ |
| (5) | ㋐ ㋑ ㋒ ㋓ |

**8**

| | |
|---|---|
| 問 1 | ㋐ ㋑ ㋒ ㋓ |
| 問 2 | ㋐ ㋑ ㋒ ㋓ |
| 問 3 | ㋐ ㋑ ㋒ ㋓ |
| 問 4 | ㋐ ㋑ ㋒ ㋓ |
| 問 5 | ㋐ ㋑ ㋒ ㋓ |
| 問 6 | ㋐ ㋑ ㋒ ㋓ |
| 問 7 | ㋐ ㋑ ㋒ ㋓ |
| 問 8 | ㋐ ㋑ ㋒ ㋓ |
| 問 9 | ㋐ ㋑ ㋒ ㋓ |
| 問 10 | ㋐ ㋑ ㋒ ㋓ |

**(注意事項)**

1.受験番号は必ずマークせよ。

2.記入はすべてＨＢの黒鉛筆を使用せよ。

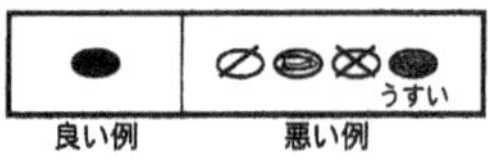


良い例　悪い例

3.一列につき一つだけマークせよ。

※102%に拡大していただくと，解答欄は実物大になります。

## 一

| | | | | | |
|---|---|---|---|---|---|
| 問一 | a | ア | イ | ウ | エ |
| | b | ア | イ | ウ | エ |
| | c | ア | イ | ウ | エ |
| | d | ア | イ | ウ | エ |
| | e | ア | イ | ウ | エ |
| 問二 | A | ア | イ | ウ | エ |
| | B | ア | イ | ウ | エ |
| | C | ア | イ | ウ | エ |
| | D | ア | イ | ウ | エ |
| 問三 | Ⅰ | ア | イ | ウ | エ |
| | Ⅱ | ア | イ | ウ | エ |
| 問四 | | ア | イ | ウ | エ |
| 問五 | | ア | イ | ウ | エ |
| 問六 | ③ | ア | イ | ウ | エ |
| | ⑧ | ア | イ | ウ | エ |
| 問七 | | ア | イ | ウ | エ |
| 問八 | | ア | イ | ウ | エ |
| 問九 | | ア | イ | ウ | エ |
| 問十 | | ア | イ | ウ | エ |
| 問十一 | | ア | イ | ウ | エ |

## 二

| | | |
|---|---|---|
| 1 | ア | イ |
| 2 | ア | イ |
| 3 | ア | イ |
| 4 | ア | イ |
| 5 | ア | イ |

## 三

| | | | | | |
|---|---|---|---|---|---|
| 問一 | a | ア | イ | ウ | エ |
| | b | ア | イ | ウ | エ |
| | c | ア | イ | ウ | エ |
| 問二 | | ア | イ | ウ | エ |
| 問三 | ① | ア | イ | ウ | エ |
| | ③ | ア | イ | ウ | エ |
| 問四 | ② | ア | イ | ウ | エ |
| | ④ | ア | イ | ウ | エ |
| | ⑨ | ア | イ | ウ | エ |
| 問五 | | ア | イ | ウ | エ |
| 問六 | | ア | イ | ウ | エ |
| 問七 | | ア | イ | ウ | エ |
| 問八 | | ア | イ | ウ | エ |
| 問九 | | ア | イ | ウ | エ |
| 問十 | | ア | イ | ウ | エ |

## 四

| | | | | | | | |
|---|---|---|---|---|---|---|---|
| 問一 | 1 | ア | イ | ウ | エ | オ | |
| | 2 | ア | イ | ウ | エ | オ | |
| | 3 | ア | イ | ウ | エ | オ | |
| 問二 | | ア | イ | ウ | エ | | |
| 問三 | | ア | イ | ウ | エ | オ | カ |

## 五

| | | | | | |
|---|---|---|---|---|---|
| 問一 | 1 | ア | イ | ウ | エ |
| | 2 | ア | イ | ウ | エ |
| 問二 | 1 | ア | イ | ウ | エ |
| | 2 | ア | イ | ウ | エ |
| 問三 | | ア | イ | ウ | エ |

**(注意事項)**

1.受験番号は必ずマークせよ。

2.記入はすべてＨＢの黒鉛筆を使用せよ。

| 良い例 | 悪い例 |
|---|---|
| ● | ⊘ ⊖ ⊗ ●（うすい） |

3.一列につき一つだけマークせよ。

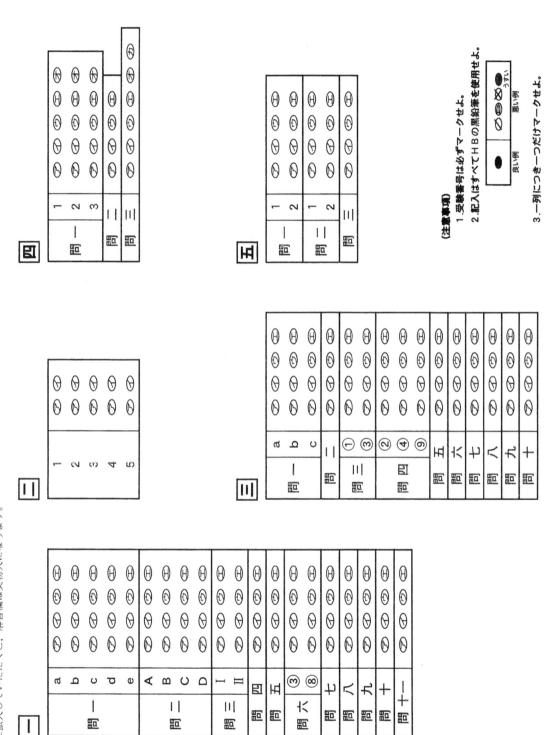

浦和学院高等学校　2020年度　　◇数学◇

※122%に拡大していただくと，解答欄は実物大になります。

## 1

| | | |
|---|---|---|
| 1 | ア | ⓪ ① ② ③ ④ ⑤ ⑥ ⑦ ⑧ ⑨ |
| 2 | イ | ⓪ ① ② ③ ④ ⑤ ⑥ ⑦ ⑧ ⑨ |
| | ウ | ⓪ ① ② ③ ④ ⑤ ⑥ ⑦ ⑧ ⑨ |
| | エ | ⓪ ① ② ③ ④ ⑤ ⑥ ⑦ ⑧ ⑨ |
| | オ | ⓪ ① ② ③ ④ ⑤ ⑥ ⑦ ⑧ ⑨ |
| 3 | カ | ⓪ ① ② ③ ④ ⑤ ⑥ ⑦ ⑧ ⑨ |
| | キ | ⓪ ① ② ③ ④ ⑤ ⑥ ⑦ ⑧ ⑨ |
| 4 | ク | ⓪ ① ② ③ ④ ⑤ ⑥ ⑦ ⑧ ⑨ |
| | ケ | ⓪ ① ② ③ ④ ⑤ ⑥ ⑦ ⑧ ⑨ |
| 5 | コ | ⓪ ① ② ③ ④ ⑤ ⑥ ⑦ ⑧ ⑨ |
| | サ | ⓪ ① ② ③ ④ ⑤ ⑥ ⑦ ⑧ ⑨ |
| | シ | ⓪ ① ② ③ ④ ⑤ ⑥ ⑦ ⑧ ⑨ |
| 6 | ス | ⓪ ① ② ③ ④ ⑤ ⑥ ⑦ ⑧ ⑨ |
| | セ | ⓪ ① ② ③ ④ ⑤ ⑥ ⑦ ⑧ ⑨ |
| 7 | ソ | ⓪ ① ② ③ ④ ⑤ ⑥ ⑦ ⑧ ⑨ |
| 8 | タ | ⓪ ① ② ③ ④ ⑤ ⑥ ⑦ ⑧ ⑨ |
| | チ | ⓪ ① ② ③ ④ ⑤ ⑥ ⑦ ⑧ ⑨ |
| 9 | ツ | ⓪ ① ② ③ ④ ⑤ ⑥ ⑦ ⑧ ⑨ |
| | テ | ⓪ ① ② ③ ④ ⑤ ⑥ ⑦ ⑧ ⑨ |
| | ト | ⓪ ① ② ③ ④ ⑤ ⑥ ⑦ ⑧ ⑨ |
| | ナ | ⓪ ① ② ③ ④ ⑤ ⑥ ⑦ ⑧ ⑨ |
| 10 | ニ | ⓪ ① ② ③ ④ ⑤ ⑥ ⑦ ⑧ ⑨ |
| | ヌ | ⓪ ① ② ③ ④ ⑤ ⑥ ⑦ ⑧ ⑨ |
| 11 | ネ | ⓪ ① ② ③ ④ ⑤ ⑥ ⑦ ⑧ ⑨ |

**(注意事項)**

1.受験番号は必ずマークせよ。

2.記入はすべてＨＢの黒鉛筆を使用せよ。

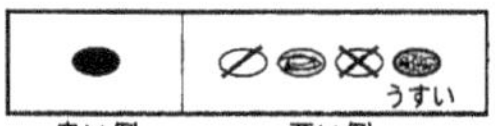


良い例　　悪い例

3.一列につき一つだけマークせよ。

## 2

| | | |
|---|---|---|
| 12 | ア | ⓪ ① ② ③ ④ ⑤ ⑥ ⑦ ⑧ ⑨ |
| | イ | ⓪ ① ② ③ ④ ⑤ ⑥ ⑦ ⑧ ⑨ |
| | ウ | ⓪ ① ② ③ ④ ⑤ ⑥ ⑦ ⑧ ⑨ |
| 13 | エ | ⓪ ① ② ③ ④ ⑤ ⑥ ⑦ ⑧ ⑨ |
| | オ | ⓪ ① ② ③ ④ ⑤ ⑥ ⑦ ⑧ ⑨ |
| | カ | ⓪ ① ② ③ ④ ⑤ ⑥ ⑦ ⑧ ⑨ |
| | キ | ⓪ ① ② ③ ④ ⑤ ⑥ ⑦ ⑧ ⑨ |
| 14 | ク | ⓪ ① ② ③ ④ ⑤ ⑥ ⑦ ⑧ ⑨ |
| | ケ | ⓪ ① ② ③ ④ ⑤ ⑥ ⑦ ⑧ ⑨ |

## 3

| | | |
|---|---|---|
| 15 | ア | ⓪ ① ② ③ ④ ⑤ ⑥ ⑦ ⑧ ⑨ |
| 16 | イ | ⓪ ① ② ③ ④ ⑤ ⑥ ⑦ ⑧ ⑨ |
| 17 | ウ | ⓪ ① ② ③ ④ ⑤ ⑥ ⑦ ⑧ ⑨ |
| | エ | ⓪ ① ② ③ ④ ⑤ ⑥ ⑦ ⑧ ⑨ |

## 4

| | | |
|---|---|---|
| 18 | ア | ⓪ ① ② ③ ④ ⑤ ⑥ ⑦ ⑧ ⑨ |
| 19 | イ | ⓪ ① ② ③ ④ ⑤ ⑥ ⑦ ⑧ ⑨ |
| 20 | ウ | ⓪ ① ② ③ ④ ⑤ ⑥ ⑦ ⑧ ⑨ |
| | エ | ⓪ ① ② ③ ④ ⑤ ⑥ ⑦ ⑧ ⑨ |
| | オ | ⓪ ① ② ③ ④ ⑤ ⑥ ⑦ ⑧ ⑨ |
| | カ | ⓪ ① ② ③ ④ ⑤ ⑥ ⑦ ⑧ ⑨ |
| | キ | ⓪ ① ② ③ ④ ⑤ ⑥ ⑦ ⑧ ⑨ |
| | ク | ⓪ ① ② ③ ④ ⑤ ⑥ ⑦ ⑧ ⑨ |

浦和学院高等学校　2020年度

◇英語◇

※117%に拡大していただくと，解答欄は実物大になります。

**1**

| | |
|---|---|
| 1 | ア イ ウ エ |
| 2 | ア イ ウ エ |
| 3 | ア イ ウ エ |
| 4 | ア イ ウ エ |
| 5 | ア イ ウ エ |

**4**

| | |
|---|---|
| 1 | ア イ ウ エ |
| 2 | ア イ ウ エ |
| 3 | ア イ ウ エ |
| 4 | ア イ ウ エ |
| 5 | ア イ ウ エ |
| 6 | ア イ ウ エ |
| 7 | ア イ ウ エ |
| 8 | ア イ ウ エ |
| 9 | ア イ ウ エ |
| 10 | ア イ ウ エ |

**7**

| | |
|---|---|
| (1) | ア イ ウ エ |
| (2) | ア イ ウ エ |
| (3) | ア イ ウ エ |
| (4) | ア イ ウ エ |
| (5) | ア イ ウ エ |

**2**

| | |
|---|---|
| 1 | ア イ ウ エ |
| 2 | ア イ ウ エ |
| 3 | ア イ ウ エ |
| 4 | ア イ ウ エ |
| 5 | ア イ ウ エ |

**5**

| | |
|---|---|
| 1 | ア イ ウ エ |
| 2 | ア イ ウ エ |
| 3 | ア イ ウ エ |
| 4 | ア イ ウ エ |
| 5 | ア イ ウ エ |

**8**

| | | |
|---|---|---|
| 1 | | ア イ ウ エ |
| 2 | | ア イ ウ エ |
| 3 | | ア イ ウ エ |
| 4 | | ア イ ウ エ |
| 5 | (1) | ア イ ウ エ |
| | (2) | ア イ ウ エ |
| | (3) | ア イ ウ エ |
| 6 | | ア イ ウ エ |
| 7 | | ア イ ウ エ |
| 8 | | ア イ ウ エ |

**3**

| | |
|---|---|
| 1 | ア イ ウ エ |
| 2 | ア イ ウ エ |
| 3 | ア イ ウ エ |
| 4 | ア イ ウ エ |
| 5 | ア イ ウ エ |

**6**

| | |
|---|---|
| 1 | ア イ ウ エ |
| 2 | ア イ ウ エ |
| 3 | ア イ ウ エ |
| 4 | ア イ ウ エ |
| 5 | ア イ ウ エ |

**（注意事項）**

1.受験番号は必ずマークせよ。

2.記入はすべてＨＢの黒鉛筆を使用せよ。

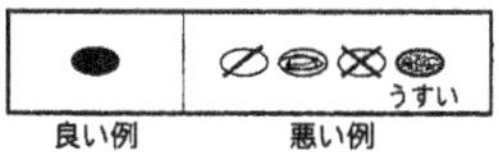


3.一列につき一つだけマークせよ。

浦和学院高等学校　2020年度

# ◇国語◇

※100％に拡大していただくと，解答欄は実物大になります。

## 一

| | | |
|---|---|---|
| 問一 | a | ㋐ ㋑ ㋒ ㋓ |
| | b | ㋐ ㋑ ㋒ ㋓ |
| | c | ㋐ ㋑ ㋒ ㋓ |
| | d | ㋐ ㋑ ㋒ ㋓ |
| | e | ㋐ ㋑ ㋒ ㋓ |
| 問二 | A | ㋐ ㋑ ㋒ ㋓ |
| | B | ㋐ ㋑ ㋒ ㋓ |
| | C | ㋐ ㋑ ㋒ ㋓ |
| | D | ㋐ ㋑ ㋒ ㋓ |
| 問三 | 1 | ㋐ ㋑ |
| | 2 | ㋐ ㋑ |
| | 4 | ㋐ ㋑ |
| 問四 | | ㋐ ㋑ ㋒ ㋓ |
| 問五 | ① | ㋐ ㋑ ㋒ ㋓ |
| | ④ | ㋐ ㋑ ㋒ ㋓ |
| | ⑤ | ㋐ ㋑ ㋒ ㋓ |
| 問六 | | ㋐ ㋑ ㋒ ㋓ |
| 問七 | | ㋐ ㋑ ㋒ ㋓ |
| 問八 | | ㋐ ㋑ ㋒ ㋓ |
| 問九 | | ㋐ ㋑ ㋒ ㋓ |

## 二

| | |
|---|---|
| 1 | ㋐ ㋑ |
| 2 | ㋐ ㋑ |
| 3 | ㋐ ㋑ |
| 4 | ㋐ ㋑ |
| 5 | ㋐ ㋑ |

## 三

| | | |
|---|---|---|
| 問一 | a | ㋐ ㋑ ㋒ ㋓ |
| | b | ㋐ ㋑ ㋒ ㋓ |
| | c | ㋐ ㋑ ㋒ ㋓ |
| 問二 | ① | ㋐ ㋑ ㋒ ㋓ |
| | ⑥ | ㋐ ㋑ ㋒ ㋓ |
| 問三 | ② | ㋐ ㋑ ㋒ ㋓ ㋔ |
| | ③ | ㋐ ㋑ ㋒ ㋓ ㋔ |
| | ④ | ㋐ ㋑ ㋒ ㋓ ㋔ |
| 問四 | | ㋐ ㋑ ㋒ ㋓ |
| 問五 | | ㋐ ㋑ ㋒ ㋓ |
| 問六 | | ㋐ ㋑ ㋒ ㋓ |
| 問七 | | ㋐ ㋑ ㋒ ㋓ |
| 問八 | 1 | ㋐ ㋑ ㋒ ㋓ |
| | 2 | ㋐ ㋑ ㋒ ㋓ |
| 問九 | | ㋐ ㋑ ㋒ ㋓ |

## 四

| | | |
|---|---|---|
| 問一 | 1 | ㋐ ㋑ ㋒ ㋓ |
| | 2 | ㋐ ㋑ ㋒ ㋓ |
| 問二 | | ㋐ ㋑ ㋒ ㋓ |
| 問三 | | ㋐ ㋑ ㋒ ㋓ |
| 問四 | | ㋐ ㋑ ㋒ ㋓ |

## 五

| | | |
|---|---|---|
| 問一 | 1 | ㋐ ㋑ ㋒ ㋓ |
| | 2 | ㋐ ㋑ ㋒ ㋓ |
| 問二 | | ㋐ ㋑ ㋒ ㋓ |
| 問三 | | ㋐ ㋑ ㋒ ㋓ |
| 問四 | | ㋐ ㋑ ㋒ ㋓ |

**(注意事項)**

1.受験番号は必ずマークせよ。

2.記入はすべてＨＢの黒鉛筆を使用せよ。

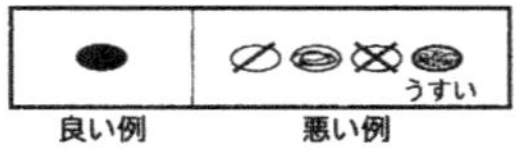


3.一列につき一つだけマークせよ。

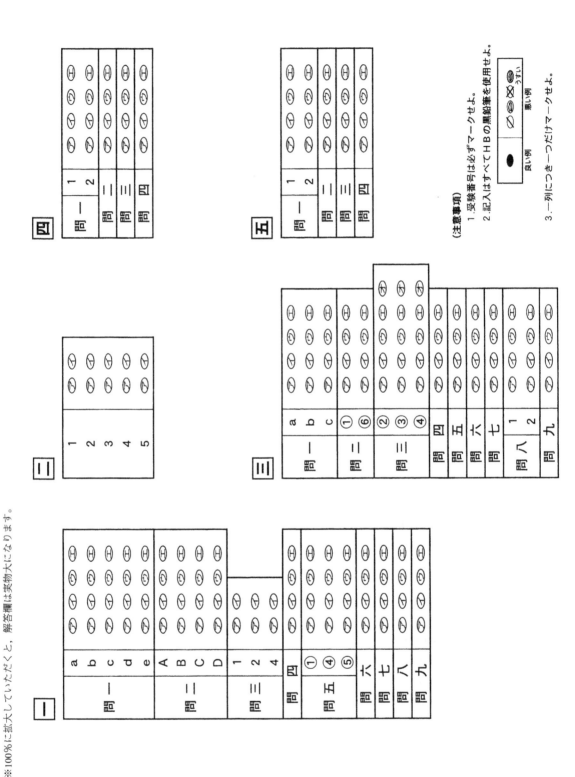

浦和学院高等学校　2019年度　◇数学◇

※この解答用紙は122％に拡大していただくと，実物大になります。

**1**

| | | | | | | | | | | | |
|---|---|---|---|---|---|---|---|---|---|---|---|
| 1 | ア | 0 | 1 | 2 | 3 | 4 | 5 | 6 | 7 | 8 | 9 |
| | イ | 0 | 1 | 2 | 3 | 4 | 5 | 6 | 7 | 8 | 9 |
| 2 | ウ | 0 | 1 | 2 | 3 | 4 | 5 | 6 | 7 | 8 | 9 |
| | エ | 0 | 1 | 2 | 3 | 4 | 5 | 6 | 7 | 8 | 9 |
| | オ | 0 | 1 | 2 | 3 | 4 | 5 | 6 | 7 | 8 | 9 |
| 3 | カ | 0 | 1 | 2 | 3 | 4 | 5 | 6 | 7 | 8 | 9 |
| 4 | キ | 0 | 1 | 2 | 3 | 4 | 5 | 6 | 7 | 8 | 9 |
| | ク | 0 | 1 | 2 | 3 | 4 | 5 | 6 | 7 | 8 | 9 |
| 5 | ケ | 0 | 1 | 2 | 3 | 4 | 5 | 6 | 7 | 8 | 9 |
| | コ | 0 | 1 | 2 | 3 | 4 | 5 | 6 | 7 | 8 | 9 |
| 6 | サ | 0 | 1 | 2 | 3 | 4 | 5 | 6 | 7 | 8 | 9 |
| | シ | 0 | 1 | 2 | 3 | 4 | 5 | 6 | 7 | 8 | 9 |
| 7 | ス | 0 | 1 | 2 | 3 | 4 | 5 | 6 | 7 | 8 | 9 |
| | セ | 0 | 1 | 2 | 3 | 4 | 5 | 6 | 7 | 8 | 9 |
| 8 | ソ | 0 | 1 | 2 | 3 | 4 | 5 | 6 | 7 | 8 | 9 |
| | タ | 0 | 1 | 2 | 3 | 4 | 5 | 6 | 7 | 8 | 9 |
| 9 | チ | 0 | 1 | 2 | 3 | 4 | 5 | 6 | 7 | 8 | 9 |
| 10 | ツ | 0 | 1 | 2 | 3 | 4 | 5 | 6 | 7 | 8 | 9 |
| | テ | 0 | 1 | 2 | 3 | 4 | 5 | 6 | 7 | 8 | 9 |
| | ト | 0 | 1 | 2 | 3 | 4 | 5 | 6 | 7 | 8 | 9 |
| 11 | ナ | 0 | 1 | 2 | 3 | 4 | 5 | 6 | 7 | 8 | 9 |
| | ニ | 0 | 1 | 2 | 3 | 4 | 5 | 6 | 7 | 8 | 9 |

**(注意事項)**

1.受験番号は必ずマークせよ。

2.記入はすべてＨＢの黒鉛筆を使用せよ。

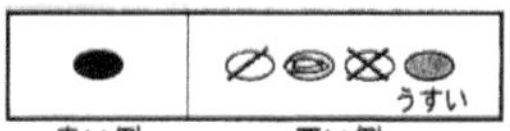


良い例　悪い例

3.一列につき一つだけマークせよ。

**2**

| | | | | | | | | | | | |
|---|---|---|---|---|---|---|---|---|---|---|---|
| 12 | ア | 0 | 1 | 2 | 3 | 4 | 5 | 6 | 7 | 8 | 9 |
| | イ | 0 | 1 | 2 | 3 | 4 | 5 | 6 | 7 | 8 | 9 |
| | ウ | 0 | 1 | 2 | 3 | 4 | 5 | 6 | 7 | 8 | 9 |
| 13 | エ | 0 | 1 | 2 | 3 | 4 | 5 | 6 | 7 | 8 | 9 |
| | オ | 0 | 1 | 2 | 3 | 4 | 5 | 6 | 7 | 8 | 9 |
| 14 | カ | 0 | 1 | 2 | 3 | 4 | 5 | 6 | 7 | 8 | 9 |
| | キ | 0 | 1 | 2 | 3 | 4 | 5 | 6 | 7 | 8 | 9 |

**3**

| | | | | | | | | | | | |
|---|---|---|---|---|---|---|---|---|---|---|---|
| 15 | ア | 0 | 1 | 2 | 3 | 4 | 5 | 6 | 7 | 8 | 9 |
| 16 | イ | 0 | 1 | 2 | 3 | 4 | 5 | 6 | 7 | 8 | 9 |
| 17 | ウ | 0 | 1 | 2 | 3 | 4 | 5 | 6 | 7 | 8 | 9 |
| | エ | 0 | 1 | 2 | 3 | 4 | 5 | 6 | 7 | 8 | 9 |
| | オ | 0 | 1 | 2 | 3 | 4 | 5 | 6 | 7 | 8 | 9 |

**4**

| | | | | | | | | | | | |
|---|---|---|---|---|---|---|---|---|---|---|---|
| 18 | ア | 0 | 1 | 2 | 3 | 4 | 5 | 6 | 7 | 8 | 9 |
| | イ | 0 | 1 | 2 | 3 | 4 | 5 | 6 | 7 | 8 | 9 |
| | ウ | 0 | 1 | 2 | 3 | 4 | 5 | 6 | 7 | 8 | 9 |
| 19 | エ | 0 | 1 | 2 | 3 | 4 | 5 | 6 | 7 | 8 | 9 |
| | オ | 0 | 1 | 2 | 3 | 4 | 5 | 6 | 7 | 8 | 9 |
| | カ | 0 | 1 | 2 | 3 | 4 | 5 | 6 | 7 | 8 | 9 |
| 20 | キ | 0 | 1 | 2 | 3 | 4 | 5 | 6 | 7 | 8 | 9 |
| | ク | 0 | 1 | 2 | 3 | 4 | 5 | 6 | 7 | 8 | 9 |
| | ケ | 0 | 1 | 2 | 3 | 4 | 5 | 6 | 7 | 8 | 9 |

浦和学院高等学校　2019年度

# ◇英語◇

※この解答用紙は123％に拡大していただくと，実物大になります。

**1**

| | |
|---|---|
| 1 | ㋐ ㋑ ㋒ ㋓ |
| 2 | ㋐ ㋑ ㋒ ㋓ |
| 3 | ㋐ ㋑ ㋒ ㋓ |
| 4 | ㋐ ㋑ ㋒ ㋓ |
| 5 | ㋐ ㋑ ㋒ ㋓ |

**2**

| | |
|---|---|
| 1 | ㋐ ㋑ ㋒ ㋓ |
| 2 | ㋐ ㋑ ㋒ ㋓ |
| 3 | ㋐ ㋑ ㋒ ㋓ |
| 4 | ㋐ ㋑ ㋒ ㋓ |
| 5 | ㋐ ㋑ ㋒ ㋓ |

**3**

| | |
|---|---|
| 1 | ㋐ ㋑ ㋒ ㋓ |
| 2 | ㋐ ㋑ ㋒ ㋓ |
| 3 | ㋐ ㋑ ㋒ ㋓ |
| 4 | ㋐ ㋑ ㋒ ㋓ |
| 5 | ㋐ ㋑ ㋒ ㋓ |
| 6 | ㋐ ㋑ ㋒ ㋓ |

**4**

| | |
|---|---|
| 1 | ㋐ ㋑ ㋒ ㋓ |
| 2 | ㋐ ㋑ ㋒ ㋓ |
| 3 | ㋐ ㋑ ㋒ ㋓ |
| 4 | ㋐ ㋑ ㋒ ㋓ |
| 5 | ㋐ ㋑ ㋒ ㋓ |

**5**

| | |
|---|---|
| 1 | ㋐ ㋑ ㋒ ㋓ |
| 2 | ㋐ ㋑ ㋒ ㋓ |
| 3 | ㋐ ㋑ ㋒ ㋓ |
| 4 | ㋐ ㋑ ㋒ ㋓ |
| 5 | ㋐ ㋑ ㋒ ㋓ |
| 6 | ㋐ ㋑ ㋒ ㋓ |
| 7 | ㋐ ㋑ ㋒ ㋓ |
| 8 | ㋐ ㋑ ㋒ ㋓ |
| 9 | ㋐ ㋑ ㋒ ㋓ |
| 10 | ㋐ ㋑ ㋒ ㋓ |

**6**

| | |
|---|---|
| (1) | ㋐ ㋑ ㋒ ㋓ ㋔ |
| (2) | ㋐ ㋑ ㋒ ㋓ ㋔ |
| (3) | ㋐ ㋑ ㋒ ㋓ ㋔ |
| (4) | ㋐ ㋑ ㋒ ㋓ ㋔ |
| (5) | ㋐ ㋑ ㋒ ㋓ ㋔ |

**7**

| | |
|---|---|
| 問 1 | ㋐ ㋑ ㋒ ㋓ |
| 問 2 | ㋐ ㋑ ㋒ ㋓ |
| 問 3 | ㋐ ㋑ ㋒ ㋓ |
| 問 4 | ㋐ ㋑ ㋒ ㋓ |
| 問 5 | ㋐ ㋑ ㋒ ㋓ |

**8**

| | |
|---|---|
| 問 1 | ㋐ ㋑ ㋒ ㋓ |
| 問 2 | ㋐ ㋑ ㋒ ㋓ |
| 問 3 | ㋐ ㋑ ㋒ ㋓ |
| 問 4 | ㋐ ㋑ ㋒ ㋓ |
| 問 5 | ㋐ ㋑ ㋒ ㋓ |
| 問 6 | ㋐ ㋑ ㋒ ㋓ |
| 問 7 | ㋐ ㋑ ㋒ ㋓ |
| 問 8 | ㋐ ㋑ ㋒ ㋓ |
| 問 9 | ㋐ ㋑ ㋒ ㋓ |

**(注意事項)**

1.受験番号は必ずマークせよ。

2.記入はすべてＨＢの黒鉛筆を使用せよ。

| | |
|---|---|
| ● | うすい |
| 良い例 | 悪い例 |

3.一列につき一つだけマークせよ。

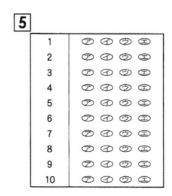

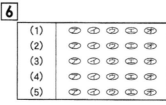

浦和学院高等学校　2019年度

# ◇国語◇

※この解答用紙は125%に拡大していただくと，実物大になります。

## 一

| | | |
|---|---|---|
| 問一 | a | ㋐ ㋑ ㋒ ㋓ |
| | b | ㋐ ㋑ ㋒ ㋓ |
| | c | ㋐ ㋑ ㋒ ㋓ |
| | d | ㋐ ㋑ ㋒ ㋓ |
| | e | ㋐ ㋑ ㋒ ㋓ |
| 問二 | A | ㋐ ㋑ ㋒ ㋓ |
| | B | ㋐ ㋑ ㋒ ㋓ |
| | C | ㋐ ㋑ ㋒ ㋓ |
| | D | ㋐ ㋑ ㋒ ㋓ |
| 問三 | | ㋐ ㋑ ㋒ ㋓ |
| 問四 | ② | ㋐ ㋑ ㋒ ㋓ |
| | ⑤ | ㋐ ㋑ ㋒ ㋓ |
| 問五 | | ㋐ ㋑ ㋒ ㋓ |
| 問六 | | ㋐ ㋑ ㋒ ㋓ |
| 問七 | | ㋐ ㋑ ㋒ ㋓ |
| 問八 | Ⅰ | ㋐ ㋑ ㋒ ㋓ |
| | Ⅱ | ㋐ ㋑ ㋒ ㋓ |
| 問九 | | ㋐ ㋑ ㋒ ㋓ |
| 問十 | | ㋐ ㋑ ㋒ ㋓ |
| 問十一 | | ㋐ ㋑ ㋒ ㋓ |

## 二

| | |
|---|---|
| 1 | ㋐ ㋑ |
| 2 | ㋐ ㋑ |
| 3 | ㋐ ㋑ |
| 4 | ㋐ ㋑ |
| 5 | ㋐ ㋑ |

## 三

| | | |
|---|---|---|
| 問一 | | ㋐ ㋑ ㋒ ㋓ |
| 問二 | | ㋐ ㋑ ㋒ ㋓ |
| 問三 | 5 | ㋐ ㋑ ㋒ ㋓ |
| | 6 | ㋐ ㋑ ㋒ ㋓ |
| | 7 | ㋐ ㋑ ㋒ ㋓ |
| 問四 | | ㋐ ㋑ ㋒ ㋓ |
| 問五 | | ㋐ ㋑ ㋒ ㋓ |
| 問六 | | ㋐ ㋑ ㋒ ㋓ |
| 問七 | | ㋐ ㋑ ㋒ ㋓ |
| 問八 | | ㋐ ㋑ ㋒ ㋓ |
| 問九 | | ㋐ ㋑ ㋒ ㋓ |
| 問十 | | ㋐ ㋑ ㋒ ㋓ |
| 問十一 | 1 | ㋐ ㋑ ㋒ ㋓ |
| | 2 | ㋐ ㋑ ㋒ ㋓ |
| 問十二 | | ㋐ ㋑ ㋒ ㋓ |

## 四

| | | |
|---|---|---|
| 問一 | 1 | ㋐ ㋑ ㋒ ㋓ |
| | 2 | ㋐ ㋑ ㋒ ㋓ |
| | 3 | ㋐ ㋑ ㋒ ㋓ |
| 問二 | 1 | ㋐ ㋑ ㋒ ㋓ |
| | 2 | ㋐ ㋑ ㋒ ㋓ |
| 問三 | 1 | ㋐ ㋑ ㋒ ㋓ ㋔ ㋕ |
| | 2 | ㋐ ㋑ ㋒ ㋓ ㋔ ㋕ |
| | 3 | ㋐ ㋑ ㋒ ㋓ ㋔ ㋕ |
| 問四 | 1 | ㋐ ㋑ ㋒ ㋓ |
| | 2 | ㋐ ㋑ ㋒ ㋓ |

（注意事項）

1.受験番号は必ずマークせよ。

2.記入はすべてＨＢの黒鉛筆を使用せよ。

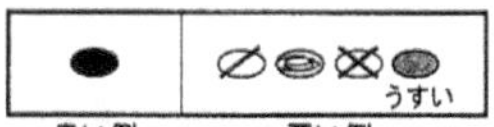


良い例　悪い例

3.一列につき一つだけマークせよ。

～公立高校志望の皆様に愛されるロングセラーシリーズ～

# 公立高校入試シリーズ

・全国の都道府県公立高校入試問題から良問を厳選
※実力錬成編には独自問題も！
・見やすい紙面、わかりやすい解説

## 数学

合格のために必要な点数をゲット

### 目標得点別・公立入試の数学 基礎編

- 効率的に対策できる！　30・50・70点の目標得点別の章立て
- web解説には豊富な例題167問！
- 実力確認用の総まとめテストつき

定価：1,210 円（本体 1,100 円 + 税 10%）／ ISBN：978-4-8141-2558-6

応用問題の頻出パターンをつかんで80点の壁を破る！

### 実戦問題演習・公立入試の数学 実力錬成編

- 応用問題の頻出パターンを網羅
- 難問にはweb解説で追加解説を掲載
- 実力確認用の総まとめテストつき

定価：1,540 円（本体 1,400 円 + 税 10%）／ ISBN：978-4-8141-2560-9

## 英語

「なんとなく」ではなく確実に長文読解・英作文が解ける

### 実戦問題演習・公立入試の英語 基礎編

- 解き方がわかる！　問題内にヒント入り
- ステップアップ式で確かな実力がつく

定価：1,100 円（本体 1,000 円 + 税 10%）／ ISBN：978-4-8141-2123-6

公立難関・上位校合格のためのゆるがぬ実戦力を身につける

### 実戦問題演習・公立入試の英語 実力錬成編

- 総合読解・英作文問題へのアプローチ手法がつかめる
- 文法、構文、表現を一つひとつ詳しく解説

定価：1,320 円（本体 1,200 円 + 税 10%）／ ISBN：978-4-8141-2169-4

## 理科

短期間で弱点補強・総仕上げ

### 実戦問題演習・公立入試の理科

- 解き方のコツがつかめる!　豊富なヒント入り
- 基礎～思考・表現を問う問題まで
重要項目を網羅

定価：1,045 円（本体 950 円 + 税 10%）
ISBN：978-4-8141-0454-3

## 社会

弱点補強・総合力で社会が武器になる

### 実戦問題演習・公立入試の社会

- 基礎から学び弱点を克服!　豊富なヒント入り
- 分野別総合・分野複合の融合など
あらゆる問題形式を網羅
※時事用語集を弊社HPで無料配信

定価：1,045 円（本体 950 円 + 税 10%）
ISBN：978-4-8141-0455-0

## 国語

最後まで解ききれる力をつける

### 形式別演習・公立入試の国語

- 解き方がわかる!　問題内にヒント入り
- 基礎～標準レベルの問題で
確かな基礎力を築く
- 実力確認用の総合テストつき

定価：1,045 円（本体 950 円 + 税 10%）
ISBN：978-4-8141-0453-6

〈ダウンロードコンテンツについて〉

本問題集のダウンロードコンテンツ、弊社ホームページで配信しております。現在ご利用いただけるのは「2025年度受験用」に対応したもので、**2025年3月末日**までダウンロード可能です。弊社ホームページにアクセスの上、ご利用ください。
※配信期間が終了いたしますと、ご利用いただけませんのでご了承ください。

高校別入試過去問題シリーズ
**浦和学院高等学校　2025年度**
ISBN978-4-8141-3019-1

[発行所] 東京学参株式会社
〒153-0043　東京都目黒区東山2-6-4

書籍の内容についてのお問い合わせは右のQRコードから　⇒

※書籍の内容についてのお電話でのお問い合わせ、本書の内容を超えたご質問には対応できませんのでご了承ください。



2024年6月14日　初版